小坂井敏晶［著］

神の亡霊

近代という物語

東京大学出版会

THE SPECTRE OF GOD
Toshiaki KOZAKAI
University of Tokyo Press, 2018
ISBN 978-4-13-013151-3

はじめに

「道徳も言葉も人間が作ったのではありません。神様がお与えになったのです」。

講義中に一人の学生が叫んだ。私はパリ第八大学で社会心理学を担当している。道徳・言語・宗教・市場などの集団現象について説明している時に現れた反応だ。このエピソードを同僚に何気なく話したら、予期せぬ答えが返ってきた。「もちろん宗教は人間が作ったのではない。神の言葉が聖書の形で伝えられたのだから」。それまで人間だと思っていたが、正体は宇宙人だったのか。正直、そんな驚きだった。私は頑固な無神論者だ。神はいると真面目な顔で言われると、こいつ、頭大丈夫かと思う。

神は死んだ。ニーチェのこの有名な言葉は近代幕開けの象徴として引用される。だが、近代は本当に神を殺したのか。キリスト教やイスラム教の信者は世界の至る所にいる。死後の世界や魂の存在を信じる人は日本にも多い。神は本当に消え去ったのか。

神の存在感の重みを知らずして西洋社会は理解できない。西洋史家や哲学者にこう諭されても、そんな迷信を気にしても仕方ないと私は答えてきた。それでも長くヨーロッパに住んでいると、政治・経済・文化における宗教の影響を無視できなくなる。政治哲学の書を繙き、裁判の論理を調べるうちに、近代社会に共通する要石の位置を神が占める事実に気づかされた。人権や正義の思想が実は砂上の楼閣であり、神の化身にすぎなかった。

神は死んだ。世界は人間自身が作っていると私たちは知り、世界は無根拠だと気づいてしまった。もはや、どこまで掘り下げても制度や秩序の正当化はできない。底なし沼だ。幾何学を考えるとよい。出発点をなす公理の正しさは証明できない。公理は信じられる他ない。どこかで思考を停止させ、有無を言わせぬ絶対零度の地平を近代以前には神が保証していた。だが、神はもういない。

進歩したとか新しいという意味で近代という表現は理解されやすい。だが、近代は古代や中世より進んだ時代でなく、ある特殊な思考枠である。科学という言葉も同様だ。科学的に証明されたと述べる時、迷信ではなく、真理だと了解する。しかし科学とは、ある特殊な知識体系であり、宗教や迷信あるいはイデオロギーと同じように社会的に生み出され、固有の機能を持つ認識枠である。科学的真理とは、科学のアプローチにとっての真理を意味するにすぎない。

人間はブラック・ボックスを次々とこじ開け、中に入る。だが、マトリョーシカ人形のように内部には他のブラック・ボックスがまた潜んでいる。「分割できないもの」を意味するギリシア語アトモスに由来する原子も今や最小の粒子でなくなった。より小さな単位に分解され、新しい素粒子が発見され続ける。いつか究極の単位に行き着くかどうかさえ不明だ。

内部探索を続けても最終原因には行き着けない。そこで人間が考え出したのは、最後の扉を開けた時、内部ではなく、外部につながっているという逆転の位相幾何学だった。この代表が神である。手を延ばしても届かない究極の原因と根拠がそこにある。正しさを証明する必要もなければ、疑うことさえ許されない外部が世界の把握を保証するというレトリックである。そして、神の死によって成立した近代でも、社会秩序を根拠づける外部は生み出され続ける。

このテーゼが本書の通奏低音をなす。虚構なき世界に人間は生きられない。自由・平等・人権・正義・普遍・合理性・真理……、近代を象徴するキーワードの背後に神の亡霊が漂う。表玄関に陣取る近代が経糸を紡ぐ。その間を神の亡霊が行きつ戻りつ、緯糸のモチーフを描く。

二〇一四年六月から二〇一六年四月まで『ＵＰ』（東京大学出版会）に一二回にわたり、「神の亡霊」を隔月連載した。序を新たに設け、近代が迷い込んだ袋小路を俯瞰するための一助とした。しかし、それに続く文章は、後に気づいた明らかな瑕疵や稚拙な表現の修正以外、内容にほとんど手を入れていない。また連載の順を踏襲した。場当たり的にテーマを選んだり、思いつく順に掲載したのではなく、大きな流れを最初から意識していた。伏線を随所に設け、多様な問いの扉を開けるうちに一つの巨大な問題意識が立ち上がるように工夫したつもりである。一見しただけでは相互関係がないと思われる事項に実は通底する問題が横たわる事実を看取するためには、論理をあまり整理しない方が良い。本書は読者が著者と一緒に考えるための道具である。読者の思考を揺さぶる上でも、その方が有効なはずだ。

本文の三倍ぐらい長い註の付く変則的な構成になった。本書の成立事情と狙いが、その理由である。

第一の理由は執筆経緯に絡む。毎回五〇〇〇字という制限のため、凝縮した文体になった。そのせいで論理展開が明晰でないところもあるし、もっと細かく順序立てて説明すべき箇所も散見される。だが、簡潔に整えた文章を膨らませて書き直すのは難しい。そこで書籍として上梓するに際して詳しい註を追加する方針にした。

新たに思いついた問いや私なりの解決を示した所もあるが、すでに発表した材料や議論も大幅に註に盛り込んだ。「詳しくは拙著『○○○』の何頁を参照」という形で旧著に誘う方法も可能だが、それではかえって読者に不親切である。拙著を持っていても該当箇所を一々当たるのは苦労する。そこで既発表の論点であっても註の形で再録し、確認することにした。

学習や思考の基本は反復である。同じ問題を様々な角度から考え直すとともに、異なる現象の背景に同じ形式や論理を発見する[註1]。同じ問いでも置かれた文脈が異なると新たな矛盾を発見したり、逆に実はすでに解決済みだったと納得する。だから、くり返しも無駄でないはずだ。

第二の理由は本書の狙いに由来する。問いと答えをセットにして書くのが普通だ。問題設定の後、考察の道筋を明示し、最終的に結論に至る。このやり方は主張が明確になる利点があるが、同時に全体の整合性を求めるので、はみ出る情報が排除されやすい。角の取れた議論は教科書に任せればよい。答えの見つかった問いだけを扱うと問いが小さくなる。詳しい註は連載時の問いをより深めるためである。答えの兆しのような内容もあるが、答えよりも問いの充実に註記でも力を注いだ。

フランスの思想家アンリ・アトランが著した『偶然の火花』はユダヤ教の聖典タルムードのように、本文の回りに註が絡みつく不思議な構成をしている。小さな面積に収められた本文を大小の註がいくつも囲み、埋め尽くされた頁もある。その「まえがき」に次の言葉を見つけた[註2]。

鉛筆を手に下線を引いたり、コメントを追加しながら書物を読むのと同じようなやり方で文章を綴ることもできる。ただし、その場合、余白に書かれる註は後からの敷衍とは限らず、逆に本文が生まれるために必要だった材料でもある。まるで本文自体が註に対するコメントであるかのようにも見える。なぜなら、たいてい註の内容が本文執筆以前に得た情報だったり、本文に不可欠な要素として書かれるからだ。だから鉛筆を握りながら読む時、本文自体が註であり、追記でもありうるだろう。

本文で口火を切った話題を註で本格的に議論する場合もあれば、逆に、本文の考察に至った経緯、つまり舞台裏を註が示す場合もある。本文と註のどちらが主役を演ずるか、どちらが先でどちらが後か。私の思考が螺旋を描きながら紡がれたように、地と図の役割を交換しつつ両者は時に助け合い、時に反発しながら進んでゆくだろう。先ずは註を気にせず、本文で全体の流れを追っていただければと思う。その後、註に目を通しながら私論を再び精査し、読者の思索の一助にしていただければ、幸いである。

[註1]　型の重要性については拙著『答えのない世界を生きる』祥伝社、二〇一七年、第二一章を参照。

[註2]　H. Atlan, *Les étincelles de hasard. t. 1. Connaissance spermatique*, Seuil, 1999, p. 31.　断りのない限り、外国語文献からの引用は全て拙訳。

神の亡霊——近代という物語・目次

［初出一覧］

「はじめに」「序　近代という社会装置」「あとがき」――書下ろし
第一回「死の現象学」／第二回「臓器移植と社会契約論」／第三回「パンドラの箱を開けた近代」／第四回「普遍的価値と相対主義」／第五回「「べき論」の正体」／第六回「近代の原罪」／第七回「悟りの位相幾何学」／第八回「開かれた社会の条件」／第九回「堕胎に反対する本当の理由」／第一〇回「自由・平等・友愛」／第一一回「主体と内部神話」／最終回「真理という虚構」――いずれも東京大学出版会『ＵＰ』五〇〇号（二〇一四年六月）から二〇一六年四月号（五二二号）に隔月連載。註はいずれも書下ろし

■序

近代という社会装置

中世の桎梏から近代は人間を解放し、自由を与えた。そして普遍的価値に支えられた正しい社会の構築に尽力する。だが、そこからまさに近代の迷走が始まった。

時間と空間の両次元において近代は無理な要求を掲げる。まずは時間軸に目を向けよう。普遍性と自由は、どういう関係にあるのか。人間が築く世界は普遍に向かうのか。人間が自由な主体ならば、作り出される世界はどんな形をも取りうるはずだ。世界の原初が真理に支えられていたとしても、人間が生き永らえるうちに世界は次第に真理から離れてゆく。プラトン哲学が立てるイデア論や、知恵の樹の実を囓ってエデンの園を追い出されたというキリスト教の物語が、その典型である。

逆に、時間が経つにつれて真理に近づくという立場もある。ヘーゲルやマルクス、フランスの社会学者オーギュスト・コントの歴史主義（historicism）がよく知られている。弁証法を通して世界は真理に漸近的に近づくとヘーゲルは考えた。万物は本質に向かう[註1]。アリストテレスが提唱した目的因である。ヘーゲルの着想はこれに似ている。だが、真理が未来で人間を待ち受けるならば、自由を持ち出す必要がない。必然的に真理に近づくならば、真理への道は法則であり、自由ではない。真理と独立した概念でなければ、自由は意味をなさない。自由と普遍は相互排除の関係にある。

自由と普遍を一揃えで考えるようになったのは近代に入ってからだ。古代ギリシア時代にも中世キリスト教時代にも自由意志は要らなかった。近代だけが必要とする概念である。それは神の支配を免れて個人が自由になったという単純な事情によるのではない。

社会には逸脱者が必ず現れる。そして社会秩序を維持するために逸脱者を処罰しなければならない。ところで処罰はどう正当化されるか。人間は自由だから、その行為に責任を持たねばならない。我々はそう信じる。だが、実は論理が逆立ちしている。責任を誰かに課す必要があるから、人間は自由だと社会が宣言するのである。自由は虚構であり、見せしめのために責任者を作り出して罰し、怒りや悲しみを鎮める政治装置である。

人間は自由なのか、行動は外因が起こすのかという決定論問題と処罰の慣習はギリシア時代においてもキリスト教世界でも結びつかなかった。近代に入って初めて起きた議論である。アリストテレス『ニコマコス倫理学』[註2]は随意行為と不随意行為を区別し、責任＝非難が生ずるのは前者の場合だけだとした。だが、それは自由意志が存在するか、行為が決定論に従うかという議論ではない。非難・責任・罰という慣習において随意行為と不随意行為とが区別される社会基準の総括にすぎない。自律する個人という発想がギリシア時代にはなかった。アリストテレスの言及する随意性と自由意志は違う[註3]。

責任の根拠を社会規範に求める古代ギリシアの考えはキリスト教世界では受け入れられない。移り変わる慣習に惑わされず、罪や罰の規定は絶対的根拠に基づく必要がある。むろん、その根拠とは神の意志であり、それに従わない行為は悪である。このような世界観では、犯罪意志が外因によって生ずるかどうかは問題にならない[註4]。邪悪な意志を持つ人間はそれ自体が悪である。個人の内部に最終原因がなくとも存在そのものが悪と規定される。

道徳の根拠を社会規範に見いだすアリストテレス哲学においても、神に根拠を投影するキリスト教思想においても、個人の意志と外因との関係は切実な問題にならなかった。前者にとって、意志や行動が社会の影響を受けるのは当然である。後者にとっても各人の属性・人格が神の摂理に適合するかどうかが善悪の判断基準であり、個人の内的要素がどう形成されるかは重要でない。

社会規範に善悪の基準を据える古代ギリシアと近代は袂を分かち、キリスト教と同じように、各文化・時代の偶有条件に左右されない普遍的根拠によって善悪を基礎づけようと試みる。だが、神という超越的権威にもはや依拠できない近代人は袋小路に迷い込む。社会あるいは神という外部に根拠を投影しなければ、根拠は個人に内在化されざるをえない。

殺人を犯す者がいる。なぜ彼は罰せられるのか。社会が罰を要請するからだと古代ギリシアが答える。神がそれを欲するからだとキリスト教世界が言う。しかし近代個人主義に生きる我々は、そのような答えでは満足できない。責任の根拠が個人に内在化される世界において罰を私に科すためには、行為の原因が私自身でなければならない。だから決定論と責任の関係をめぐって近代以降、哲学者は膨大な議論を費やしてきたのである。

人間社会は二種類の主体を捏造した。一つは外部に投影される神。最終責任を引き受ける外部は偶然ではなく、神や天あるいは運命のように主体として表象される。責任を問う行為は、怒りや悲しみの矛先を見つける機能を果たす。したがって意味を与える存在でなければならない。偶然を罵っても怒りは収まらない。共同体の外部に主体を見失った近代は、自由意志と称する別の主体を個人の内部に発見した。だが、これは神の擬態にすぎなかった。人間を超越する外部を捏造した前近代と同じ論理が踏襲されている。

❖

自由な主体という物語の先には、もう一つのアポリアが待つ。今度は空間軸に視点を移そう。ゲマインシャフトあるいはウニヴェルシタスと称される前近代の共同体はヒエラルキーを本質とし、個人が従属・服従する全体として現れる[註5]。そこでは神という外部が正義をア・プリオリに保証していた。対するに近代は、自律する個人という本質的に非社会的な存在を生み出した。では個人はどう結びつき、社会で共存するのか。自由な個人の単なる集合が、どうして有機的な共同体に変質するのか。そして正義はどう規定されるのか。

近代は明示的な権利関係で正義を理解する。ギリシア時代のように社会慣習という外部には依拠できないし、中世キリスト教世界のように神という超越的根拠も失われた。近代では正義の根拠が個人に置かれる以上、個人の権利から出発するしかない。だが、その方向には原理的な無理がある。公共空間として社会をイメージする共時的把握には時間が抜け落ちている。権利や権力という明示的関係だけでなく、権威という社会心理現象が加わって初めて権利・権力関係に正統性が付与される[註6]。空間は権力の母体であり、時間が権威の源泉をなす[註7]。

どんな論理体系も自己完結しない。システムを完全に閉じることは不可能だ。根拠を立てようとすれば、ではその根拠を正当化する根拠は何なのかと問いが繰り返される。正しい秩序を定める試みは無限遡及に陥る。合理的・意識的・人工的に根拠を生み出そうとする社会契約論は必ず失敗する。対して権威は信仰の産物だ。最終根拠は論理的演繹によって成立するのではない。根拠は社会心理現象であり、システムを閉じるための虚構である。合理性という、時間を抜いた論理形式で近代は世界を腑分けする。だが、それは初めから無理であり、絵に描いた餅にすぎない。

　発想や方針は論者により異なっても、正義論はどれも平等な世界を希求する。弱肉強食を正当化するリバタリアン理論も格差は正当だと主張する。均一（equality, égalité）と公平（fairness, équité）は別だ。各人には素質や努力の違いがある。したがって能力の高い者と低い者を同等に扱う考えこそが不平等であり、富者から貧者へと再分配を図る累進課税や社会保障は誤りだという論理を組む。だが、どうして人間は平等でなければならないのか。格差を正当化する理屈がなぜ求められるのか。ジョン・ロールズ『正義論』の格差原理もそうだ。底辺に位置する者の生活をできるだけ良好に保つ要請はどこから来るのか。

　前近代の社会において生まれにより運命が異なるのは神がそう決めたからだ。自然がそうなっているからだ。ところが外部に投影されていた神が失せると、個人という内部に根拠が移動する。格差はあくまで同類間の差であり、個人という人間像とともに近代になって出現した差異の形態である。各人の位置が外部の権威によってもはや正当化されない以上、他の理屈を通して納得される必要がある。そもそも格差はなくすべきなのか。あるいは正当な格差があるのか。個人の内部にしか正義の根拠を持たない世界では、こういう疑問が頭をもたげる。

　中世の身分制が廃止され、民主主義社会になった。だが、不平等が緩和されたにもかかわらず、さらなる平等を求める叫びは止まない。人間は常に他者と自分を比較し、優劣を気にする。だから、自らの劣等性を否認するために社会の不公平を糾弾し続けなければならない。優劣の根拠を個人の内部に押し込めようと謀る時、必然的に起こる防衛反応である。この均質な土壌が正義論を生む。自らの人生に不満を感じる者が社会の不公平を嘆く一方で、成功者は自分の能力や努力にその原因を求め、機会均等とメリトクラシーが社会正義を保証すると信じる。能力の最終根拠が各自の内部に同定されるからである。このような世界では勝者と敗者の闘争が永遠に続く。すべての市民を納得させ、平和をもたらす根拠が存在しない以上、水掛け論は止まない。

❖

社会システムを成立させる上で虚構が果たす役割に注目しよう。天国か地獄が死後に待つという物語を作れば、世界が閉じるのではなく、逆に開かれる気がする。死後にも出来事が展開し続けるからだ。愛する人が死んで世界が闇に沈んだ。だが、もう少し経って自分も死ねば、最愛の人に再び会える、それまでの辛抱にすぎない。こう信じれば、来世まで世界が広がった感じがする。だが、この解釈は錯覚である。

砂漠の荒野に迷い込み、歩き疲れた旅人がいる。もうすぐ水もなくなり、死が間近に迫る。その時、オアシスの蜃気楼が現れる。そこには妻子や友人が食事を作って待っている。そんな夢を見つつ、気を失い、命が尽きる。物語の創造により袋小路を脱出する意味では時空間が広がった気がする。しかし論理構造に注目すれば、答えのない開かれた世界に終着点を設け、システムを閉じている。無秩序で不安定な世界の代わりに、わかりやすい物語を生み出し、認知環境を安定させる。システムの閉鎖とは、そういう意味である。いつまでも続く無限級数をどこかでねじ曲げて終止符を打つ。あるいは映画セットの比喩の方がわかりやすいだろうか。果てしなく続く荒野に、平和な街の舞台背景を設置する。現実の世界を閉じながら、虚構の時空間が広がる。神の摂理も運命も同じだ。今の世界を納得するための社会装置である。

ある現象を虚構と形容するのは、その現象が存在しないという意味ではない。残像という錯覚がなければ、映画もテレビも作れない。蜃気楼も錯覚だが、誰の目にも映る確固とした現実である［註8］。一般に知覚は錯覚なしに成立しない［註9］。プロセスが錯覚によって成り立つ事実と、その錯覚プロセスが現実の力を生み出すこととの間に矛盾はない。嘘も信じられれば、時に凄まじい暴力を振るう。関東大震災直後に流言から朝鮮人が多く殺された。ユダヤ人が世界征服を企んでいるという妄想が反ユダヤ主義を後押しし、大量虐殺の一因になった。そんな例はいくらでもある。虚構と現実は切り離せない。虚構のおかげで堅固な現実が成立するのである［註10］。

民族・自由・意志・責任・裁判・主権・正義などテーマは変われど常に、その虚構性を暴くと同時に、虚構を消す不可能を今まで私は考察してきた［註11］。虚構を結局認めるならば、脱構築する意味があるのかと訝る人もいよう。「哲学者たちは世界をいろいろ解釈してきたにすぎない。大切なのは世界を変革することだ」というマルクスの有名な言葉（フォイエルバッハに関する第一一テーゼ）を思い起こす人もいるだろう。私の意図は他にある。

支配を例に取ろう。近代民主主義社会といえど、市民間に格差のない平等な社会ではない。時代・地域により階層構造の形態は様々であり、それに対する正当化の仕方も違う。だが、階層構造自体は社会生活の本質的姿でさえある。社会は内部に必ず矛盾を含む関係の束であり、矛盾のおかげで変化が起きる。支配者と被支配者とを交代させながら、時間が経てば他の支配形態にとって代わられる。だが、支配の具体的な形は変遷してもヒエラルキー自体は決してなくならない。無理になくそうと企めば、同時に社会的動物としての人間を破滅させるだけだ。

どうしても解けない問題は世の中にたくさんある。美男美女もいれば、そうでない人もいる。才能に恵まれた者と、そうでない者。裕福な家庭に生まれる人間と貧困に生まれつく人間。平和な社会・時代に育つ者と戦乱のさなかに生まれ落ちる者。性差別や人種差別が脅威を振るう世界で女性や性同一障害者あるいは被差別少数民族として生を受ける。なぜ身体に障害を持って生まれてきたのか、なぜ、こんなに若いのに死ななければならないのか。どうして世界はこんなに不公平なのか。

これらの問いにどう答えるか。貧富の差を減らす政策を練る、バリア・フリー環境を整備する、人間の価値は美醜で決まらないと説く、難病を克服するために医学を発展させる、差別を根絶すべく教育を施す……。だが、そのような答えでは問題の核心に到底届かない。重病に罹れば、助かろうと誰でも願い、治療を受ける。それでも人間はいつか死ななければならない。そこに根源的な問いがある。

世には「べき論」が氾濫する。多くの人々が正義を求め、より平等な社会を作ろうと努力してきた。だが、「べき論」は人間の現実から目を背けて祈りを捧げているだけだ。雨乞いの踊りと変わらない。集団現象を胎動させる真の原因は、それを生む人間自身に隠蔽され、代わりに虚構が現れる。「べき論」の素朴な善意の背景には無知や傲慢あるいは偽善が隠れている。それをまず自覚しなければ、何も始まらない。悪い出来事は悪い原因によって引き起こされるという常識がそもそも誤りだ。地獄への道は善意で敷き詰められている。
一九世紀には人種理論が流行った[註12]。精神病が遺伝すると信じられ、去勢・不妊手術が強制的に施された。その後、誤謬が指摘され、これら迷信は徐々に淘汰されていった。だが、一つの迷信が崩されても他の迷信がまたすぐに頭をもたげる。民族や文化などの概念も人種と同じ虚構である[註13]。自由と自分勝手は違う、平等と公平は区別すべきだ……。これら議論も虚構に騙されている。奴隷制・農奴制・封建制・資本制と表向きの生産関係は変わったが、搾取自体は依然として続く。剰余価値移転の仕組みがより巧妙に隠蔽され、正当化されただけだ。法も道徳も虚構である。だが、その虚構性が同時に隠蔽される。虚構のおかげで社会が機能する事実自体が人間の意識から隠される。

数学を始めとして、問題に答えが存在するかどうかを知るのは決定的な意味を持つ。答えが存在する保証があれば、今は見つからなくとも試行錯誤するうちにいつか見つかるにちがいない。何世代かかってもよい。いつか誰かが答えを見つけるだろう。だが、答えが存在しなければ、いつまで考えても問題は永久に解けない。ならば、問い自体を見直すべきだ。進む方向に出口がないことを示すのも重要な仕事である。

私の問いは陳腐かも知れない。それなら良い。私が無知なだけで、誰かがすでに解決してくれた問題だということだから。私の問いは的外れかも知れない。それも良い。私が案じるほど深刻な危機でないということだから。だが、近代の袋小路が私だけの幻影でなければ、問うことから始めなければならない。

❖

各回のテーマを一望しよう。

第一回「死の現象学」では、死にまつわる誤解を指摘する。自分の死は知ることができない。それなのに自分の死を恐れるのは何故か。そこに勘違いはないか。一人称・二人称・三人称の死という区別が知られている。本当に意味のあるのは二人称の死のみだ。それは人間を主体として捉える見方を斥け、関係態として理解することに他ならない。近代が入り込んだ迷路に、このテーマから切り込んでゆこう。

第二回「臓器移植と社会契約論」では死体利用に一考を与える。脳死概念をめぐる議論は今も続く。脳死を認める側も拒絶する側も、何か大切なことを見落としていないか。考えれば答えが見つかるという前提がすでに誤りだ。習慣は意識的に作られるのではない。人間の意図を離れて、世界は自動運動する。近代はそこを勘違いした。呪術や宗教と科学はどこが違うのか。「迷信 対 合理性」という構図は正しいのか。臓器移植と社会契約論が取り交した密約を明らかにしよう。

この問題意識を引き継いで、第三回「パンドラの箱を開けた近代」は死体の意味を再考する。死体を特別視する理由を我々はわかっているのか。臓器移植をめぐる感情的反応の背景に、習慣や技術論では説明できない、もっと根源的な理由が存在する。近代は神を追放し、意味の源泉を破壊した。正しい世界の拠り所を人間は失った。無根拠の世界に生きる我々は、どのように社会秩序を正当化するのか。

第四回「普遍的価値と相対主義」は善悪の根拠を問う。宗教とは関係なさそうな司法の分野にも神の亡霊が憑依する。倫理判断や裁きは合理的行為なのか。あるいは信仰の一種なのか。近代の思考に原理的な誤りはないか。開かれた社会を称揚する人は多い。だが、我々はその意味をわかっているだろうか。普遍的価値とは何のことなのか。

第五回「『べき論』の正体」は規範論の本性を暴く。社会問題を扱う本はたいてい「べき論」である。解決のための処方箋が状況分析の後に必ず出てくる。対応策が見つからなければ、出版を躊躇するほどだ。なぜ、「べき論」が氾濫するのか。近代は普遍を求め、主体に信頼を置く。それは何故か。普遍と主体が矛盾することに我々はなぜ気づかないのか。世界は人間の意図に沿って進行するのか。もし、そうでなければ、単なる祈りや雨乞いの踊りと規範論はどこが違うのか。

第六回「近代の原罪」は教育制度を腑分けする。機会の平等というスローガンの裏に何が隠れているのか。学校は不平等を隠蔽し、正当化するための社会装置でないか。平等とは何か。そこに根本的なアポリアが潜んでいないか。自由・平等・正義が叫ばれるのは何故なのか。自らの欠陥をごまかすために近代が練り上げた戦略が隠れていないか。行為の最終原因として近代が同定した自由意志の正体に迫ろう。

第七回「悟りの位相幾何学」では集団責任のからくりを暴く。どんな論理を立てても集団責任は定立できない。責任は虚構である。そもそも善悪の判断を通して紛争が解決されるのではない。当事者の意識に隠蔽されたメタレベルの仕組みに注目しよう。他者の行為に我々は論理だけで反応するのではない。復讐と信頼の構造を分析し、和解への糸口を見つけたい。

第八回「開かれた社会の条件」は自由に関する考察である。自分勝手と自由は違う。この呪文の下に全体主義が進行する。社会を良くしようという意志が自由を抑圧する。普遍的価値は閉鎖社会に現れる蜃気楼だ。正しい社会に抗する異端者が全体主義から人間を救う。それが開かれた社会の姿である。

第九回「堕胎に反対する本当の理由」はキリスト教の偽善を突く。この稿は最初、脳死と堕胎を合わせて考察した。西洋は脳死を容認するが、日本では反対が強い。ところが妊娠中絶は逆に西洋で拒否反応が起きるのに、日本ではおおむね受け入れられている。どちらも命に関わる問題なのに、どうして逆の態度が現れるのか。だが、この設問は間違いだった。キリスト教の公式見解とは別の隠された事情があった。堕胎を断罪する本当の理由は何なのか。

第一〇回「自由・平等・友愛」は社会契約論の原理的な欠陥を指摘する。自由と平等は権利概念である。だが、友愛は違う。なぜ異質な要素が組み合わされたのか。合理的な権利規定だけで人間関係は捉えられない。社会システムは論理的に閉じられないからだ。だから、権利関係に翻訳不可能な、友愛という宗教概念が顔を出す。

第一一回「主体と内部神話」は主体概念のイデオロギー性を炙り出す。心という内部を定立する時点ですでに近代は過ちを犯している。神という究極的権威を否認した近代は袋小路に迷い込み、責任を正当化するための根拠として自由意志を捏造した。自己責任の詭弁がこうして用意される。だが、注意しよう。自己責任論を権力による隠蔽工作やスケープ・ゴート捏造と捉える批判は肝心の的を逸している。責任という概念がそもそもスケープ・ゴート論であり、社会秩序維持のために存在する虚構である。それは処罰の原理だけでなく、分配正義つまり平等に関しても同じだ。学校というイデオロギー装置がメリトクラシー（能力主義）の普及を通して階層構造維持に荷担する。

最終回「真理という虚構」は別の角度から主体幻想に切り込む。普遍と主体という二つの原理に近代はしがみつく。神の死に際して、これからの歴史は自分たちが作るのだと人間は宣言した。理性を通じて真理が明らかにされ、世界は次第に良くなると確信した。だが、これは神を殺した故に必然的に生まれる物語にすぎない。原因と結果が取り違えられ、歴史の変遷に「論理性」が後になって付与される。

[註1]　ダーウィン進化論（厳密にはネオダーウィニズム）は普遍性を否認する。突然変異と自然淘汰という二つの原理の組合せで、変化のメカニズムが説明される。偶然生ずる突然変異と、その個体がたまたま生まれ落ちた環境条件に応じて淘汰される以上、どの方向に世界が変遷するかは原理的にわからない。つまり未来は決定されていない。生物の進化には法則も根拠も目的もない。世界は偶然進行し、未来の姿は予測できない。だが、いったん進化が起きれば、秩序が形作られ、それが世界を縛る。

適者生存というスローガンで知られる社会進化論は、進化を通してより良い世界になると考えた。これはヘーゲル・マルクス・コントらの歴史主義と同様、近代のエピステーメーが生んだ目的論であり、ダーウィニズムとは違う認識論である。

[註2]　高田三郎訳、岩波文庫、一九七一年、特に第三巻第一章。

[註3]　M. Smiley, *Moral Responsibility and the Boundaries of Community. Power and Accountability from a Pragmatic Point of View*, The University of Chicago Press, 1992,

p. 33–57.

[註4] *Ibid.*, p. 72–101. 神の全能と人間の責任はどう両立するのか。神に背き、知恵の木の果実を囓って以来、神の意志と異なる意志を人間は持つ。人間がどんな行動に出るかを全能の神は完全に予測する。だが、各自が固有の意志を抱く以上、自分の行動の責任は各人が負わねばならない。ネーデルランド出身の神学者エラスムスはこう説明した。意志がどのように形成されるかは、ここでも問題にされない。

[註5] L. Dumont, *Essais sur l'individualisme*, Seuil, 1983.

[註6] ドイツ出身の哲学者ハンナ・アレントは権力・権威・説得の違いをこう説明する（H. Arendt, *Between Past and Future*, The Viking Press, 1961 [tr. fr., *La crise de la culture*, Gallimard, 1998, p. 123].）。

権威は常に服従を要請する。それゆえ、権力や暴力の一種としばしば取り違えられる。だが、強制のための外的手段と権威は相容れない。だから、力が用いられる場合は、本来の権威にとって失敗を意味する。他方、対等な関係が前提され、議論によって成立する説得とも権威は両立しない。議論に頼る時、権威は介入しない。説得を特徴づける対等な秩序と、上下関係を常に内包する権威的秩序は相容れない。

[註7] M. Revault d'Allones, *Le pouvoir des commencements. Essai sur l'autorité*, Seuil,

2006, p. 13.

[註8] 虚構と表現するから誤解が起きるのであって、フィクションと書くべきだと助言する人もいる。だが、カタカナ言葉を使って意味をぼかしても解決にならない。『般若心経』の章句「色即是空　空即是色」と同じく、実体論を斥け、関係論を本書は主張する。世界は夥しい関係の網から成り立ち、究極的な本質はどこにも見つけられない。だが、その関係こそが堅固な現実を作り出す。空は無ではない。どんなモノも出来事も自存せず、他の原因に依って生ずる。つまり本質や実体は存在せず、関係だけが現れる。これが空の含意だ。曖昧な表現でごまかすのでなく、逆に立場を鮮明にする目的で虚構という表現を私は使う。

虚構という表現は意味が強すぎるから擬制に替えるべきだという人もいる。だが、擬制と虚構は違う。「事実に反することを事実であるかのように扱うこと。事実に反することがだれにも自覚されていない『神話』や、相手に自覚させないようにする嘘と異なり、だれもが、それが事実に反することを知っている点に特色がある」(長尾龍一、日本大百科全書〈ニッポニカ〉、小学館、一九八四年)と説明されるように、擬制はその虚構性が意識されている。だが、虚構性が明らかになっては道徳や宗教は機能しない。虚構が生まれると同時に、その虚構性が隠蔽される。支配もそうだ。安定した支配は被支配者の合意を必要とし、支配の恣意性が隠蔽されなければならない。法制度は擬制であり、実効には警察という暴力装置が要る。だが、宗教・道徳・権威は虚構であるゆえに、内面から自主的な服従を起こす。

［註9］ 脳内の認知処理過程を経て意識に到達するまでに、外部からもたらされる情報は変形をこうむる。視覚・聴覚・味覚などという形で意識に上る各情報は、それらに対応する眼・耳・口といった個別の器官により生み出されるのではない。知覚は、複数の感覚器官と脳とを同時に動員する能動的かつ総合的なプロセスである。我々は眼だけで見るのでもなければ、耳だけで聞くのでもない。風邪を引いて鼻が詰まるとワインの味がわからないように、舌だけで味わうのでもない。メタ・クッキーという現象がある。味のないクッキーを食べても、同時にイチゴやチョコレートの香りを与え、バーチャル・リアリティの技術でイチゴやチョコレート風味のクッキーに見せかけると、実際にそれらの味がする。

未知の場所であっても障害物を探知して、不自由なく移動できる盲人がいる。コウモリの超音波レーダーのように、耳からの音情報により障害物を探知し、距離を測る。稀にこの探知能力が異常に発達する場合があり、見知らぬ場所を自転車で自由に移動できた盲目の少年の例が報告されている（A. Delorme, *Psychologie de la perception*, Etudes Vivantes, 1982, p. 12.）。音を基に判断する意識はなく、顔に何かがぶつかる感覚が生じると当事者は言う（M. Supa, M. Cotzin & K. Dallenbach, "Facial vision": The perception of obstacles by the blind, *American Journal of Psychology*, 57, 1944, 133-183.）。

耳で「見る」のが可能なら、皮膚を通して「見る」こともできる。様々な形の物体をテレビ・カメラで写し取り、その視覚情報をコンピュータで解析する。そして盲人の背中に当てられた、小さなバイブレーター端子四〇〇個を組み合わせた振動板にデータを伝達する。少し訓練を積むと、背中に感じる刺激を基に盲人は物体の形だけでなく、立体的な動きまで探知できるようになる。さらに慣れると物体は背中にではなく、盲人の目前に感知される。例えばカメラを自ら動かして物体を探る際に誤ってズーム・ボタンを押すと、物体が急接近する感じを受け、驚いた盲人は、ぶつかってくる物体から逃げようとして上半身をよじまげる（B. W. White, F. A. Saunders, L. Scadden, P. Bach-y-Rita & C. Collins, "Seeing with the skin", *Perception & Psychophysics*, 7, 1970, 23-27.）。

耳や皮膚を通して「見る」だけでなく、我々は眼でも「聞く」。会話の際に相手の唇の動きを無意識に見て得た視覚情報の助けを借りて、耳から入る音情報を解析する。その際、視覚情報と聴覚情報との間に矛盾があると合成現象が生じる。ビデオに細工してバという音を聞かせながら同時に、ガと発音する口の動きを映像で見せる。すると聴覚情報と視覚情報とが混ざり合い、ダという音が「聞こえる」（B. Dodd, "The role of vision in the perception of speech", *Perception*, 6, 1977, 31-40; R. Campbell & B. Dodd, "Hearing by eye", *Quarterly Journal of Experimental Psychology*, 32, 1980, 85-99.）。身振り・手振りなどを無意識のうちに聴覚情報に取り混ぜて我々は会話する。特に外国語を聞く時は言語能力の不足を視覚情報で補う。外国語ができる人でも、電話だと理解が難しい。また一人と対面するよりも、数人がテーブルを囲んで話す時の方が聞き取りにくい。聴覚情報の不足を視覚で補えないからである。

知覚は外部刺激の単なる受容ではない。社会的に規定された仕方にしたがって情報を切り取り、範疇にまとめ、構造化して意味を与える。これが知覚である。捨象・付加・歪曲を必ず伴う合成現象として知覚を把握しなければならない。

脳学者オリバー・サックスが著した『妻を帽子と取り違えた男』に出てくる、脳に損傷を受けた患者の様子に知覚の構成的性格がよく現れている（O. Sacks, *The Man Who Mistook His Wife for a Hat*, Gerald Duckworth & Co., 1985, ch. 1.）。この患者の視覚機能は正常だが、見たモノが何であるかが判断できない。ある日のこと、患者の家を訪問する前にサックスは真紅のバラを一輪買い求め、患者に差し出す。すると患者は、奇妙な標本でも提示された植物学者のような顔つきでバラを受け取り、「一五センチぐらいの物体だな」と呟く。そして「赤い色をした渦巻状のものに、緑色の直線的な繫索が付着している」と分析を始める。「そうですね。何だと思いますか」というサックスの催促に患者は困惑の表情を見せるが、「うーん、難しい問題ですね。多面体のような単なる左右対称性は欠落しているし……。もしかすると花の可能性もある」という答えが返ってきた。そこでサックスは「では香りを嗅いでみたら」と誘う。「多面体の匂いを嗅げ」と言われたかのように患者は再び怪訝な顔をするが、結局、勧められた通りバラに顔を近づける。すると突然バラの歌を口ずさむ。「ああ、なんて美しいんだ。咲きかけたばかりのバラだ。すばらしい崇高な香りだ」と顔色を明るくしたと言う。

患者は嗅覚を基に合理的判断をして、手にした物体がバラの花だと突き止めたのではない。香りを嗅いだ瞬間に、バラの世界に引き込まれ、その美しさと意味とを理解したのである。我々が日常何気なしに行う認知は、緻密な情報収集を通して犯人を推定する刑事や裁判官のような仕方ではなされない。人や物に対して、これは友人だとか、あれは机だとかいう判断の際に我々を支える確信は、そのような客観的解析からは生まれない。単なるデータの集積と合理的判断を越える何か、宗教体験に通じるような質的飛躍がここにある。

[註10] 個人次元での錯覚が集団現象を生むメカニズムについてはP. Watzlawick, *How Real is Real? Communication. Disinformation. Confusion*, Random House, 1976; P. Watzlawick (Ed.), *Die Erfundene Wirklichkeit. Wie wissen wir was wir zu wissen glauben? Beiträge zum Konstructikivismus*, R. Piper co. Verlag, 1981 [tr. fr., *L'invention de la réalité. Contributions au constructivisme*, Seuil, 1988]. を参照。

[註11] 『異文化受容のパラドックス』朝日選書(一九九六年)、『民族という虚構』東京大学出版会(二〇〇二年、後に『増補 民族という虚構』ちくま学芸文庫、二〇一一年)、「開かれた国家理念が秘める閉鎖機構——フランス同化主義をめぐって」(石井洋二郎/工藤庸子編『フランスとその〈外部〉』東京大学出版会所収、二〇〇四年、一〇五-一二六頁)、『責任という虚構』東京大学出版会(二〇〇八年)、『人が人を裁くということ』岩波新書(二〇一一年)、『社会心理学講義』筑摩選書(二〇一三年)など。

[註12] S. J. Gould, *The Mismeasure of Man*, W. W. Norton, 1981. を参照。

［註13］　人種・民族・文化を貫く論理構造の共通性については『民族という虚構』第一章を参照。日本では人種概念の誤解が著しい。モンゴロイドという表現をタイトルに挙げる本もある（『科学朝日』編『モンゴロイドの道』朝日選書、一九九五年）。この用語の使用理由を編者はこう説明する。

ここまでとくに説明もしないまま使ってきた『モンゴロイド』という言葉は、かつて教科書などで習った世界三大人種であるニグロイド（黒人）、コーカソイド（白人）、モンゴロイド（いわゆる黄色人）の分類をそのまま用いたものである。［……］ユネスコは一九五一年に、モンゴロイドをはじめとした三大人種の呼称は、しばしば差別につながる誤った見方を生み出すからやめようという声明を発表し、そのかわりに「アフリカ人」「ヨーロッパ人」「アジア人」というように地域名で呼ぶことを提案した。たしかに差別が少しでも減ることには賛成である。しかしアフリカ人やヨーロッパ人はともかく、南北アメリカやオセアニアにまで拡散しているモンゴロイドを、急にアジア人と呼ぶとかえって誤解を生むおそれがあるので、本書ではあえて『モンゴロイド』を使うことにしたい。（二四－二五頁）

だが、これではまるで三大人種が確固として実在するが、小手先の道徳的配慮をしただけのように理解され、ユネスコ宣言の射程を矮小化する。それにニグロイド・コーカソイド・モンゴロイドという用語は、同書が言及する一九五一年採択の「人種および人種的差違に関する宣言」では一度も使用されていない。その前年に採択された「人種に関する宣言」では、モンゴロイドグループ・ニグロイドグループ・コーカソイドグループという表現が一カ所（第七条）で使われたが、その後に採択された三つの宣言では姿を消している。また「差別をさけるために三大人種の呼称を地域名で呼ぶことを提案した」という章句は存在しない。

同書は客観的な科学データに基づいて論述されており、人種差別を助長する記述はない。だが、その良心的意図にもかかわらず、このような扱いをすると、統計的範疇でしかない人種が実体のように誤解される。悪意がないからこそ、人種にまつわる日本人一般の通念が、ここに見えている。ユダヤ人は優秀な民族であるとか、黒人は生まれつき優れたリズム感を持っているとか身体能力が高いなどと迷信が絶えない。悪口でないだけに、このような偏見はかえって執拗である。

人種に相当する英語は human race であり、種（species）の下位区分である。人間以外の生物の場合には亜種や品種と表現する。種は個体間の生殖可能性で定義される。それ以外の単位は、種の上位概念（門・綱・目・科・属）も下位概念（人種・亜種・品種）も、客観的基準に基づいて定義された概念でなく、学界の慣習によって規定されているだけである。生物学者が人種概念を使わなくなったのは、人種差別を助長しないための人道的配慮からではない。この概念が無意味だからである。

人種は客観的な根拠を持つ自然集団ではなく、人工的に区分された統計的範疇にすぎない。どの身体的特徴（身長・体形・髪・血液型・皮膚色・眼色・頭形・鼻形・唇形・体毛の濃さなど）に注目するかによって分類の仕方は異なる。例えば頭形を基準にすれば北欧人は、イタリア人やフランス人のような南ヨーロッパ住民よりもアフリカ人により近い。鼻形ならば、エスキモーは北欧人のように狭い鼻孔を持ち、アフリカ人やアジア人とは異なる。血液型の分布頻度を基準にとる場合でも、ＡＢＯ式・Ｒｈ式・Ｋｅｌｌ式によるかで分類結果は異なる（J. Ruffié, *De la biologie à la culture*, Flammarion, Vol. 2, 1983, p. 114-116.）。

ある形質を無視し、他の形質を重視する理由はない。黒色人種・白色人種・黄色人種という三つの範疇による分類が最もよく知られているが、他の分類も可能である。そもそも自然人類学は分類すべき人種の数にさえ統一見解を出せなかった。生物分類学の方法を確立したスウェーデンのカール・フォン・リンネは、ホモ・サピエンスを六つの人種に分類したが、ドイツのヨハン・フリードリヒ・ブルーメンバッハは、コーカサス人種・モンゴル人種・エチオピア人種・アメリカ人種・マレー人種の五種類に分けた。さらには一七種類の人種を分類すべきだとするフランスのジョゼフ・ドゥニケーや、六〇種類の人種が存在するという学者も出た。

分子生物学の発展にともなって、遺伝子の分布状況を基準にして人類をいくつかの群に分類し、黒色人種・白色人種・黄色人種のそれぞれに固有の要因が発見されたと主張する者もいる。だが、この手の議論は論理が逆立ちしている。特定の人種が存在すると仮定するならば、対応する固有の要因を見つけられる場合もある。しかし、その逆は成り立たない。ある要因が人類の一部のみに分布する事実を発見しても、そのことから当該の要因を持つ個体の集合が人種をなすとは言えない。例えばA型およびB型血液凝集原は三大人種の分類枠を越えて分布している。ところで、血液型がAの個体の集合を「A型血液人種」と呼ぼうと提唱する学者はいない。「碧眼人種」なる概念を使う人はいないが、虹彩の色によって人種分類するべきだという仮説から出発すれば、当然、この分類は虹彩の色に完全に対応する。人種を根拠づける議論は、このように循環論であり逆立ちしている。人種概念が意味を持つためには、分類に採用される基準が恣意的でないと証明しなければならない。だが、それは原理的に不可能である。

対象が一つの基準だけで規定されるならば、その基準にしたがって似ている対象を集められる。例えば個体の大きさあるいは重さのどちらか一つの基準で分類するのは簡単だ。だが、二つ以上の基準を同時に考慮に入れて分類しようとすると、とたんに困難が生じる。

リンゴを分類しよう。赤・緑・黄と色も異なるし、寸法も大小ばらつきがある。酸っぱいものもあれば、甘いものもある。色・寸法・酸度のうちただ一つの基準で分類するのなら問題ない。しかし、すべてを考慮して分類しようとすると困ってしまう。赤くて酸っぱいリンゴは、酸っぱくて青いリンゴと同じグループに入れるべきか。甘くとも赤いリンゴと同じグループに分類すべきか。

複数の基準を同時に採用するためには、各基準の相対的重みを決定する必要がある。だが、ある基準を他の基準よりも重視する理由はデータ自体からは出てこない。酸っぱいリンゴの好きな消費者ならば、色の違いを無視して赤リンゴと青リンゴを同じケースに入れても問題ないかも知れない。だが、お歳暮の贈呈なら、同じ赤色でも小粒と大粒のリンゴを一緒にすれば、見栄えが悪い。どの基準が重要かは、リンゴの性質そのものからは決定できない。

一般に分類は、対象の客観的性質のみに依拠して行われるのではない。分類する人間の主観的決定がなければ分類は不可能である。分類は、ある基準よりも他の基準の方が重要だと人間が決定する行為であり、ある世界観の表明に他ならない（分類の恣意性に関しては池田清彦『分類という思想』新潮選書、一九九二年、渡辺慧『知るということ——認識学序説』東京大学出版会、一九八六年、第四章「客体と述語」および第五章「言語・論理的相対性」）。個体を特徴づける形質規定の仕方が無数にあるだけでなく、各形質の優劣を決められない以上、人種を抽出する試みは原理的に空しい。

黒色人種・白色人種・黄色人種という分類が一八・九世紀に作り出され、普及したのは、西洋植民地主義に都合良かったからである。ヨーロッパが植民地を拡大する際に、現実を後追いする形で人種理論が形成された。征服した人々を異質な存在として把握し、ヨーロッパ人との共通点にではなく、差異に注目して分類がなされたため、身長・眼色・髪色よりも、「ヨーロッパ人 対 非ヨーロッパ人」という図式を成立させるのに都合のよい、皮膚色や髪の形状が重視された(P. Wade, "'Race', nature and culture", *Man*, 28, 1993, 17-34.)。

遺伝子の分布状況に基づいて作られた集合・範疇は実在性を持たない。ある形質を持つ個体が、その集合・範疇に比較的多いという統計にすぎない。混血という言葉があるが、太古の昔から純粋人種など存在しなかった。それは歴史的事実として議論される問題ではなく、認識論的観点から導きだされる帰結である(A. Jacquard, *Eloge de la différence. La génétique et les hommes*, Seuil, 1978, p. 81-109; A. Jacquard, *Au péril de la Science?*, Seuil, 1982, p. 56-78.)。

純粋人種という表現において、純粋の意味がそもそも誤解されている。家畜の品種と同じ意味で純粋な人間集団を作ることは、倫理的問題を棚上げにすれば不可能でない。近親交配を繰り返して、よく似た形質の個人ばかりを集め、集団内部で世代をつなげていけばよい。だが、その場合に純粋というのは、各形質について集団内のばらつきが小さい、すなわち当該集団に属するどの個体も似ているという以上の意味はなく、各個体の純粋性とは関係がない。縮れた金髪、厚い唇、蒙古ひだの発達した瞼、黒い肌、緑色の虹彩、鷲鼻といった形質を同時に備えた個体ばかりがそろえば、家畜の品種と同じ意味で、この集合は純粋人種である。

■第一回■

死の現象学

ハンガリー人の友が肺癌で亡くなった。若い頃パリに移住した社会心理学者だった。椅子に座ったまま床に血を吐き、独りで死んでいたらしい。米国人の大学教員との間に生まれた一四歳の息子がいる。生まれてしばらくして両親が別れたので、子どもは父母の間を行き来していた。母はアメリカ合衆国とカナダの二重国籍者、父はフランスとハンガリーの二重国籍者であり、息子は四つの国籍をもつことができる。両親は婚姻関係になく、子どもが誕生した当時、母親は他の男性と結婚していた。

私は葬儀にまず出席しない。大切な人はもういないからだ。見知らぬ家族に会っても仕方ない。しかし今回だけは葬式に行く気になった。美男子で、若い頃は小説を書いたり、映画を作ったりした彼はブダペストの知的サークルを賑わせたスターだった。パリに来て以来、芸術活動に見切りをつけ、大学に就職したと言っていた。「小説も映画も音楽もすべてやりつくされて、芸術に新しい可能性は残っていない」という彼の言葉の陰に、屈折した感情を読み取った私はまちがっていたのか。若い夢が破れた後、新たな目標を見つけようと日本を離れ、そのまま何となくフランスで教員になってしまった私自身の後悔を彼の人生に重ね合わせたのだろうか［註1］。パリで生き、生涯を閉じた異邦人の最期を確認しておきたかった。

パリ東部に位置するペール・ラシェーズ墓地での告別式。マイクを設えた台の隣に立派な棺が置いてある。棺の蓋は閉ざされ、遺体が本当に入っているのかどうかわからない。参列者は火葬に臨まず、係官だけで遺体を炉にくべる。立派な棺を燃やすともったいないから、見せかけのために置いただけではないか、実は他の場所に遺体は安置されているのではないか。そんな不謹慎な考えを巡らせながら、友人たちが紡ぐ物語を私は聞くともなく聞いていた。黄泉の国に死者を送るという宗教的虚構に頼らない、死者の記憶を確かめ合うだけの別れだ。

❖

柳田邦男『犠牲　わが息子・脳死の一一日』（文藝春秋、一九九五年）を読んだ。次男が自死し、脳死状態になってから腎臓を提供するまでの経緯が描かれている。一人称の死・二人称の死・三人称の死という表現で柳田は死の意味を考える。フランスの哲学者ヴラディミール・ジャンケレヴィッチが『死』において提示した区別だ［註2］。

三人称の死は、知らない人の死である。ナチスに殺されたユダヤ人の数が六〇〇万に上ると聞いても、それは単なる統計上の数値にすぎない。抽象的な死は感情を呼び起こさない。他人事だからだ。ホロコースト研究の古典ラウル・ヒルバーグ『ヨーロッパ・ユダヤ人の絶滅』は醒めた分析ばかりが二五〇〇頁も続く大著（仏訳）だが、最後の方に一箇所だけ感傷的な文章がそっと、しかし唐突に出てくる。ユダヤ人が銃殺される場面に居合わせた者の言葉だ［註3］。

一〇歳ほどの少年は父親に手を握られていた。涙をこらえる息子に父は静かに語りかける。子どもの頭を優しく撫でながら父は天を指さし、何か言って聞かせているようだった……。黒髪の痩せた女の子を覚えている。私のそばを通る時、ある仕草をして呟いた。「二三歳……」、と。そこにいた人々はみな全裸だった。墓穴の縁に刻まれた階段を彼らは降りて行き、すでに横たわる人々の頭を踏みつけながら、ナチス親衛隊員が指さす場所まで進んだ。負傷した者も、すでに死に絶えた者も一緒に横たわっていた。そして、そのそばに全裸の人たちも身を横たえた。まだ息のある者の頭を撫でながら、誰かが囁いていた。そして、銃声が数発響きわたった。

この文章を眼にした時初めて、犠牲者の姿が私の瞼に浮かんだ。距離を取った分析をどれだけ読んでも起きなかった痛みが胸を締めつけた。学問の対象として考察してきた三人称の死が、急に意味を変えて迫ってきた。

一人称の死は自分の死だ。死は誰でも恐れる。だが、それは何故なのか。肉体の苦しみを恐怖するのは当然だが、自らの死そのものは経験できない。それなのに、なぜ自己の消失を恐れるのか、嘆くのか。

内視鏡検査のために全身麻酔をかけられたことがある。目が覚めた時、検査終了を意識すると共に、このまま死んでしまえばよかったという不思議な気持ちが浮かんだ。麻酔から醒めぬまま命が尽きれば、自分の死を知らず、それ以降の幸せにも苦悩にも無縁でいられる。それでよいではないか［註4］。

私たちが恐れるのは死自体ではない。一人称の死を恐怖するのは認識論的錯誤の結果である。大海原への散骨や、生まれ故郷での埋葬を望むのも、死して恥を晒さずという美意識も同様の誤解による。自らの死を恐れるのは不条理である。

〈私〉はどこにもない。不断の自己同一化によって今ここに生み出される現象、これが私の正体だ。比喩的にこう言えるだろう。プロジェクタが像をスクリーンに投影する。プロジェクタは脳だ。脳が像を投影する場所は、自らの身体や集団あるいは外部の存在と、状況に応じて変化する。ひいきの野球チームを応援したり、オリンピックで日本選手が活躍する姿に心躍らせる。あるいは勤務する会社のために睡眠時間を削り、努力する。我が子の幸せのために、喜んで親が自己を犠牲にする。これら対象にそのつど投影が起こり、そこに私が現れる。私は脳でもなければ、像が投影される場所でもない。私はどこにもない。私とは社会心理現象であり、社会環境の中で脳が不断に繰り返す虚構生成プロセスである［註5］。

❖

三人称の死は他人事であり、一人称の死は疑似問題にすぎない。だが、愛する人や家族の死は違う。これが二人称の死であり、人間にとって死の本質がそこにある［註6］。

ところで二人称の死を悼む時、一人称の死という虚構を媒介にするのは何故か。柳田の書に戻ろう。亡き次男について長兄がこう語る（前掲書一三二頁）。

洋二郎は何かのかたちで人の役に立ちたいと願っていたのだから、骨髄提供が駄目となったら、可哀相だ。それに代わるものとして腎提供をすれば、洋二郎も満足するんじゃないか。もちろん洋二郎は腎提供なんていうことを考えたこともなかったわけだけれど、骨髄提供の真意を活かすために、ぼくたちが代わりの道を考えて、その実現を援けると考えればいいんじゃないかな。

死者のために何かをしてあげたいという論理はおかしい。英雄として後世に伝えられようと、あるいは逆に辱められようと、死者は知ることができないからだ。残された者の記憶を整理する上で、「死者にとって」という虚構が作られる。殺人犯の人権擁護を言う前に、殺された被害者の人権を守れと叫ぶ人々も同様だ。死者の人権は非論理的で無意味な概念である。

脳死患者を死体として扱わず、死にゆく人間として最後まで手当てする大切さを柳田は強調する。技術論としては確かに徒労であり、経費の無駄使いだろう。しかし二人称の視点から死を見つめれば、愛する人の死に臨む友人や家族の苦悩を慮り、服喪を手伝う制度は合理的である。臨床心理学者・河合隼雄の言葉を柳田は引く[註7]。

人間の心はわからないところがある。つまり物語らないとわからないところがある、と私は思うのです。たとえば途方もない事故が起こった。なぜこんな事故が起こったのか。そのときに自然科学的な説明は非常に簡単です。なぜ私の恋人が死んだのかというときに、自然科学は完全に説明ができます。「あれは頭蓋骨の損傷ですね」とかなんとかいって、それで終わりになる。しかしその人はそんなことではなくて、私の恋人がなぜ私の目の前で死んだのか、それを聞きたいのです。それに対しては物語をつくるより仕方がない。つまり腹におさまるようにどう物語るか。

今見えている星の光は数十万年も前に放たれた。星はもう寿命を終えたかも知れない。それでも私たちにとって星は輝き続け、存在感を失わない。二人称の死はそれと似ていないか。

遺体に敬意を払って大切にする習慣は何に由来するのか。肉親の臨終に際して医師が遺体の頭を蹴飛ばす場面を想像しよう。遺族は怒り、悲しむ。しかし、それは何故か。まだ生きている病人を殴れば、痛がる。対して死体はもう何も感じない。それなのに、生きている人間を殴る以上に、死体への暴力に我々は憤る。それどころか墓を破壊するだけで感情的になる。故人がまだ生きていると信じるからではないだろう。想い出の品を粗末に扱うだけでも心を痛めるのだから。

脳死患者から安易に臓器を取り出したり、単なる死体として事務的に処理すべきでない最大の理由は患者の保護ではない。残された遺族や友人が喪に服す時間を与えるためだ。それなのに、故人が望むからという虚構がなぜ必要なのか。その答えは一人称の存立構造に潜んでいる。

私の記憶という表現はおかしい。私とは記憶そのものだ。他者と共有した時間をすべて取り除いたら、私自身が消失する。だから身近な人を亡くすと、その写真にいつまでも語りかけ、遺品を大切に取っておくのだろう。葬式は、残された者の記憶を整理して、生前とは別の場所に死者を住まわせるための手続きだ。一人称の世界は他者との関係に絡められた、本当は二人称の社会・心理現象なのである。ビデオ・ゲームやインターネットの仮想世界で育ち、二人称の人間関係を知らない若者が他人だけでなく、自分の命にも現実感を持てない理由は、この辺りにあるのかも知れない。

生命に意味などない。再生産を繰り返し、死ぬまで生き続ける。それだけだ。尊い命とか命の尊厳とか言うが、生命自体に価値も尊厳もない。死にたい人間が死んでどこがいけないのか。問題は、死にたくない生命を他者が勝手に破壊することだろう。だから死にたくなれば、死ねばよい。

だが、それを悲しむ存在があれば、否応なしに波紋を生む。私の命や人生が無意味であるように、我が子の生命や人生も客観的には無意味である。しかし、その存在をどうするかは私の自由にならない。生きるも死ぬも、この子が自分で決めることだ。私の自由にならないが、育てる義務を負う存在。こうして他者との絆が誕生する。存在理由を問うことの許されない外部が現れ、私の命に意味が与えられる。私の死を拒む人間を悲しませないために生き続ける。関係せざるをえない他者の存在が、ひるがえって自己の存在を正当化する[註8]。

近代は神を殺した。しかし神の亡霊は今も漂う。虚構が産み出されると同時に、その虚構性が隠蔽される。社会が表明する理由はたいてい嘘だ。責任の追及や犯罪の処罰、恋愛や性タブー、自由と平等、正義実現を目標に掲げる「べき論」。どれも社会を機能させるための虚構である。そして死刑制度が維持される本当の理由も他にある。

[註1]　『答えのない世界を生きる』祥伝社、二〇一七年、第二部を参照。

[註2]　V. Jankélévitch, *La mort*, Flammarion, 1977 (1ère édition: 1966), p. 24-35.

[註3]　R. Hilberg, *The Destruction of the European Jews*, 1985 [tr. fr., *La destruction des*

Juifs d'Europe, Fayard, 2006, Vol. 3, p. 1931].

［註4］　リスクの高い手術を受けるとしよう。手術中に死亡する確率と成功する確率は五分五分。手術台に上がる前に思う。「もしかすると世界を見られるのは、これが最後か」。一つの可能性は手術が成功し、眼が覚める。「良かった。また愛する人と一緒に生活できる」と感慨に浸る。もう一つの可能性は失敗して、手術台の上でそのまま死ぬ。だが、この場合は死んだ事実を当人は知ることができない。死は他人が感知する出来事であり、当人に死は到来しない。

［註5］　デカルトは言う（R. Descartes, *Discours de la méthode*, Editions sociales, 1983, p. 116–117.）。

すべては偽である。私がこう考えている間も、そう考えている私は必然的に何ものかでなければならぬ。ただちに私はこの事実に気づいた。そして「我思う、ゆえに我あり」という真理は、懐疑論者のどのような法外な想定によっても揺るがせないほど堅固で確実だと私は認めた。そして私の求めていた哲学の第一原理として、この真理を安心して受け入れてよいと判断した。

痛みを感じるのは当人だけであり、他人の痛みは想像しかできない。歓喜に沸いたり、悲しみに沈む時、そう感じる私がいる。「我思う、ゆえに我あり（Cogito ergo sum.）」の論理構造も同じだ。

だが、ここには論理飛躍がある。cogito（我思う）が成立するからと言って、そこに私が存在するとは結論できない。「私が思う」という形で意識が生まれる、あるいは「（私の）歯が痛い」「（私は）哀しい」という形で感覚が現れる。そこまでは良い。だが、「思う私」「痛みを感ずる私」「哀しむ私」の存在はそこから導けない。あくまでもcogito（我思う）という現象が成立するのであり、それを可能にする私が存在するかどうかは別の問題である。ラテン語の動詞cogitoには主語egoが省略されている。I thinkやje penseと英語やフランス語で表記すると、さらに錯覚しやすい。確実なのは「I think」や「je pense」という現象であって、その現象から切り離されたIやjeが存在するかは不明である。

後代の思想家はそこを批判した。ドイツの科学者ゲオルク・クリストフ・リヒテンベルクはEs denkt.と言い、イギリスの哲学者バートランド・ラッセルがIt thinks in me.と表現し、フランスの精神分析学者ジャック・ラカンが、Ça pense en moi.、つまり「私において、それが思う」と言い換えた。「それ（es, it, ça）」は実体ではない。It rains.（雨が降る）のitと同様、形式主語である。そうでなければ、cogitoの無意識バージョンでしかない。

私はどこにも同定できない。社会的価値の内在化によって生成される客観的契機（Me）と、それに反発する主観的契機（I）とが織りなす動的な過程として、米国の社会心理学者G・H・ミードは自己（Self）を規定した（G. H. Mead, *Mind, Self, and Society: From the Standpoint of a Social Behaviorist, edited by C. W. Morris*, The University of Chicago Press, 1934.）。主観的契機Iは、社会からやってくる外的価値に対して常にズレをもたらす契機である。だが、それは分離して取り出せる実体ではない。社会化の影響を自己から反省的に捨象する時、そこに余る残滓あるいはノイズにすぎない。

ミードの言及するIはデカルト的コギトとは違う。フロイトのエスに近い。他者の反応や態度が内在化された沈殿物を意味するミードのMeはフロイト理論の超自我に相当し、ミードのSelfがフロイトの自我にあたる（R. M. Farr, *The Roots of Modern Social Psychology*, Blackwell, 1996, p. 125; J. Laplanche & J.-B. Pontalis, *Vocabulaire de la psychanalyse*, PUF, 1967, p. 241.）。Iを主体として解説する社会心理学の教科書もあるが、それは主客二元論に惑わされた誤読である。

〈私〉は虚構である。だが、この虚構は無意味ではない。休みなく流れてゆくものとして我々は時間を認識する。ところが離人症患者には、今という瞬間がバラバラにやってくるだけで、それらの間に自然な連続性が感じられない。瞬く時、視界が遮られる。我々は外界からの情報を断続的に受容している。それでも今という刹那の集合としてでなく、連続する経験として感知するのは、無意識に捏造される物語のおかげである（木村敏『時間と自己』中公新書、一九八二年、二四－三二頁）。二〇〇二年まで精神分裂病と呼ばれていた統合失調症も、主体虚構がうまく機能しない障害である。

デカルトが考えたような、自由意志を生み出す源泉としての私は存在しない。では、統合された自己表象あるいは認知システムの意味で私を捉えればよいのか。脳の機能により自己表象が作られ、維持される。この表象が壊れると精神に異常が生ずる。そこまでは正しい。だが、このような私は、あくまでも遺伝・環境・偶然という外因の相互作用を通して脳で作られる表象にすぎず、実体としての主体が存在するわけではない。

心身二元論や唯心論を採らない限り、この認知システムは脳あるいは身体に生成されるメカニズムあるいは機能であり、プロセスだ。私の誕生前にあったのは両親の遺伝子と母親の胎内環境だけであり、それらがどのような相互作用を起こしても、またそこに偶然が作用しても、生成されたメカニズムは当人が制御できるシステムではない。私というシステムが成立する以前に私は存在しないのだから。そして誕生後に両親との相互作用、家庭教育や学校教育および周囲から育まれる経験から発達するのであり、この認知システムは外因が作る。つまり、どこにも内因はない。このシステムは自律性を持つ。だが、外因が生み出す以上、因果関係から逃れることはできない。遺伝要素・環境情報・偶然という構成部品と、それが総合されて生まれる私との間に断絶があっても、私が外因による生成物である事実に変わりない。したがって思考や行為の出発点に私を据えることはできない。

[註6] 二人称と三人称の違いは何か。単なる心理的距離の問題ではない。三人称の対象は代替可能だ。会社経営やスポーツの試合なら、同じ能力を持つ人材との交換が利く。だが、恋人・親子・友人は掛け替えのない対象であり、他の人では代わりにならない。これ

が二人称の関係である。

フランスのバカンスは長い。休暇から戻ると、飼っていた熱帯魚がしばしば餓死している。だから留守中の心配をするかと思うと、「毎年、新しい熱帯魚に替えるから構わない」と言う。生後三ヶ月の飼い犬を初めて獣医に診せた時、「上下の顎がしっかり噛み合っていない」と言われた。健康上に問題が出るのかと尋ねると、「いや、それはいいけど、買う際に値段を交渉できたのに」と説明される。愛玩動物も商品だから、こういう会話が成立する。あるいは子犬が室内で粗相する。躾のできない犬の訓練をトレーナーに頼むと費用が高くつく。そんなことなら「不良品」のもらい手を探して、新しい犬に買い換える方が安上がりだ。犬好きの夫婦の飼い犬が病気になり、入院した。二人とも精神的に参ったが、その後の反応が二人で違う。愛犬のいない生活は考えられないと悲しみに沈んだ妻。ところが、同じ心理状態にあった夫は新しい犬をすぐに買って来た。「ほら、これでもう寂しくないよ」。二人の反応は論理がまったく違う。交換可能な存在、これが三人称の発想である。

自分の子どもは不出来でも取り替えできない。死んだら、また作ればいいと割り切れないのは何故か。恋をする。相手をなぜ好きなのか自問しよう。背が高いから、美人だから、優しいから、高収入だから、有名人だから、料理が上手だから……、そんな理由を思いつくかも知れない。だが、好きな理由が明確に意識されるようでは、恋愛感情は芽生えない。容姿が美しいからならば、もっと美しい人が他にいる。裕福だからならば、もっと金持ちの人がいる。有名人は他にもいっぱいいる。こうして、恋する相手は唯一の存在でなくなってしまう。

恋と呼ばれるのは、打算や具体的理由を超えて、相手自身が好きだという感覚だ。とにかく好きだという、曖昧ながら同時に揺るぎない確信がある。つまり自分が恋する相手が何者であるかはわからない。根拠が隠蔽されるおかげで、恋という心理現象が可能になる。実は恋の対象たる彼や彼女はどこにも存在しない。諸要素に還元できない主体という虚構が機能するおかげで、恋という不可解な現象が成立する。中島義道『哲学の教科書』も言う（講談社学術文庫、二〇〇一年、二一六‐二一七頁）。

こうして、フィアンセが「高収入・高学歴・高身長だから愛している」という女性の言葉にわれわれが直観的に反発を感じるように、家柄・財産・学歴・肉体等とにかく計測可能であり序列可能なものはすべて愛の敵対物です。これはわかりやすいでしょう。しかし、「気立て」とか「優しさ」とかの言葉でもじつは、それ自身個物を超えた普遍性をもっておりますから、愛とは対立するのです。例えば母親が「うちの息子は気立てがいいから好きだ」と言ったらおかしなことです。じつは、愛する対象がもし個物なら、厳密にはいかなる理由も言えないはずなのです。個々の属性ではなく、その人だから愛するのです。

［註7］　河合隼雄ら『河合隼雄　その多様な世界』岩波書店、一九九二年（柳田前掲書二四二頁より引用）。

臨床心理学や精神分析はプラシーボ効果でないか。フロイト理論やラカン理論は、その後の発展も含め、壮大な物語を形成した。それらは膨大な仮説群であり、物的証拠に支えられた科学的証明ではない。ロールシャッハ投影法などに頼る学派も同様である。大いなる伽藍を構築した神学と変わらない。臨床心理学の認知行動学派は無作為割付法により統制群と実験群を比較するので、当該の変数の効果を検証する。しかし心身問題が解決されず、精神と身体の関係を明示できない以上、心理療法によって心身症が治る理由は不明のままだ。心身症は確かに存在するし、臨床心理学や精神分析は現実の効果を持つ。その事実は疑えない。だが、治癒の原因が何かは別の問題だ。心理療法への批判は小沢牧子『「心の専門家」はいらない』洋泉社、二〇〇二年、J. M. Wood, M. T. Nezworski, S. O. Lilienfeld & H. N. Garb, *What's Wrong with the Rorschach?*, Jossey-Bass. 2003. を参照。

臨床心理学や精神分析を貶めるのではない。そもそもプラシーボ効果が謎なのである。科学的アプローチで心理現象を解明しようという考え自体に問題が潜んでいる。

［註8］　愛情を注いだペットや近親者が死ぬと喪失感が生ずる。それは単なる社会的慣習の結果ではないだろう。おそらく、愛情を注ぐという行為自体が生み出す結果だ。だが、愛情を注ぐ現象がすでに社会の慣習である。

牛や豚、あるいはニワトリなどの経済動物も愛情をもって育てる。しかし肉として処理すると最初から承知するから、出荷時に喪失感は起きない。経済動物は各個体に名前をつけず、匿名のまま育てる。これも習慣に過ぎない。犬や猫を愛玩動物として育てた後に食う習慣が将来生まれるかも知れない。それでも喪失感が生ずるだろうか。

気が向いた時だけ飼い犬を可愛がるが、毎日のエサや糞尿の始末は召使いに任せる金持ちを考えよう。当人は犬を好きなつもりでも、犬が死んだ時、それほどの感傷を抱かないだろう。自分の子を家庭教師と執事に任せ、月に一度しか子と会話を交わさない富豪は、子どもが死亡した時に慟哭するだろうか。

競走馬のほとんどは天寿を全うしない。日本で毎年八〇〇〇頭以上生産される競走馬のうち、デビューできるのは七割ぐらいらしい。調教に失敗したり、成功しても買い手が見つからない馬は多く、殺処分を受ける。デビューした馬も半数以上が加工肉になるという。優秀な成績を残した馬でも怪我や病気をすれば、たいていは人や動物用の食肉として処分される。競馬は人間が作り上げたビジネスであり、文化だ。豚や牛と同様に競走馬は経済資材である。それでも愛情を注ぐ習慣が共存する。

人類も今の家族形態が続くかどうかわからない。ソ連やイスラエルでは子どもを親から取り上げて集団教育する試みがなされた。社会から不平等を減らす方策としては合理的である。メリトクラシー・生活の平等・家族制度の三つの間には原理的な矛盾がある。二つずつの組合せは成立するが、三つの条件全てを同時には満たせない (J. S. Fishkin, "Liberty *versus* equal opportunity", *in* E. F. Paul, F. D. Miller Jr., J. Paul & J. Ahrens (Eds.), *Equal Op-*

portunity, Basil Blackwell, 1987, p. 32–48.)。家族制度を放棄して、子どもの能力形成における家庭環境の影響をなくし、同じ条件下での競争を実現すれば、平等と個性とを両立できる。

家族制度が廃止された世界に人間が適応できるかどうかはわからない。だが、もし将来、集団教育制度が確立すれば、あるいは体外受精が一般化すると共に、人工子宮が発展したり、代理母の利用が広まって、母体外で生まれ育てられた人間ばかりになったら、親子の繋がりが古い迷信として切り捨てられるだろう。生物学的な意味での両親は精子と卵子の提供者にすぎなくなる。そして親子という概念自体が風化する。そんな社会では肉親の死が他人事になる。

親子の親近感は生物学的繋がりから生まれるのではない。一緒に育った記憶、そして家族概念・規範など社会的要素に起因する。産院で嬰児を取り違える。血液型や皮膚色の違いなど誤りが明らかでない限り、両親も子どももその事実を知らずに一生を終える。それぞれの子どもは「養父」と「養母」の愛を受けて育つことだろう。

鳥には刷り込み現象がある。卵から孵化した後に雛鳥は、最初に見いだす動く対象を親だと思いこむ。通常は親鳥が身近にいるが、最初に出会う対象が他の鳥だったり人間だったり、さらには点滅するランプだったりすると、それら運動体を親だと勘違いする。同様の現象はサルやネズミなどの哺乳類でも観察されている。小さいうちに親以外のサルあるいはネズミによって飼育されると、生みの親と育ての親との関係に差が現れない。生みの親をかぎつける野生の嗅覚はネズミやサルにも備わってない。それ以上に鋭い感覚をヒトが持つ保証はない。血縁は社会虚構の産物である。

自分の親が生みの親でないと知った時、我々は衝撃を受け、狼狽える。そして本当の親を捜し始める。だが、ここで問題になっているのは「生みの親だと思っていた人が実はそうでなかった」という認知である。その事実を知らなければ、問題は起きない。逆に、実際に生みの親であっても、何らかの理由からそれを疑う事態が起きた場合も心の動揺が生じ、「本当の親」を捜すだろう。

自ら腹を痛めて子を生む母親と違い、自分の精子が関与して生まれた子かどうか父親にはわからない。だが、それでも思いこみで済ませている。普通はそれで何の不都合も起きない。血縁虚構の重要性と、血縁の客観的事実は別である。

■第二回

臓器移植と社会契約論

ヨーロッパは死体の国有化を目指しているのか。

推定同意の原則がすでに欧州の多くの国で採用されている。臓器提供拒否の意思を当人が生前に示さない限り、臓器摘出に同意したとみなす考えである。フィンランド・スウェーデン・ノルウェー・フランス・ベルギー・ルクセンブルク・オーストリア・スペイン・イタリア・ギリシア・ポルトガル・ハンガリー・ブルガリア・チェコ・スロヴァキア・ポーランド・スロヴェニア・ラトヴィアがこの原則を法制化した。

しかし、いつか自分が死ぬ事実は誰にもわかっているものの、ほとんどの人々にとって自分の死には現実感がなく、臓器提供を真剣に考える機会がない。したがって、拒否意思を生前に明示していなければ、死後に臓器を取られても文句を言うなという法律は詐欺のようなものだ[註1]。

時代を少し遡ろう。一九四九年に制定されたフランスのラフェイ法は、故人の遺言書に明記される場合に角膜提供を認め、角膜を遺産相続した家族がレシピアントに無償贈与すると理由付けした。だが、医療事情はその後、大きく変化し、心臓・腎臓・肺などの供給を善意に頼っていては、急増する臓器需要に追いつかない。そこで、拒否遺志がなければ、同意したとみなすカイヤヴェ法が一九七六年に成立した[註2]。

もっと過激な立場もある。持ち主のない遺失物として死体を扱い、国家が没収して社会全体の財産とした上で、臓器を移植に利用する哲学者フランソワ・ダゴニェ『生体の管理』の提案である[註3]。

連帯の名において国家権力は擬人法の形をとって、こう宣言するべきだ。「お前の誕生を国家は可能にし、お前を保護し、見守り、教育し、世話してきた。命が尽きたら、お前の死体を放棄せよ。こうして国家を介して、お前は子孫の健康維持に貢献するのだ。」

故人や遺族の願望よりも社会連帯を優先する政策の影に、唯一絶対神の亡霊が透けて見える[註4]。移植推進のために導入されたとはいえ、推定同意の原則はドナー増加のための単なる方便ではなく、法制度内での正統性確保にも配慮されている。ラフェイ法は遺言書による相続の枠組みを踏襲しているし、カイヤヴェ法は無遺言相続を模している。つまり、子どもへの相続を指示する遺言書がなくとも相続意思が推定されるのと同様に、拒否の明示がない限り、共同体への連帯意思が原則として前提されるという論理構成である。

英米では故人の遺志が尊重され、臓器提供の承諾は本人がドナーカードなどで明示しなければならない。また身体の個人所有権を認める傾向が強く[註5]、血液・精子・卵子などの商品化にも寛容である[註6]。対して、人とモノの二分法を厳格に守るローマ法から発展したヨーロッパ大陸の法制度では、自分の身体に対する所有権が認められず、人体組織・細胞の有償採取が許されない［註7］。英米コモンロー体系を支えるロックの私有財産論と、フランス革命の精神的土台をなしたルソーの社会契約論との対比を、これら習慣の背景に見ることもできる。先に挙げたダゴニェの死体国有化案は社会契約論の一形態である。

❖

キリスト教の影響が強い諸国では、人間の死の定義として脳死概念が受け容れられ、臓器移植が命の恵みと解されている。精神と身体とが峻別され、人間の本質は身体にではなく、精神にあると認識されてきたからである。「死んだ抜け殻（dépouille mortelle）」とか「肉の包み（enveloppe charnelle）」というフランス語の表現がある。肉体はただの容器であり、実体である魂がその中に宿るという発想だ。

仏教世界では逆に、精神が身体から切り離されず、肉体の一部をスペア・パーツとして利用する医療技術に違和感を覚えるから、脳死や臓器移植に対する反発が強いと言われている。だが、腑に落ちない点もある。輪廻を説くインドの支配宗教に抗して、生命は個人に局在するのでもなければ、肉体と別に魂があるのでもないというアンチテーゼをガウタマ・シッダールタ（釈迦）は出した。すべては仮象であり、生きていても、死んで土に帰っても、生命の形が変わっただけだという世界観にとって、どうして遺体が大切なのか。

死後四十九日間は魂が周辺に漂うという日本の物語にしても、魂が彷徨う間、遺体を傷つけてならないならば、そもそも火葬はできないし、遺体が腐敗する土葬も許されないはずだ。古代エジプトに倣ってミイラにでもするべきか。また、あの世に行った後、故人の魂が別人として生まれ変わるならば、遺体はもはや不要であるし、盆に魂がこの世に戻って来る時、魂のまま漂うならば、合体されない遺体は要らないだろう。キリスト教同様、仏教も肉体への執着を戒める。どうして臓器提供への抵抗が起こるのか、どうも理由がはっきりしない。

❖

推定同意の原則を法制化した国では、拒否遺志がない限り、遺族が反対しても臓器を取り出せる建前だ。しかし実際には、この原則が厳格に守られず、遺族の了解を求める場合が多い。脳死判定された肉親の臓器提供を簡単に承諾するわけでもない。脳死患者は外から見る限り、眠っている人とほとんど見分けがつかない。だから死亡を頭では理解しても、摘出作業が実際に始まると気が動転する。まさか、まだ生きているうちに臓器を取り出すとは思わなかったと悔やむ遺族は西洋にも少なくない[註8]。

血色が良く、温かい状態で脳死体が手術室に運ばれると、血液を抜く作業が始まる。体温が高いまま血流が止まると臓器が傷むからだ。魚の活け締めに似ている。血抜き作業が進むと、次に冷却液を血管に注入する。そして臓器の鮮度をさらに保つために、助手たちが冷却液を臓器に直接浴びせる。その間、医師は臓器を揉んで血抜きを促進する[註9]。

死んでいるはずの脳死体が、摘出作業中に動くことがある。そのため死体に全身麻酔をかけ、筋肉弛緩剤を投与して反射反応を抑える。脳死患者から人工呼吸器を外す際に生じる、ラザロ兆候と呼ばれる自動運動も知られている。鳥肌が立ったり、腕が持ち上がって硬直したり、背中が反り返る。再び動く死体の姿を隠すために遺族を病室から退出させるそうである。こんな話を聞くと、抵抗を覚える人がほとんどだ。それは専門知識を持つ医療関係者でも、あまり変わらない。メスを入れた瞬間に死体が動く。その違和感に耐えられず、配置換えを申し出る医師もいる[註10]。

頭で理解する理屈と、心の感情は違う。愛する人を亡くしてから、喪に服し、諦めの境地に至るまでには時間の経過だけでなく、社会的に定められた儀式の遵守が必要だ。日本では四十九日の区切りがある。様々な行事に追われて、悲しむ余裕が奪われる。そして行事が終了した頃には心の平安を取り戻す仕組みができている[註11]。

❖

スペア・パーツとして臓器を再利用するためには、固有の氏名を持つ、掛け替えのない人間から、匿名の単なるモノへと遺体を変質させなければならない[註12]。血抜きして、冷却液を注入する工程は臓器の鮮度を保つためであり、技術的必要から生まれたのだろう。しかし図らずも心理的な機能も果たす。

ドナーとレシピエントを同じ手術室に入れれば、温かいままの臓器を直接移植できる。フランスの文化人類学者クレール・ボワローは『臓器提供の迷宮』でこう指摘する[註13]。匿名性の保護が大切なら、隣接する手術室を使えばよい。だが、現実にはドナーもレシピエントも移動せず、切り取られた臓器だけが場所を移す。摘出作業や搬送中に臓器は劣化する。それでもドナーとレシピエントを同じ場所に集めないのは何故なのか。

手術に携わるスタッフを一ヶ所に揃えにくいとか、手術室を必要数確保するのが難しいなどの物流事情もあるだろう。ドナーから複数の臓器を取り出し、それぞれのレシピエントに届ける場合もある。それに遺体や患者を動かさずに、摘出したスペア・パーツだけ移動すれば、経費節約にもなるだろう。しかし両者を一緒にしない理由は、匿名性保護や技術的制限、あるいは経済的考慮だけでない。

血抜き作業、そして時間経過と空間移動を通して、人の一部からモノへと臓器の象徴的意味が変化する。それによって初めて、ドナーからレシピエントへと臓器の所属変更が可能になるのではないか。この意味変換プロセスの心理効果は想像以上に大きい。

フランスの社会学者エミール・デュルケムは『宗教生活の原初形態』[註14]において、ユダヤ教やキリスト教にではなく、オーストラリアのトーテミズムに注目した。宗教の本質は神の存在にない。四大宗教に数えられる仏教に超越者はいない。仏教は本来、無神論だ。宗教は聖俗の対立構図に支えられ、両者の境界を越えるための通過儀礼が発生する。死体が催す畏怖と穢れの両義的感覚を中和する社会心理プロセスが、脳死体からの臓器移植においては十分機能しない。理詰めで死を認めるだけでは服喪が完了しない。聖俗の対立は集団的産物だから、個人が抵抗しても無駄である。

❖

社会の論理と心の論理に縛られながら人間は生きる。宗教・神話・イデオロギー・常識などの集団表象は、科学に劣る単に誤った知識ではない。それぞれ固有の社会機能を持ち、異なる形式によって生み出され、独自のメカニズムを通して維持される生産物である。墓や仏壇、神社の参拝や祈禱、地鎮祭などの習慣を考えてもよい。宗教シンボルの前で祈る姿をどう理解したらよいのか。誤った信仰にすぎないならば、近代合理主義の普及にもかかわらず、何故これら集団現象が消えないのだろうか。

デカルトを生み、合理主義を自負するフランス社会でも、キリスト教の根強さは言うまでもなく、星占いを始めとする多くの似非科学が横行する。政治決断をする上でミッテラン元大統領が占星術師に相談していた事実はよく知られている。ホメオパシー（同毒療法）は、治療効果があるとされる成分を一〇〇の三〇乗以上に薄める。アボガドロ定数をはるかに超える希釈度であり、薬用成分はまったく含まれていない。つまり、その正体はプラシーボ効果である[註15]。だが、フランス人の四割近くが本当の薬だと信じて服用する。フランス医学界を司る国立医学アカデミーの度重なる非難決議にもかかわらず、欧州諸国の中で例外的に社会保険が適用されている[註16]。あるいは筆跡学が就職希望者の選別に用いられる。性格や能力を筆跡で判断できるという迷信だ。フランス企業の九〇%以上が採用試験に取り入れているという。英米独伊では二%から四%ほどにすぎない。そのため、この社会現象を「フランス病」と呼ぶ学者もいる[註17]。

呪術や宗教と科学は合理性の程度によって区別されるのではない[註18]。合理性とは、集団相互作用が産み出す間主観性の別名だ。独りでくつろぐ時でさえ、我々は個人として判断するのではない。集団の思考枠を通して世界の出来事を把握する。

正しい社会秩序を理性的に構築しようと近代政治思想は試みる。だが、四辺を持つ三角形の作図が原理的に不可能であるのと同様、それは虚しい願いだ。近代は宗教への依存を表向き禁じた。しかし実は今でも虚構物語の真っ直中にいる。神の亡霊はこうして漂い続ける。

[註1] フランス人の八割は、この法規定を知らない（C. Bert, « Réflexions éthiques sur la prolongation de la vie pour fin de don d'organes », *Frontières*, 7, 1994, 19-24, cité *in* J. T. Godbout, *Le don, la dette et l'identité. Homo donator vs homo œconomicus*, La Découverte/M. A. U. S. S. 2000, p. 93.)。ただし、これは一九九〇年代のデータであり、現在の状況は不明。

[註2] モノと人を峻別するローマ法を踏襲した欧州大陸の法体系では、身体が人格（精神）と同一視され、抽象的概念として扱われてきた。ところが輸血や臓器移植が行われるようになると、人格と切り離された身体が具体的な客体として現れ、法体系は大きな挑戦を受ける。法律上、初めて身体が精神と切り離され、物体として扱われ始める。身体から抽出された細胞や臓器の所有権をどうするか。この問いへの一つの答えがカイヤヴェ法だ。社会の共有財産として人間の死体を位置づけたのである。共有財産であり、自らの臓器であっても所有権が認められない。この点で英米法の発想とは大きく異なる（J.-P. Baud, *L'affaire de la main volée. Une histoire juridique du corps*, Seuil, 1993, p. 19.)。

[註3] F. Dagognet, *La maîtrise du vivant*, Hachette, 1988, p. 188.

[註4] 欧州大陸諸国の法令は臓器を当人の財産ではなく、公共財として認識する。自分の臓器提供を決める自由よりも、共同体の連帯が優先される。そのため、臓器提供の拒否を当人が生前に明示する場合の例外を除き、すべての市民は潜在的なドナーとして認定される。これが推定同意の原則である。

ところで臓器提供は英語で organ donation、フランス語で don d'organes と言う。どちらも贈与と表現される。日本語では何故、提供という中立な表現が使われるのだろうか。

[註5] 厳密に言うと、自分の身体に対する完全な所有権は米国で認められていない。病気になり、手術を受ける。その際に切り取られた組織を基に研究が行われ、新薬が生まれたとしよう。患者はロイヤルティを請求できるだろうか。もし身体が当人の所有物であれば、有償または無償で所有権を移譲しない限り、医療機関や製薬会社は患者の細胞情報を基に新薬を開発できなくなる。

これは実際にカリフォルニア州で生じた係争である。有毛細胞白血病という珍しい病気に罹ったジョン・ムアーは脾臓の摘出手術を一九七六年に受けた。その際、摘出組織が研究に供される旨を担当医師は患者に告げなかった。彼の細胞の研究成果として特許が取得され、医療製品が開発されたことを知ったムアーは一九八四年に訴訟を起こした。最終的に一九九〇年、米国最高裁の判決が下り、切除された組織が研究に付される旨の告知義務を認めた。しかし切除組織から生まれる利益に対する患者の権利は認めなかった。もし自分の細胞組織に関する所有権が成立していれば、切除組織から派生する利益へのロイヤルティを請求できるはずである（M. S. Dorney, "Moore v. the Regents of the University of California: Balancing the need for biotechnology innovation against the right of informed consent", *Berkeley Technology Law Journal, 5*, 1990, 333-369.）。

[註6] 米国の州法および連邦法は血液・精子・卵子などの販売を認めている。一九八六年にカリフォルニア州は、輸血ドナーが不在である場合を除き、購入血液の輸血使用を禁

止した。だが、この法改正は血液の販売禁止よりも、ＨＩＶの拡散防止が目的だった。現在でもバイオ・テクノロジー研究のための血液売買はカリフォルニア州で合法である。

死体の臓器販売を米国連邦法は禁止する。しかし、この禁止は移植目的に関してであり、研究目的での細胞組織の売買は合法である。また移植目的であっても、生存を脅かさない限り、自分の臓器や細胞組織を販売したり、他人の臓器や細胞組織を個人が購入してもカリフォルニア法と連邦法は罪に問わない。ただし、これは生体からの臓器販売に限られる。死体の臓器摘出に対する金銭授受は許されない。また当事者でない仲介ブローカーへの売買は禁止されている（*Ibid.*）。

[註7]　フランスで切除組織はゴミとして扱われ、患者の所有権は発生しない。

[註8]　D. Le Breton, *La chair à vif. Usages médicaux et mondains du corps humain*, Métailié, 1993, p. 271.

[註9]　C. Boileau, *Dans le dédale du don d'organes. Le cheminement de l'ethnologue*, Editions des archives contemporaines, 2002, p. 93.

[註10]　*Ibid.*, p. 85.

[註11]　服喪を完了させる要因は何だろうか。時間なのか。では時間が経過すると悲しみや怒りが静まるのは何故だろう。時間がもたらす意味は何なのか。儀式による物語の成立が効果をもたらすのか。虚構が生み出され、世界が閉じる。正当化が起き、納得する。だから安心するのか。

「夜は助言を身ごもる（La nuit porte conseil.）」というフランスの諺がある。思い詰めて同じ思考枠に囚われ、解決の糸口が見えない。だが、記憶の文脈が睡眠中に再構成され、他の角度から答えが現れる。時が苦しみを解決するともいう。何故だろう。愛する人を亡くす。四十九日が過ぎるまで周囲の人とのコミュニケーションに投げ込まれる。死者にまつわる記憶がその間に整理される。そして行事が終了した頃には死の意味が変わり、心の平安を取り戻す。

社会心理学の父と呼ばれるドイツ出身のクルト・レヴィンは解凍・変化・再凍結という三段階プロセスで心理変化を捉えた（K. Lewin, "Group decision and social change", *in* E. Swanson, T. M. Newcomb & E. L. Hartley（Eds.）, *Readings in Social Psychology*, Holt, Rinehart and Winston, 1947, p. 197–211.）。システムが不安定な状態になった後、新しい平衡点にシステムが収斂して再び安定状態に落ち着く。米国の哲学者ウィリアム・ジェームズは、自己がいったん解体された後、新たな自己として再生される過程として回心を捉えた。古い世界観が溶解し、絡み合っていた要素群が分離される。解体作業に伴って自己同一性が破壊され、不安にさいなまれる日々が続く。しかしある時、何かの原因から自己が再編成され、悟りにいたる（W. James, *The Varieties of Religious Experiences*, The Library of America, [1st edition: 1901–1902], 1990, p. 177–200.）。精神分析や臨床心理学が精神の悩みを救済するのと同様、服喪もプラシーボ効果の一種ではないか。

[註12] 手術室ではドナーの匿名性を保証するため、氏名が伏せられ、整理番号で扱われ

る。その目的の一つはドナー＝脳死体の非人格化である。「ここ手術室ではドナーの家族に出会わない。ドナーのことはほとんど何も知らない。誰にも会わないのだから」と看護師は言った後、こう続ける。「私たち［医師や看護師］を保護するために、これは絶対に必要なことなの」(Boileau, *op. cit.*, p. 118.)。

［註13］ *Ibid.*, p. 121-122.

［註14］ E. Durkheim, *Les formes élémentaires de la vie religieuse*, PUF, 1912.

［註15］ ホメオパシーはドイツ人医師ザムエル・ハーネマン（一七五五－一八四三）によって始められた。健康なのにマラリアの特効薬キニーネを誤って飲んだところ、マラリアと同じ症状が現れた。そこで浮かんだアイデアがホメオパシーである。有毒物質を健康者に投与すると病気の症状が現れる。ところが病人が摂取する場合は逆に症状が押さえられ、健康状態が改善される。これがホメオパシーの第一原理「類似の法則」である。

第二原理は薬用物質の希釈。普通の薬とは逆に、ホメオパシーは薄ければ薄いほど効果があるとされる。純水で一〇〇倍に薄めた希釈液の一部を取り、また純水で一〇〇倍に薄める。二回薄めれば一万倍、三回で一〇〇万倍と順に薄められてゆく。一二回希釈すると一〇〇の一二乗（一〇の二四乗、一／一 〇〇〇 〇〇〇 〇〇〇 〇〇〇 〇〇〇 〇〇〇 〇〇〇 〇〇〇）に薄められる。一モルに含まれる粒子の数、つまりアボガドロ定数が六・〇二二一×一〇の二三乗だから、これほど希釈された溶液に元物質の分子が残存する可能性はない。少量でもよく効く薬ならば、どんなに薄めても効果がありそうだが、分子の半分とか一部というものは存在しない。したがって希釈を続ければ、薬用成分の分子が一つもない状態にいつか必ず達する。ホメオパシーのほとんどは一〇〇の三〇乗以上に希釈した後、砂糖玉に吸収させたレメディと呼ばれるものである。

総水量約二七五億立方メートルの琵琶湖に薬用物質を一滴（〇・〇五ミリリットル）だけ加えると、一〇〇倍の希釈を一〇回繰り返した場合に相当する。一〇〇の三〇乗には、ほど遠い。次にはすべての海・湖・池の水を集めて、そこに薬用分子を一つだけ加えたとしよう。地球に存在する水分子の総数は八・四×一〇の四五乗ほどなので、希釈度は一〇〇の二三乗以下である。ホメオパシーの希釈度にはまだ届かない。

ではフランスで販売されるホメオパシーに相当する一〇〇の三〇乗まで薄めてみよう。この比率まで薄めるためには、どれほどの水が必要だろうか。巨大な立方体のプールを想像しよう。一辺の長さが太陽から地球までの距離（およそ一億五〇〇〇万キロメートル）の二〇〇万倍ある立方体だ。一〇〇の三〇乗は、このプールに薬用物質一ｃｃを溶かした場合に相当する。もちろん一度には希釈できない。ホメオパシー製造の際には希釈液から少量だけ採って、それをまた希釈する手続きを繰り返すから、これほどに薄められるのである。

フランスで最もよく売れているホメオパシーは風邪薬オシロコクシナム（oscillococcinum）だ。ボワロン製薬が七〇年間にわたって売り続ける人気商品で、フランスの風邪薬市場の半分を占めている。この製品は一〇〇の二〇〇乗、つまり一〇の四〇〇乗に希釈されている。全宇宙に存在する原子の総数が一〇の八〇乗ほどと推定され、それを遥かに上回る希釈度だ。薬用成分の分子が希釈後に残る確率はもちろんゼロである。オシロコクシナムの成分表示には、カモの心臓と肝臓の希釈液に加え、一グラム（一〇〇〇ミリグラム）あたり、スクロース（ショ糖）八五〇ミリグラム、ラクトース（乳糖）一五〇ミリグラムと記載されている。つまり糖一〇〇パーセントである。

プラシーボ効果とホメオパシーの比較研究が一九八五年にフランス政府によって六〇〇人の患者を対象に行われたが、両者の間に効果の違いはなかった。またスイスとイギリスの医師八人で構成された研究チームが、一九のデータベースに掲載された論文を総括したが、やはり両者の効果に違いは見つからなかった（A. Shang, K. Huwiler-Müntener, L. Nartey, P. Jüni, S. Dörig, J. Sterne, D. Pewsner & M. Egger, "Are the clinical effects of homoeopathy placebo effects? Comparative study of placebo-controlled trials of homoeopathy and allopathy", *The Lancet*, 366, 2005, 726-732.)。ホメオパシーの効果を否定するのではない。ただし、その正体はプラシーボ効果だというのが医学界の見解である。

プラシーボは想像以上に効果がある。手術後の鎮痛剤としてモルヒネを使用すると七二％の患者に効いたのに対し、鎮痛剤だと偽って生理的食塩水を注射した場合でも四〇％の患者に鎮痛効果がみられた。モルヒネの方がよく効くのは当然だが、プラシーボだけでも大きな効果が現れる。プラシーボ依存症も報告されている。モルヒネは依存症を生ずる場合があるが同様に、プラシーボ（当人は薬だと信じている）をいつも服用しないと健康を保てない患者もいる（P. Lemoine, *Le mystère du placebo*, Odile Jacob, 1996, p. 77-80.）。

プラシーボ効果は心理現象だから、処方の仕方が効果を大きく左右する。胃潰瘍の患者にプラシーボを与え、「この薬は新しく開発されたばかりで、とても効果がある」と医師が説明する場合には七割の患者に効いた。しかし何の説明もなしに看護師が事務的に出す場合は患者の三割以下にしか有効でなかった。投与の仕方によっても効果は異なる。プラシーボは錠剤・座薬・筋肉注射・静脈注射・点滴など様々な形で処方でき、ほぼこの順で効果も高まる。特に点滴だと「薬」が注入される間ずっと患者が意識するのでよく効く（*Ibid.*, p. 61.）。

先発医薬品の期限切れになった特許内容を基に同じ分子を使ってジェネリック医薬品が製造される。プラシーボ依存症や包装箱の色に影響される事実を考えると、同じ成分であってもジェネリックの効き目が低い可能性はある。

プラシーボは鎮痛作用などの主観的効果にとどまらず、胃酸や血液中の白血球・コレステロール・グルコース・コルチコイドの量など、生理的変化も起こす。

プラシーボ効果は手術にも現れる。一九五〇年代、狭心症の治療として内胸動脈の結紮術が考案され、患者の健康状態が向上する事実がいくつかの研究で認められていた。しかし、これは本当に血流の変化が起こす結果なのか。そこで実際に内胸動脈を結紮した患者群と、胸を切るだけで内胸動脈の結紮は行わない患者群とを比較した。各患者がどの群に属すかを執刀医は直前まで知らず、患者の麻酔後に初めて封筒を手渡され、内胸動脈結紮術を実施するかどうか指示された。術後は他の医師が看護に当たり、各患者の所属を知らされなかった。結果を見ると、運動能力の向上、心電図による診断、ニトログリセリン摂取量、そして健康状態改善の主観的判断に関して、実際に内胸動脈結紮術を施した群とプラシーボ群との間に差はなかった（L. Cobb, G. Thomas, D. Dillard, K. Merendino, & R. Bruce, "An evaluation of internal-mammary-artery ligation by a double-blind technic", *The New England Journal of Medicine, 260*, 1959, 1115-1118.）。

スウェーデン医師チームが一九九〇年代に行った研究も挙げよう。心臓のリズムを制御するペースメーカーを埋め込む手術を行い、半数の患者にはペースメーカーのスイッチを入れたが、残り半数の患者に埋め込んだペースメーカーはオフのままにした。術後の健康状態は前者の方が良好だったが、後者も術後の改善が見られた。プラシーボ効果である（C. Linde, F. Gadler, L. Kappenberger, & L. Rydén, "Placebo effect of pacemaker implantation in obstructive hypertrophic cardiomyopathy", *The American Journal of Cardiology*, 83, 1999, 903-907., cited in B. Goldacre, *Bad Science: Quacks, Hacks, and Big Pharma Flacks*, Faber and Faber, Inc., 2010, p. 73.）。

プラシーボ効果は大きい。だからこそ、新薬認可に際しては二重盲検試験を通して、プラシーボ以上の効果を証明する必要がある。軽度の病気になら、ホメオパシーは十分効く。ただ、それは心理的要因によるのであり、ホメオパシーでも、お守りでも観音様の水でも新興宗教の祈禱でも、あるいは幸運の壺や印鑑でも同じである。手当て療法やアロマテラピーなどもプラシーボ効果である。自分の尿を飲むと病気が治癒すると信じられ、一九九〇年代に流行した尿療法も「納得して信じて喜んですれば、それだけ効果も上がる」（中尾良一『尿療法でなぜ病気がどんどん治るのか』KKロングセラーズ、一九九二年、八六－九〇頁）と推奨されたように、その正体はプラシーボ効果だ。

効果が実証されない問題以前に、薬用物質が存在しないのに治癒効果があるという、科学にとって理解しがたい前提にホメオパシーは依拠する。漢方薬やワクチンとホメオパシーの原理は違う（S. Singh & E. Ernst, *Trick or Treatment? Alternative Medicine on Trial*, Corgi Books, 2008/2009, p. 148.）。現在使用される医薬品の半分以上は植物から成分が抽出されている。したがって漢方薬の効き目は理解できる。対してホメオパシーには薬用成分がまったく含まれない。これは根本的な違いである。それに、普通の薬は薄めれば薄めるほど、効果が弱まる。ところが、ホメオパシーは薄めるほど、逆に効果が高まると主張される。ワクチンは病原菌やウィルスを弱くしたり破壊した上で人体に与え、抗体を作り出す技術だ。接種一回分に含まれる抗原の数は数十億にも上る。それに対してホメオパシーには何も入っていない。この違いは決定的である。

フランス国立衛生医学研究所（INSERM）の医師ジャック・バンヴェニストは「水の記憶」説を科学雑誌『ネイチャー』に発表した（E. Davenas, F. Beauvais, J. Amara, M. Oberbaum, B. Robinzon, A. Miadonna, A. Tedeschi, A. Pomeranz, P. Fortner, P. Belon, J. Sainte-Laudy, B. Poitevin, & J. Benvéniste, "Human basophil degranulation triggered by very dilute antiserum against IgE", *Nature*, 333, 1988, 816-818.)。水には記憶力が備わり、化学物質と混ぜられると、それがなくなった後にも情報だけは保存されるという理論である。白血球にアレルゲンを付着させる実験を行っていたところ、アレルゲンの含まれた溶液を助手が誤って必要以上に希釈した。薄めすぎたので、アレルゲンの分子は残っていない。だが、それでも白血球はアレルギー反応を示した。何らかの記憶が水に残っているからに違いないとバンヴェニストは睨む。メカニズムを突き止めるため、さらに二年間研究を続け、次々と証拠が積み重ねられていった。その成果の発表が『ネイチャー』の論文である。

だが、論文掲載後にも疑いを棄てきれない『ネイチャー』の編集長は、バンヴェニストの研究所に赴き、再確認を試みる（J. Maddox, J. Randi, & W. W. Stewart, "'High-dillution' experiments a delusion", *Nature*, 334, 1988, 287-289; Singh & Ernst, *op. cit.*, p. 146-155.）。アレルギー反応を示した白血球の数を調べた助手が無意識にミスしたかも知れないし、虚偽報告を意図的にした可能性も否定できない。そこで二重盲見試験の原則を厳格に適用し、試験管のラベルを暗号コードに換えた。アレルゲンが含まれるとされる試験管と、水だけの試験管とを助手が見分けられないようにして再び実験を行ったところ、両者に違いが出なかった。

白血球のアレルギー反応は必ずしも明確に判定できると限らない。反応したかどうか微妙な白血球も少なくない。助手がホメオパシーの熱烈な支持者だった事実が後に判明する。結果をごまかす意図がなくとも、期待感のため判定にバイアスがかかる。これは誰にも共通する心理プロセスであり、学者であっても、その影響を免れない。だから二重盲検試験の遵守が大切なのである。

問題は実証データがないだけでない。バンヴェニスト説が認められるためには、現象を説明する理論が要る。何らかの力を媒体に加えて変化を生じさせた後に、当該の力を除去しても変化が消失せず残存する現象、これが記憶の一般的定義である。記憶には何らかの媒体が必要で、その媒体に物理的あるいは化学的な変化が生じなければ、記憶は保存されようがない。コンピュータのハードディスクでは電気的に磁力を加え、磁性体の構造を変化させる。DVDならば、レーザー光線で情報を読み取れるようにディスク表面を凸凹処理する。脳の神経回路も同様である。記憶の際にはシナプスの構造が実際に変化する。

だが、水の記憶理論には、水の変化に関する合理的説明がないため、科学理論として受け容れがたい。バンヴェニストの実験では一〇の一二〇乗に希釈した溶液を使用した。ここまで薄めれば、溶媒以外に何も残らない。『ネイチャー』の検証チームが言うように、「溶質の含まれない溶液（solute-free solution）」は非論理的であり、表現からして矛盾する。

仮に記憶が水に保存されるとしても問題はまだある。ホメオパシーは通常、砂糖玉として提供される。水に記憶が残っていると仮定しよう。しかし水を含まない乾燥した砂糖に、その記憶がどのように保存されるのか。そして、その後に記憶情報はどうやって砂糖から唾液に伝達されるのか。バンヴェニストの理論では説明がつかない。さらに言えば、薬用物質が含まれなくとも水に記憶が残るならば、ホメオパシーを服用した患者の尿から情報が排水に流れるはずだ。したがって河川や海に情報は広がり、世界中の水に情報が含まれる。薄めれば薄めるほど、ホメオパシーは効果があるのだから、海の水がどれだけ大量でもかまわない。それならば、わざわざホメオパシーを購入して服用しなくとも、水道の蛇口を捻って水を飲めばすむはずである（B. Goldacre, *op. cit.*, p. 37-38.）。

ちなみに、『ネイチャー』のチームは編集長の他に、実験エラー分析の専門家である化学者、そして米国のプロ奇術師ジェイムズ・ランディが加わった。スプーン曲げで名を成したイスラエルの奇術師ユリ・ゲラーの「超能力」の秘密を暴露するなど（J. Randi, *The Truth about Uri Geller*, Prometheus Books, 1982.）、自称超能力者のインチキをランディは暴き続けて来た。奇術師の参加にバンヴェニストは反発するが（J. Benvéniste, *Ma vérité sur la « mémoire de l'eau »*, Albin Michel, 2005.）、もしインチキならば、それを暴き立てるために最も有能なのは奇術師である。ルイス・キャロル『不思議の国のアリス』の名高い解説者で、似非科学に関する著作も多く、またアマチュア奇術師としても有名だった米国の数学者マーチン・ガードナーは、科学者がどうしてインチキに引っかかりやすいかを説明する（M. Gardner, *Science, Good, Bad and Bogus*, Prometheus Books, 1981/1989, p. 92）。

世界で最も騙しやすいのは科学者だと、どんなマジシャンも言うに違いない。その理由は簡単だ。研究所の設備は見た通りで、鏡が隠されていたり、秘密のスペースがあったり、わからないように磁石が仕込まれたりということはない。Aという試薬を助手がビーカーに入れる時、その代わりにB試薬を内緒で注いだり（通常は）しない。科学者の思考法は合理的であり、合理性に基づく経験に培われている。ところが奇術の方法はまったく異なり、科学者にとっては未体験の世界だ。

一般の人々には、この事実がなかなかわからない。優秀な科学者ならば、インチキを見つけられるに違いないと、ほとんどの人々が信じている。だが、それは誤解だ。マジックの訓練を受け、そのやり方に熟知した人でない限り、科学者を騙すことなど、赤子の手をひねるよりも簡単である。

医学界の頑固さのために、あるいは医者や製薬会社のロビー活動のせいでホメオパシーが認められないと非難する人がいる。だが、それは科学者に対する誤解だ。知識の正しさを厳しく吟味する裁判官のイメージで科学者を理解しては誤る。そのような保守的な姿よりも、新しい発見や不思議な現象に目を輝かせる子どもの姿に科学者は近い。科学者は新現象の発見に常に努める。信じがたい事実であればあるほど、発見に価値があるのだから。

しかしそのためには、現象を説明する理論が学界で理解される必要がある。媒体なしに記憶が可能だと水の記憶理論は主張する。現在の科学にとっては荒唐無稽な考えだが、この理論が受容される日が絶対に来ないとは言えない。コペルニクスの地動説も、ダーウィンの進化論や狂牛病のプリオン説も当初は信じられなかった。

もし水の記憶理論が受け容れられたら、その暁には物理・化学界に旋風が確実に巻き起こる。物質の定義が見直され、相互作用の概念も覆る。ノーベル賞どころの騒ぎではないだろう。だが、現在の説明では話にならない。

犬・猫や乳児にも効くからプラシーボではないとホメオパシー擁護派は反論する。薬の意味が分からないペットや乳児に、どうして効くのか。だが、このような場合にもプラシーボは有効である。例えばストレスから犬が皮膚病などの病気に罹る。プラシーボを犬に与えると、本当の薬だと信じる飼い主はそれで安心する。すると犬のストレスも減り、皮膚病が治癒する。プラシーボだと飼い主が知っていれば、効果はない。

あるいは子どもが夜泣きで健康を崩すと、フランスの小児科医は子どもにではなく、親に睡眠薬を与える。何故か。夜泣きのために親が眠れず、ストレスが高まる。すると親の苛立ちを敏感に子どもが感じ取り、夜泣きする。そこでまた親は眠れず、ストレスが増す。したがって、この悪循環を断ち切ればよい。睡眠薬をもらった親は熟睡し、子どもの泣き声に気づかない。泣いてもあやしてもらえないと悟った子どもは諦めて泣き止む。そして親のストレスが減れば、子どもに対する態度が変化し、子どもも安心して寝付きが良くなる。プラシーボやホメオパシーの仕組みも同じだ。飼い主や親の心理を通してペットや子どもに効くのである。

そんなに効果があるならば、なぜプラシーボを薬局で売らないのだろうか。プラシーボだと明示すると効果が失われるから、医薬品として販売する必要がある。しかし、それでは詐欺行為になる。そのためプラシーボは薬局で扱えない。それにジャーナリストが調査して実態を暴露するだろう。そうなれば、プラシーボ効果は失われる。フランスで処方される薬品の三五％から四〇％が実は必要なく、プラシーボの代用品として使われている (Lemoine, *op. cit.*, p. 144.)。本物の薬をプラシーボとして利用すると副作用がある。だから、薬用成分が含まれず、危険性のないプラシーボの方が好ましい。だが、それでは詐欺になり、利用できないのである。

ただし病院内ではプラシーボを利用できる。患者が睡眠薬を欲しがる。夜間に看護師しかいない場合など、誤った処置を避けるため、その場では睡眠薬だと偽ってプラシーボを投与しておき、翌日、報告を受けた医師が適切な対応をする方が安全である。

[註16] フランス国立医学院（Académie Nationale de Médecine）は、二〇〇四年に採択された共同声明でホメオパシーを批判した。

医薬品には「治療効果」がなければならない、そしてその効果は二重盲検試験などの薬学・臨床実験を繰り返して証明しなければならないと公衆衛生法は定めている。フランスで販売される医薬品にはすべて、この長く厳しい手続きが課せられている。ところが、ホメオパシーなる自称医薬品の製造者だけには、この規則が適用されない。保健省がどのような措置を採るかとは別に、フランスで医薬品を販売するすべての製薬会社と同様に、ホメオパシーに対しても効果の証明を要求すべきだとフランス国立医学院は判断する。当院が全員一致で採択した一九八七年の報告書にすでに強調されているように、医薬品産業を規制する法律はホメオパシーにも適用されなければならない。［……］この措置［ホメオパシーへの保険適用中止］は少しも法外な要求でない。すでにヨーロッパ諸国の多くで採択されている措置だ。例えば最近では二〇〇三年末にドイツ政府がホメオパシーを保険対象から外した。イタリア・スイス・フィンランド・スウェーデン・ノルウェー・アイルランドでもすでに採られた措置である。

フランスでは二〇〇三年秋、当時の保健大臣ジャン＝フランソワ・マテイが、ホメオパシーなど治癒効果が不十分な医薬品の自己負担率を三五％から六五％に引き上げ、ホメオパシーの保険適用が近い将来終わるだろうと予想された。だが、マテイの後を受けて保健相に就任したフィリップ・ドゥスト＝ブラジは方針を変更する。製薬会社や開業医による強力なロビー活動が背景に指摘されたが、それだけが理由ではない。「ホメオパシーに保険が効かなくなれば、患者はその代わりに他の薬を使用するだけだ。それでは結局、保険制度にとって、より高くつくから、ホメオパシーの保険適用は続けるべきだ」と大臣は説明した（*Le Monde*, 04/09/2004）。正しい判断かも知れない。医薬品の四〇％近くがプラシーボとして使用される現況を考えると、薬用成分が入っていないホメオパシーを残す方が安全なだけでなく、保険の負担としても安上がりである。エジプト・メソポタミア・中国・インドなど古代文明の時代から数千年にわたって人類はプラシーボ効果の恩恵を受けてきた。それは、これからも変わらないだろう。

［註17］ M. Bruchon-Schweitzer, « La graphologie, un mal français », *Pour la science*, 268, 2000, 60-64.

［註18］ ジェイムズ・フレイザー『金枝篇』（J. Frazer, *The Golden Bough. A Study in Magic and Religion*, Wordsworth Reference, 1993, p. 11）によると、呪術は二つの原理に依る。一つは「類似の法則」であり、似た原因は似た結果をもたらすという原理である。もう一つは「接触あるいは伝染の法則」であり、一度接触した事物は離れた後も相互作用をもたらすという原理である。模倣を通して、どんな現象をも呪術師は起こせる。これが前者だ。ターゲットに選ばれた人間の衣類を手に入れ、その布で人形を作って杭を打ち込めば、狙われた人は激痛に苦しみながら死ぬ。これが後者である。ちなみにホメオパシーも、これら二つの原理に依拠している。ホメオパシーの第一原理はそのまま類似の法則だ。そして薬用物質がなくなっても、水に残された記憶のおかげで効果が持続するという第二原理「希釈の法則」は、フレイザーの挙げる「接触あるいは伝染の法則」に他ならない。

科学が認める因果関係と呪術の原理は異なる。だが、迷信だと一蹴できるほど荒唐無稽な発想でもない。未開社会の世界観と現代社会の規範は、それほどかけ離れていない。科学という特殊な知識体系と呪術とを比べるから、未開社会は迷信に溢れ、現代社会は合理的だと錯覚するだけで、私たちの日常的思考と呪術には共通点が多い。以下に検討しよう。

因果関係と相関関係を我々はしばしば取り違える。フレイザーの挙げる二つの原理は相関関係の一種である。ところで両者の区別は想像以上に難しい。例えば一〇〇世帯当たりのテレビ保有数（あるいは携帯電話・コンピュータ・自動車など）と平均寿命との間には正の相関関係がある。社会が豊かになると、消費財や耐久財が増えると同時に、栄養状態も良くなり、医療技術が向上し、平均寿命が延びるからである。これは単なる見せかけの関係だ。国民の長寿を願って厚生労働省がテレビの生産増加政策を立てたりはしない。

学歴と癌死亡率の間にも強い相関関係がある。不眠不休で勉強すると癌に罹るわけではない。経済状態の向上につれて医療制度が完備する。すると乳児や小児の死亡率が減るとともに、結核や赤痢などの死亡者数が減少する。ところで癌の原因は細胞再生産の失敗だから、老人は癌に罹りやすい。したがって老人の多い先進国では、癌による死亡率が高くなる。つまり死亡者総数の中で癌による死亡の割合が上がる。ところで高学歴者が総人口に占める割合は先進国で高い。したがって癌死亡率と学歴との相関が見かけ上強くなる。

話を単純化して、相関関係と因果関係を判別する難しさを示そう。数人で友人宅に行き、飲み物が振る舞われた。ウィスキーのソーダ割りだ。数日後、他の家に招かれ、そこではウォッカのソーダ割りを飲んだ。翌日はテキーラのソーダ割りだった。不思議なことにソーダを飲んだ後にいつも酩酊状態になった。どうしてか。共通する要素はソーダである。ゆえに、酩酊の原因はソーダに含まれる何かに違いない。この作り話を一笑に付せるのはソーダ以外にも共通要素があると知っているからである。だが、アルコールという物質を知らない社会では、この新現象の原因を突き止めるためにソーダの組成分析から始めるのが順当だろう。

エイズが蔓延し始めた頃、原因を探るために患者の共通項を調べた。研究初期には遺伝・感染・中毒という三つの可能性が考えられた。そしてほとんどの患者が米国の同性愛男性である事実から、他の人に比べて彼らが頻繁に接しているモノは何かと問われ、ポッパーと呼ばれる性的興奮剤に注目が集まった。これはバナナの香りを持つ揮発性の液体で、血管拡張機能のある亜硝酸アミルと亜硝酸ブチルの多量吸引が免疫低下を起こすのではと考えられた。だが、この薬品を使用したことのない患者が多いことが判り、この仮説はまもなく放棄された（M. D. Grmek, *Histoire du sida*, Payot & Rivages, 1989/1995, p. 45.）。因果関係があれば必ず相関関係はあるが、相関関係があっても因果関係があるとは限らない。見かけだけの相関関係を排除する努力から始めざるを得ない。

相関関係と因果関係の区別は難しい。厳密に言うと喫煙と肺癌の因果関係は証明されていない。癌を発生させると同時にニコチンを欲する遺伝子がいつか発見されるかも知れない。もしそんな遺伝子Xが存在すれば、タバコ消費と肺癌発生率の因果関係が崩れる。Xを持たない人はタバコを吸わないし、癌にもならない。対してX保有者は癌発生率が高いと同時に、タバコを吸いたくなる。だが、両者の間に因果関係がないので、Xを持たない人はタバコを吸っても癌にならないし、X保有者は辛い思いをして禁煙しても癌の危険性は減らない。

倫理的問題を棚上げすれば、因果関係の有無を調べる方法はある。二つの集団を無作為に作り、一方のメンバーには強制的にタバコを毎日吸わせ、もう一方のメンバーには禁煙させる。このような状態で二〇年たった後に、肺癌発生率を比較すれば、因果関係があるかどうか判明する。だが、そのような人体実験はできないから、喫煙と肺癌の因果関係の証明は難しい。マウスなどの動物では検証できるが、その結果が人間に当てはまる保証はない（B. Matalon, *Décrire, expliquer, prévoir. Démarches expérimentales et terrain*, Armand Colin, 1988, p. 30-32.）。喫煙と肺癌の相関関係は確かであり、喫煙習慣が肺癌の主因である可能性は高い。しかし、その証明は難しいのである。

実証科学の教科書を開くと因果関係の定義がある。①Aが生ずれば必ずBが生じ、②Bが生ずる場合は必ずAが生じており、③時間的にAがBに先行する。この三点が満たされる時、AはBの原因である。だが、このような素朴な因果概念はすぐに難問にぶつかる。「ラッセル・テイラーのパラドクス」と呼ばれる議論がある。原因が結果に先行するなら、両者は同時に生起しない。したがって原因と結果の間には時間の間隙があるから、外的要因の干渉によって結果の生起が妨害されうる。つまり原因が生じても結果が必ず生ずるとは限らない。ならば、それは結果と呼べない。さらに言うと、原因が結果に先行するならば、結果の生起する時点ですでに原因は消えている。ならば、先行する原因は真の意味での原因たりえない。

原因が結果に先行すると考えるために、このパラドクスが生ずる。したがって原因と結果が同時に生ずるとすればよいだろうか。しかし両者が同時に生起するなら、どんな結果についても、その原因が同時に存在することになる。よって時間は消滅し、あらゆる事物が同時に存在するという背理が帰結する（一ノ瀬正樹『原因と結果の迷宮』勁草書房、二〇〇一年、一二九頁）。

そもそも因果関係は自然界に客観的に存在し、人間の認識から独立する関係だろうか。因果の規範説を提唱したスコットランドの哲学者デヴィッド・ヒュームは、因果関係を自然界の客観的あり方としてでなく、人間の習慣や社会制度が作り出す感覚だと考えた。因果関係は当該の出来事に内在しない。複数の事象を結びつける外部観察者によって感知される社会現象ではないか（D. Hume, *A Treatise of Human Nature*, Penguin Classics, 1969 [1st edition: 1739-40], p. 121-131, 181-225.）。夜中に神社の境内で藁人形に釘を打ち付けて憎い人間を呪い殺せると信じる文化においては、ヒュームによると、これがまさしく因果関係の客観的記述である。科学的真理とは科学者の共同見解にすぎない。それ以上の確実性は人間に閉ざされている。したがってヒューム説を斥けるのは容易でない。

近代人の日常的思考と伝統社会の迷信はそれほど離れていない。ペルーのある村に住む人々は、すべての飲食物を「熱いもの」と「冷たいもの」に分ける。ただし実際の温度によって両者が区別されるのではない。「冷たいもの」とは、〈冷たさ〉を内包する飲食物のことであり、〈冷たさ〉を含まない飲食物が「熱い」と表現される。豚肉や生水は「冷たい」食物であり、アルコールは「熱い」飲み物だ。健康な人は「冷たいもの」を摂取できるが、病人は「冷たいもの」を口にしてはならない。食事の際に病人は、〈冷たさ〉を取り除くために火を加える。対するに健康な人は水を煮沸してはいけない（E. M. Rogers, *Communication of Innovations*, 5th ed. [1st edition: 1962], The Free Press, 2003, p. 1-5.）。

この村人を無知だと笑う資格は我々にない。〈冷たさ〉の含有度を基に彼らは食品を分類する。それに対して我々は、熱い・冷たいという状態を熱量の多寡として理解する。だが、熱とは分子の運動状態（平均運動エネルギー）であり、熱という要素が含まれるのではない。

■第三回

パンドラの箱を開けた近代

こんな事件から話を始めよう。日曜大工中に誤って電気ノコギリで手首を切断した。ショックと失血で気絶する。その時、日頃から仲の悪い隣人が、落ちている手首を見つけ、焼却炉で燃やしてしまう。隣人の行為に法はどう対処するか。

これはフランスの法哲学者が提示した思考実験である[註1]。切断された手首の性格づけに応じて、判決の行方が左右される。モノと人の二分法に基礎づけられるローマ法から派生した欧州大陸法体系では、人間の死体や生体の一部をどう扱うかについて定説がない。家畜や愛玩動物はモノだから、隣人の愛犬を殺しても器物損壊罪には問われるが、殺犬罪は存在しない。それは日本でも同じだ。人間の死体とは何なのか、所有権の論理になじむのか。

第一の解釈はこうだ。手首が切断された時点では、まだ事故が起きただけだ。病院に急行すれば、手首を縫合して神経組織も元の状態に戻せるかもしれない。その可能性を隣人は奪った。したがって傷害罪に相当する。これは手首をモノとしてではなく、人間の不可分なる一部とする解釈である。

しかし手首をモノとして理解すれば、異なる判決が導かれる。怪我人の身体から分離された手首は時間が経てば、腐って悪臭を放つ。食べ残しのトンカツと同様、単なる生ゴミだ。手首を切断したのは当人であり、隣人はゴミを処分しただけである。

突拍子もない解釈だと思われるだろう。ところが実際の判例もある。一九八五年六月二七日、南仏のアヴィニョン刑務所に収容された囚人が判決に抗議するため、右手小指の第一関節を自ら切断し、法務大臣に郵送しようとした。怪我の治療後、小指は保存液入りの瓶に浸され、囚人から取り上げられた。それに対し囚人は指の返還を要求し、刑務所を相手取って訴訟を起こす。時計などの所持品と異なり、指はモノではない。したがって刑務所による管理は違法であり、囚人のプライバシー権の侵害に当たる。弁護士はこう論じた。だが、裁判所は異なる判断を示す。切断された指は単なるモノであり、ゆえに他の所持品同様、収監中の指の保管は違法でない、と[註2]。

先の思考実験に同じ論理を援用しよう。切断された手首を焼却した隣人は窃盗罪に問われても、傷害罪は科せられない。庭に落ちていたモノを持ち主に黙って勝手に処分したが、手首を切断したのは隣人でないからだ。

しかも窃盗罪にすら問われない可能性がある。事故が発生するまで、モノとしての手首は存在しなかった。もちろん手首は事故以前にもあったが、切断されるまでは当人の一部であり、モノではない。では、この切断された手首の所有者は誰だろう。怪我人に決まっているという常識は採れない。人とモノの二分法においては、前者から後者への変質が原理的に認められないからだ。事故に遭った瞬間から怪我人は気絶しており、このモノが突如として誕生した事実を知らない以上、第一発見者は隣人である。海の魚のように、所有者が存在しない動産を所有の意思をもって占有する場合に、日本の民法は所有権を認める（第二三九条一項）。同様にフランスでも無主物先占の原則により、手首を最初に発見した隣人が所有者として認められる。したがって隣人は自分の所有物を焼却しただけであり、無罪である。

先に挙げた実例において、囚人の指が刑務所の管理下に置かれたのも同じ理屈だ。指が切断された時点で初めて、モノとしての右手小指第一関節が誕生した。そしてこの場合は、最初の発見者が当の囚人であり、かつ、所有意思を表明したが故に、彼に所有権が属す。したがって他の所持品と同様に、収監中の強制管理は正当だが、出所時には小指を囚人に返還しなければならない。

切断された小指が人間の一部だと解釈されれば、そもそも所有権は発生しない。思考実験に戻り、モノとしての論理をさらに突き詰めてみよう。話を少し変更して、事故ではなく、隣人が無理矢理に手首を切り取り、焼却したとする。隣人は傷害罪に問われるが、手首の窃盗罪には当たらない。被害者が気絶している以上、モノとしての手首は、それを最初に見つけた隣人の所有物だからである。もし怪我人がほどなく覚醒して手首を隣人から取り返したら、この怪我人こそ、窃盗罪で逮捕されなければならない。非常識極まりない結論が、こうして導かれる［註3］。

❖

さて以上の考察を踏まえて、臓器提供における遺志の意義について考えよう。臓器を取り出して移植に利用する以上、死体はモノと認めざるをえない。では死体の所有権は誰にあるのか。遺志を尊重するためには、生前の個人と、その死体との間に連続性を認める必要がある。しかし当人が生前に示した決断は、死後に初めて生まれたモノとしての死体と無関係だ。だから臓器提供への賛否にかかわらず、遺志は意義を失う。前回に言及したフランソワ・ダゴニェの立場を思い出そう。持ち主のない遺失物として死体を扱い、国家が没収して共同体全体の財産とした上で臓器を移植に利用する案だ。死体を単なるモノと捉える思想にとって故人の遺志は無効である。

臓器提供の判断を遺族に委ねる慣習はどうだろう。フランスの臓器摘出法の変遷を辿ると、角膜提供に関するラフェイ法が一九四九年に制定され、相続からの類推で家族に承諾権を認めていた。死体を遺産とみなし、被相続人である家族の許可を通して、角膜という財産をレシピアントに贈与するという筋書きだ。死体はモノだから、当人の遺志は問題にならない。そこで遺産分与の一環として遺体が家族の財産になる。この発想もグロテスクだ。

ちなみに自分の死体を遺贈すると考えれば、遺志による臓器提供が可能だろうか。だが、この正当化は無理だ。遺言により所有権を前もって規定できるのは、すでに存在するモノに対してだけである。当人の死以前に死体は存在しないし、死体の誕生時に当人はもういない。だから同じように議論できない。こう考えてくると、何が正しいのかわからなくなる。ダゴニェの提案だけが奇異だとは言えないだろう。

❖

このような理屈を積み重ねて正統性を確保する営みが法の精神を支える。神を失った近代が、それでも普遍的原理に基づく世界を構築しようとする。その足掻きが、こういう形で現れる。

カトリックという形容詞は「普遍的」を意味するギリシア語カトリコスに由来する。普遍的価値とは何か。それは特定の時代や社会・文化に依存しない、つまり人間の主観から独立して自存する価値のことだ。数学の証明のように、正しさが自明な公理・前提から演繹される命題である。そうすべきだと今日の私たちに思われるという単なる実用上の取り決めではない。人間の恣意的な価値観とは無関係に導かれる帰結でなければならない。

なぜ遺体を傷つけてはいけないのか。そんなことは当たり前だとか、遺体損壊に反対する人々が多数を占めるというのでは現状肯定にすぎない。国民のほとんどが死刑制度維持を望む事実だけでは、死刑が必要な理由にならない。それと同じだ。国会での決議内容が多数派の暴力でない保証はない。ユダヤ人排斥を公言してドイツ国民の大多数に支持されたナチスは正しいのか。

それどころか、怒り狂って私刑に加わる群衆を考えれば判るように、全員一致の意志さえ、正しさの根拠にならない。社会秩序を正当化する上で、単なる市民の総意（volonté de tous）ではなく、各市民の私的意志を超越する一般意志（volonté générale）をルソーの社会契約論が必要としたのは、そのためである。

近代では神の権威に頼れなくなった。だからこそ、論理の一貫性が欠かせない。整合性を求める形而上学的欲求が日本では弱い。憲法第九六条を変更し、両院議員過半数の賛成だけで憲法改正を可能にする自民党の提案は、秩序を安定させる上で普遍性原則が果たす役割を理解していない。社会に生ずる不都合にもかかわらず、あくまで論理を優先するフランス国家と反対のあり方だ。

脳死概念の是非を問う声が日本では技術論に傾きやすい。国民感情に基づいて死の定義を決める態度も、今生きる我々の習慣や人間観を中心に据える発想である。裁判員制度導入の時もそうだった。冤罪の懸念や裁判員の負担など実務的な側面に議論が集中し、国民主権論や国家の懲罰権など裁判の根幹に触れる論点が日本の世論にほとんど顔を出さない。刑法や民法だけでなく、憲法からして日本の法制度は西洋からの借り物だ。だから実用面に関心が集中し、法の精神が国家権力に踏みにじられても国民の多くは声を荒らげない。普遍性を求める形而上学の欠如は、超越神を知らない土壌のせいだろう。

❖

中世を通してキリスト教はヨーロッパ人の生活を隅々まで規定し、〈正しい世界〉の拠り所をなしていた。近代の息吹を聞いた時、秩序の虚構性が露わになり、善悪の根拠が崩壊する。神の死だ。社会制度は人間の営為を通して生まれる。しかし制度は自律運動を始め、人間自身にも制御できない外在的存在として機能する。オーストリア出身の経済学者フリードリヒ・ハイエクのテーゼだ〔註4〕。こんな例を考えると、わかりやすいだろう。火事だという叫びでパニックが起き、誰もが逃げ道を探す。しばらくして、危険はすでに去ったと知っても、パニックは容易に収まらない。逃げる必要がないと思っても、周りの人々が逃げ続けるから、私も逃げなければ、踏みつぶされてしまう。しかし私が逃げれば、隣人も逃げる。誤報だったと全員が知ってもパニックは収まらない。危険がないと隣人も私もわかった。だが、その事実を相手が知っているかどうか不明だ。こうして、逃げる必要がないと思いながらも仕方なしに皆、逃げ続ける。道徳・宗教・言語・経済・噂・流行・戦争などの集団現象は、こうして生成される。

人間が作った秩序なのに、それがどの人間に対しても外在的な存在になる。誰にも自由にならない状態ができるおかげで社会秩序は、誰かが勝手に捏造したものでなく、普遍的価値を体現すると感じられる。共同体からはじき出される形で現れるメカニズムが社会を稼働させる〔註5〕。こうして結晶する外部の最たるものが神である。

人間により産出された社会制度が人間自身から遊離して自律運動を展開する事実に中世も近代も変わりない。外部の超越的存在として感知される神に対し、資本主義市場は社会内部の機構として現れる。しかしいずれの場合も、発生プロセスに注目すれば、共同体内部に源を持つ一方、人間自身に制御できない集団現象という意味では、どちらも外部に位置づけられる[註6]。

商品経済や宗教など、自ら作りだした社会的諸条件に人間が囚われ、主体性を発揮できなくなる状況をマルクスは疎外と呼んで批判した。しかし、人間が本来あるべき姿からはずれた異常事態としてだけ、この外化現象を把握してはならない。ドイツの社会学者マックス・ヴェーバーは逆に、世界の秩序が人間自身によって作り出される事実に人間が気づいてしまったために社会秩序の根拠が失われ、本来の恣意性に還元される点を近代の根本問題として指摘した。神を殺して人間は自由を勝ち取った。だが、その必然的結果として世界の意味を見失う[註7]。

臓器移植・人工授精・代理母出産・人工子宮・遺伝子治療・人工多能性幹細胞（ｉＰＳ細胞）など、生物科学や医学の発展と共に、過去には不可能だった、あるいは想像さえされなかった技術を人類は手に入れようとしている。それらは近代精神が成し遂げた偉業だろう。

だが、神は存在せず、善悪を自分たちが決めるのだと悟った人間はパンドラの箱を開けてしまった。生命倫理の分野だけでなく、同性結婚・性別適合手術・近親相姦などの是非を判断する上で、近代以前であれば聖書などの経典に依拠すれば済んだ。あるいはその解釈だけで事足りた。しかし道徳を正当化する源泉は、もはや失われた。

近代政治思想や倫理学、そして法学の様々な試みはどれも、瓦解する砂上の楼閣を何とか押し留めるための虚しい抵抗だ。近代西洋が生んだ人権思想は神の亡霊に他ならない。

[註1] Baud, *op. cit.*, p. 9-16.

[註2] *Idid.*, p. 13.

[註3] *Idid.*, p. 16.

[註4] F. A. Hayek, *Law, Legislation and Liberty*, Routledge & Kegan Paul, 1979. ハイエクは世界の事物を三種類に分類する。第一は生物や山野などの自然物。第二は自動車や船など人工的に製作されるモノ。そして第三は言語・道徳・宗教・市場など、人間が生み出す人工物でありながら人間自身の意図や制御を超え、自律的に機能する集団現象である。社会秩序は共同体に生きる人間の相互作用から生成される。だが、人間が意図的に構築するわけではない。

個人が先か、集団が先か。社会唯名論か社会実在論か。方法論的個人主義か全体論的アプローチか。自由で合理的に行為する個人を想定し、より大きな利益を互いに得るために他者と交換を行い、社会関係が営まれると考えるべきか。自律した合理的存在として人間を捉える立場は経済学によって代表される。あるいは歴史的に生み出される社会規範に人間の思考が縛られる事実を重視し、規範のおかげで人間のつながりが保たれると考えるべきか。社会・歴史的条件に規定された存在として人間を捉える立場は、社会学、その中でも特にデュルケム学派によって支持される。

ハイエクは両者の矛盾を止揚しようと努める。前近代の社会秩序は神の摂理の表現として理解され、人間が恣意的に制定する存在ではなかった。大自然と同様に社会秩序は人間から独立する存在として表象されていた。だが、神の死を迎えた近代では宗教的世界観から解放され、人間が自律性を獲得する。集団は意識や意志を持つ主体ではない。にもかかわらず、構成員を超越し自律運動をする。個人の自律性を認めながらも同時に、集団が個人を超越して自律する現象をどう捉えるか。個人の自律性と集団の自律性とを矛盾として捉えず、両者が同時に成立する可能性はないのか。これが集団の実体視を斥けるハイエクが自らに課した問いだった。J.-P., Dupuy, *Le sacrifice et l'envie. Le libéralisme aux prises avec la justice sociale*, Calmann-Lévi, 1992, ch. VIII を参考にした。

[註5] J.-P., Dupuy, *Introduction aux sciences sociales. Logique des phénomènes collectifs*, Edition Marketing, 1992, ch. 11. 社会現象を起こす原因は人間の営為以外にない事実と、社会現象が人間自身にも制御できない事実の間には何の矛盾もない。社会という全体の軌跡は、人々の意識や行為に対して齟齬を起こし、あたかも外部の力が作用するような感覚を生む。人間から遊離し自律運動するシステムとして集団現象は我々を無意識のうちに拘束する。しかしそれは意識の底に定位されるフロイトあるいはユング的な無意識では

ない。インターネットの討論フォーラムのように、社会全体に情報が散らばって存在するからだ。集中統轄する場所はどこかにもない。ハイエクは言う（F・A・ハイエク「抽象の第一義性」（吉岡佳子訳）、アーサー・ケストラー編著『還元主義を超えて』工作舎所収、一九八四年、四三七頁）。

意識的経験はある意味では精神的事象のヒエラルキーの「最高」レベルを占め、意識的でないものはそのレベルには達していないという理由で「意識下」とされるのは、一般に当然であるとみなされている。刺激が活動を誘発する神経過程の多くは、中枢神経のあまりにも下位のレベルで進行するために意識されないという点には、もちろん疑問の余地はない。しかし、明瞭な意識的経験には相当しない活動を決定する神経事象のすべてが、こうした意味で意識下であるという説は公正でない。［……］われわれがみずからの精神に起きる多くの事柄に気づかないのは、それがあまりにも低いレベルにおいて進行するからではなく、あまりにも高いレベルで進行するためである［……］。このような過程は「意識下」というよりは「超意識的」と呼ぶ方が適切かもしれない。なぜならこれらは姿を現すことなしに意識過程を支配するからである。

既存の社会の中に個人が生まれるのであり、個人から社会が生まれるのではない。デュルケムは一貫して主張した（E. Durkheim, *Sociologie et philosophie*, PUF, 1996 [1ère édition:

1924], p. 60–62.)。個人の精神にではなく、集団表象に価値の源泉を求め、政治的には左派に属するデュルケムと、しばしば右派に入れられ、新自由主義の理論家に数えられる個人主義者ハイエクだが、この対立構図は先入観にすぎない。個人心理と集団表象の間に断絶を見るデュルケムと同様、個人の意志と社会制度との間に超えられない溝をハイエクも認める。個人の相互作用として集団現象を捉えた上で、その自律性を説く。二人の親和性に気づかない理由は、デュルケム理論に頻繁に登場する集団表象概念を勘違いするからだ。デュルケムは明示する。

個人的であるか社会的であるかを問わず、意識は実体でなく、多かれ少なかれ有機的に結びつけられた現象群の集合にすぎないと私は何度も繰り返し言明している。それにもかかわらず、私の立場に対して実在論だの、存在論主義だのという非難がなされてきた。(E. Durkheim, « Préface à la seconde édition », in *Les règles de la méthode sociologique*, PUF, 1981 [1ère édition: 1937], p. XI.)

社会現象を支える媒体が個人の意識だと認めないのは、他の媒体を我々は考えるからである。それはすべての個人意識が結合し、組み込まれて生成される媒体だ。これは実体でもなければ、存在論的な意味での本質でもない。何故なら、部分が組み合っただけの合成物だからだ。だが、この合成物はその部品と同様、現実の存在である。部分［個人意識］がそもそもすでに合成物である。［……］心理学者も生物学者も、より基礎的な要素の組合せとして研究対象を分析する。社会学と同じでないか。（E. Durkheim, *Le suicide*, PUF, 1993 [1ère édition: 1930], p. 361-362.）

ちなみにフランスの文化人類学者リュシアン・レヴィ゠ブリュールも言う（L. Lévy-Bruhl, *Les fonctions mentales dans les sociétés inférieures*, PUF, 1910, p. 1.）。

集団表象は個人に依存して存在するのではない。だが、それは社会集団を構成する個人群と別個の集団的主体だからではない。個人だけを考察しても説明できない性質が集団表象にあるからだ。

部分の総和と全体は異なる。水素原子と酸素原子のどこを探しても水の性質は見いだせない。それでも酸素と水素のみが結びついて水の分子が出来ている。それと同じことである。

［註6］ パニックの中で逃げまどう人々は、客観的外因から生ずる危険から逃げているつもりでも、実は彼らの行動自体がパニックの原因を作りだしている。社会システムに必ず存在する恣意的で小さな揺らぎが何らかのきっかけで一定方向を持つ運動に増幅される。市場・流行・戦争などのメカニズムも同様だ。

共同体が成立し、安定状態が保たれるためには、人々の相互作用から生ずるアトラクタが外部として沈殿する必要がある。第三項として共同体からはじき出される形で生み出される虚構が社会システムの稼働を可能にする。

ある定点に人々が引きつけられるように見える。しかし実際にはそのような定点が初めからあるわけではない。人々が互いに影響しあいながら生み出すにもかかわらず、まるで目指すべき真理がもともと存在していたかのような錯覚が定点生成後に起きる。真理だから同意するのではない。善き行為だから賞賛し、美しいから愛するのではない。人々の相互作用が真・善・美の出現を演出するのである。

[註7] ヘーゲル哲学の外化（Entäusserung）は、集団現象が人間自身から遊離して別の外的存在として自律運動する現象を意味する。他方、マルクスが広めた疎外（Entfremdung）は、商品・宗教・道徳・イデオロギーなど人間の生産物に人間自身が振り回され、主従の位置が反転する事態に相当する（P. Ricœur, « Aliénation », in *Encyclopædia Universalis*, 1990, Vol. 1, p. 819-823.）。食物を摂取する側にとって腐敗と発酵が区別すべき二つの現象であっても化学的には同じプロセスであるように、人間の生産物が人間自身から遊離するという意味で、疎外と外化は同一の社会現象だ。各人の主観的価値・行為が相互作用を通して、人間を超越する客観的価値・行為へと変換されるプロセスである。

疎外のからくりに人間が気づかない事態をマルクスは批判した。対してヴェーバーは、近代になって神が死に、世界の秩序が人間自身によって作り出される事実に人間が気づいてしまったために、それまで社会秩序に与えられていた超越的意味が失われ、本来の恣意性が露わになった点を指摘した。つまりマルクスとヴェーバーは疎外に関する二つの異なる側面に注目した。疎外による自由の喪失をマルクスは批判し、逆に疎外の機能不全による意味の喪失をヴェーバーは問題視した（F. Vandenberghe, *Une histoire critique de la sociologie allemande. Aliénation et réification. T. 1, Marx, Simmel, Weber, Lukács*, La Découverte, 1997, p. 169-173.）。

疎外は、人間が作り出した生産物・制度に逆に支配される悪い状態として普通は理解される。だが、被支配関係を意識するのは、支配がすでに理想的状態で機能していないからだ。社会秩序の恣意性が人間に隠蔽されなくなったからこそ発生する症状である。支配関係が正常に働いていれば、社会秩序は自然の摂理のように映り、疎外状態を感じることさえない（第六回「近代の原罪」で触れるヴェーバーの支配概念を参照）。

秩序の恣意性が露わになると、人間が主体的かつ自由に生を営む感覚が持てない。つまり疎外が自由を可能にする。すべての人間の外部にあり、誰にも操作できない存在と映るおかげで、秩序が公平であり、普遍性を体現すると感じられる。誰からも独立する社会秩序という了解を背景に、各個人が自由でかつ自律した存在だという虚構が成立する。このような社会秩序生成の仕組みを前にして、虚構を排除する試みは意味を持たない。その強行は人間の生存を根底から脅かす所作である。

トクヴィル・デュルケム・ヴェーバーなど一九世紀に活躍した社会思想家の多くは、個人主義が浸透するにつれて価値の源泉が希薄になり、人の絆が崩壊する事態を懸念した。宗教の虚構性が露わになり、社会秩序が人間から独立したものとして現れなくなる。ところがマルクスは、資本主義という過渡的段階に固有な現象として疎外を把握した。それはルソーと同様に、マルクスが近代合理主義に信頼をおく個人主義者だったからだろう（マルクスの個人主義に関してはL. Dumont, *Homo æqualis. Genèse et épanouissement de l'idéologie économique*, Gallimard, 1977, la deuxième partie; R. A. Nisbet, *The Sociological Tradition*, Basic Books, Inc. Publishers, 1966, ch. 7を参照。ルソーについては第一〇回「自由・平等・友愛」で検討する）。

■第四回

普遍的価値と相対主義

フランスに移住して、もうすぐ四〇年。欧米における宗教の重みを痛感する。西洋に長く住みながら宗教の壁にぶつからない日本人は稀だろう。

世論調査会社ＩＦＯＰ（Institut français d'opinion publique）が二〇一一年に実施したアンケートによると、神を信じるフランス人は五六％に上る。そのほとんどがカトリック教徒だ。一九四七年に六六％だったので、年月を経て宗教の力が弱まった感はある。現在の数値を見ても、年齢が低いほど宗教心が薄い。六五歳以上の六六％に対して、一八歳から二四歳では四七％という結果だ。それでも若年層の五割近くが神の存在を信じる[註1]。

ライシテ（laïcité）と呼ばれる政教分離策の下、フランスは公共空間から宗教を閉め出して中立性を保つ[註2]。ユダヤ教のキッパ、大きな目立つ十字架、イスラム女性のヒジャブなど、宗教シンボルの着用を公立の小学・中学・高校で禁じる法律が二〇〇四年に成立した。最近は大学で原理主義が勢力を強め、ダーウィン進化論が聖書の内容に反するとして授業を妨害したり、学生食堂を男女別にせよと要求する。二〇一三年のＩＦＯＰ調査によると、大学内でのヒジャブ禁止を望む声が七八％に上る。この情勢に呼応して、宗教シンボルを大学構内で禁止する動きが出始めた。

❖

ところで、表に現れる宗教行事や信者の信仰ではなく、フランス社会の奥底に漂う神の亡霊に私が気づいたのは、ここ数年のことにすぎない。裁判制度を例に取ろう[註3]。フランスでは一〇年以下の刑は職業裁判官が裁き、それ以上に重い罪は市民参審員が中心に裁く重罪院に委ねられる。ところで二〇〇〇年になるまで重罪の控訴が認められなかった。軽罪判決は控訴できるのに、重罪に処される者には許されない。被告人の権利擁護を考えるとおかしい。死刑制度が廃止される一九八一年までは死刑判決でも控訴できなかった。なぜ、そんな理不尽がまかり通るのか。

世界に先駆けて人権思想を打ち出したフランスで、まさに人権無視の規定が生まれた。だが、それは偶然でない。神ならぬ人が裁く制度には原理的な矛盾があるからだ。

近代以前には秩序の根拠を神や自然に求めていた。殺人が悪いのは神の摂理に背くからだ。普遍的価値が存在し、それに違反するからだ。こう考えられてきた。だが、個人という自律的人間像を生み出した近代は、人間を超越する外部を否認する。神や自然の権威を認めなければ、道徳や法は人間自身が制定しなければならない。ところが人間の判断が正しい保証はない。正しさの根拠が明示された瞬間に、ではその根拠はなぜ正しいのかという問いが繰り返される。そこで社会秩序を正当化するために主権概念が現れる。何が正しいかと問う代わりに、誰が正しさを定めるべきかと問うのである。

法が正義であり、正義の定義を他の抽象的内容に帰することはできない。なぜならば、正義の内

容を法が定めるからだ。ある者は奴隷であり、他の者は主人だと主権者の意志が宣言するならば、
それが公正の定義である[註4]。

近代西洋が問うてきたのは、正しい判決は誰が下せるかという技術論ではない。論理が逆だ。誰の判断を正しいと決めるかという形而上学である。人民の下す判断を真実の定義とする。これがフランス革命の打ち立てた理念であり、神の権威を否定した近代が必然的に行き着いた原理だった。一七九一年九月二九日付け政令により、陪審員が下した判決は控訴できないと規定され、刑法にも明記された[註5]。

軽罪裁判所の判決が控訴可能なのは、職業裁判官が裁くからである。裁判官には誤判がありうる。官僚がまちがえても、それは技術的問題にすぎない。だが、重罪は人民が直接裁きを下す。したがって国民主権の原則により、異議申立ては許されない。人民の裁断を真実の定義とする以上、控訴は原理的に不可能なのである[註6]。

ところが、国連人権規約および欧州人権条約第七議定書第二条は、有罪および量刑の見直しを上級裁判所で受ける権利を保障する。人民の決断は絶対であり、覆せないとする理念を維持しながら、二度目のチャンスを被告人に与えよという国際協定を満足するには、どうしたらよいか。

第一審を職業裁判官だけに任せて、市民のみの陪審制による上級裁判所を設ける案が出された。そうすれば、最終判断は市民に委ねられ、国民主権の原則を崩すことなく、上訴が可能になる。だが、控訴されなければ、裁判官の判決が確定し、国民主権の原理が揺らぐ。それに第一審であっても、裁判官という技術者に重大な判断を任せるわけにはいかない。

もう一つの方法は、第一審と別の県で控訴審を実施し、そこで下される判決を国民＝主権者の最終判断とする案である。だが、これでは第一審の判決が控訴審で覆った時、どちらの判決が正しいのかわからない。ギャンブル裁判だと揶揄され、採用されなかった。

第一審では裁判官三人と市民九人とで合議体を構成し、三分の二（八人）以上の有罪判断をもって有罪が決まる案が採用された。裁判官全員が有罪としても、市民過半数の支持が要る。そして控訴審では裁判官の数を変えずに市民の数だけ一二人に増やした。職業裁判官が占める割合を減らし、主権者の意志が控訴審でより強く反映されるという理屈である[註7]。だが、市民の割合を増やし、人民裁判の体裁だけ繕っても、主権者が誤る可能性を認めたことにはかわりない。人民の判断が真実の定義だというフランス革命が導入した理念は二世紀を経てついに終焉を迎えた[註8]。

ヨーロッパ統一がフランス法制度に与えた影響は、これに留まらない。革命期より一貫してフランスの重罪裁判では判決理由が述べられない規定だった。主文だけである。人民が判断した以上、それが最終決定であり、異議を申し立てる審級は存在しない。したがって理由を示して判決を正当化する必要はないし、してもいけない（刑事訴訟法第三五三条）。説明すれば、判決への同意を求めることにつながるからである[註9]。根拠はブラック・ボックスに秘匿される。神の審判と同じだ。

ところが重罪裁判に控訴を認めた結果、新たな問題が生じた。第一審で無罪になった者に対して検察上訴による控訴審で懲役一五年の判決が下されたり、第一審で無罪だったのに控訴審で懲役三〇年の判決が出た後に、欧州人権裁判所がその判決を破毀して行われた差し戻し裁判で一二年の刑が確定した[註10]。判決理由の明示を禁ずるフランス法制度の下では、どうして判決が覆るのかが理解できない。

くじ引きと同じでないか。試行錯誤を経てついに、理由を示さない判決の違憲性を憲法評議会が認め、二〇一九年三月までに法令を改正するよう指示した[註11]。革命政権が樹立した人民主権の原則はこうして、なし崩し的に骨抜きにされた[註12]。

共同体の外部に投影されるブラック・ボックスを援用せずには秩序を正統化できない。人間自身が生み出した規則にすぎないと知りながら、どうしたら道徳や法の絶対性を信じられるのか。人間が決めた規則でありながら、人間自身にも手の届かない存在に変換する術を見つけなければならない。だが、これは、人民主権を極限まで突き詰めたルソーが認めるように解決不可能なアポリアである[註13]。

❖

相対主義に対する根強い誤解がある。価値が相対化されれば、悪を糾弾できなくなると言う。ここに勘違いの元がある。

禁止のない社会は存在しない。社会に生きる人間にとって禁止行為は絶対的な悪であり、相対的な判断はなされない。だが、何が禁止されるかは時代・社会に左右される。殺人でさえ、全面的に禁ずる社会は存在しない。死刑や戦争は国家による殺人だ。ある条件下で殺人を許容し、殺人を命ずる制度である。江戸時代の仇討ちもそうだ。親のかたきを討たない選択肢は武士になかった。殺人は義務だ。人身御供という習慣もかつてあった。供犠の拒否が逆に犯罪をなす。ヨーロッパ中世の魔女狩りも同様である。

美人の基準を考えよう。顔をどれだけ眺めても美しさの理由はわからない。美しさゆえに美人と呼ばれるのではないからだ。美意識は社会規範の反映にすぎない。善悪の基準も同じだ。悪い行為だから非難されるのではない。我々が非難する行為が悪と呼ばれるのである。真理だから受け入れるのではない。共同体に受け入れられた価値観だから真理に見える。真善美は集団性の同義語である[註14]。

普遍的だと信じられる価値は、どの時代にも生まれる。しかし時代とともに変遷する以上、普遍的価値ではありえない。相対主義とは、そういう意味だ。何をしても良いということではない。悪と映る行為に我々は怒り、悲しみ、罰する。裁きの必要と相対主義は何ら矛盾しない。人間は歴史のバイアスの中でしか生きられない。社会が伝える言語・道徳・宗教・常識・迷信・偏見・イデオロギーなどを除いたら、人間の精神は消滅する。考えるとは、感じるとは、そして生きるとは、そういうことだ[註15]。

❖

一九七〇年代、『ソイレント・グリーン』という米国映画があった。安楽死させた人間の死体を加工して食料にする未来社会の物語だ。臓器移植は人肉食と、どこが違うのか。スペア・パーツとして身体に残るか、消化されて栄養分になるかによって、社会の反応が異なるのは何故だろう。

実は我々の多くは人肉を喰って育った。授乳のことだ。乳は細胞だから、切り取った指を天ぷらに揚げて食べるのと、どこが違うのか。指は二度と生えてこないが、乳は再生する。だから授乳は許されるのか。それなら死体の指を喰えば、問題ないだろう。死体は禁忌の対象だと言うのか。しかし我々が食べる牛や豚は死体だ。生きたまま喰う者はいない。それと同じでないか。

母乳バンクという援助制度がある。日本では始まったばかりだが、フランスでは以前から利用されている。余った母乳を集め、殺菌して他人の子に与える。この制度を初めて耳にした時、他人の母乳を飲むなんてと気持ち悪く思ったものだ。乳母の習慣は昔からあったのに、どうしてそう感じたのだろう[註16]。見知らぬ人の乳だからか。しかし考えてみると、自分の母親の細胞を食べて育つのも恐ろしい話だ。あるいは元もと私は母親の身体の一部だったから、それでよいのか。

禁止に根拠はない。単なる慣習の産物である。近親相姦タブーはすべての社会に見受けられる普遍的現象だと言われる。ところで平行イトコ婚は禁止されるのに、交差イトコ婚は許容されるだけでなく、奨励される社会もある。有性生殖をする生物は同系交配を避けて多様性を保つという進化法則や遺伝学的理由では、この違いを理解できない。そこで女の交換制度として婚姻が解釈される。他集団に女を贈与すると共に、外部から女を自集団に迎え入れる循環運動が生まれる。『親族の基本構造』を著したフランスの文化人類学者クロード・レヴィ＝ストロースは、このように外婚を奨励する契機として近親相姦タブーを説明した[註17]。

だが、これは起源論だ。婚姻や性の形態が変化した現代でも同じ習慣が維持される理由はない。フランス・オランダ・スウェーデン・ルクセンブルク・ベルギー・スペイン・ポルトガル・ブラジル・アルゼンチン・日本・中国・ロシア・インド・トルコ・イスラエル、そして西アフリカのコートジボワールなどでは、成人間の同意による近親相姦は合法である。スイスとドイツでも、まもなく禁止が解かれる見通しになった[註18]。

殺人や強姦など、議論の余地ない犯罪だと認識されるのは、理由が明白だからではない。逆だ。禁止する本当の理由がわからないからである。「悪いに決まっている」。思考が停止するおかげで規範の正しさが信じられる[註19]。レヴィ＝ストロース説であろうと、エディプス・コンプレックスを持ち出すフロイト説であろうと、近親相姦を忌避する理由が明らかになった瞬間にタブーは相対化され、消滅への道を辿る。

法や道徳は虚構だ。だが、その虚構性が同時に隠蔽される。虚構のおかげで社会が機能する事実自体が人間の意識から隠される。いみじくもパスカルは言った（『パンセ』）。

法の根拠を検討する者は、法がはなはだ頼りなく、いい加減だと気づくだろう。［……］国家に背き、国家を覆す術は、既成の習慣をその起源に遡って調べ、習慣が権威や正義に支えられない事実を示して、習慣を揺さぶることにある。［……］法が欺きだと民衆に知られてはならない。法はかつて根拠なしに導入されたが、今ではそれが理にかなったものにみえる。法が正しい永遠な存在であるかのように民衆に思わせ、起源を隠蔽しなければならない。さもなくば、法はじきに潰えるだろう[註20]。

性と死の分野にはタブーが多く残る。しかしタブーは文化の産物であり、自然の所与ではない。代理母出産や人工子宮、あるいは豚の心臓などの異種間移植が将来、陳腐な技術になるだろう。その時、タブーの恣意性が露わになる。臓器移植・人工授精・経口避妊薬がかつて、そうだったように。

倫理判断や裁きは合理的行為ではない。信仰だ。それゆえに強大な力を行使する。裁判と神は同じ論理構造に支えられる。裁判は力だ[註21]。有無を言わさず、それ以上に議論を遡及させない思考停止の砦をなす。人権思想は現代の十戒である。

［註1］　米国上位二一大学に勤務する研究者一六四六人を対象として二〇〇七年に行われた調査によると、物理学者・化学者・生物学者のうち、神を信じない学者はわずか四割にすぎなかった（B. M. Hood, *The Science of Superstition. How the Developing Brain Creates Supernatural Beliefs*, HarperOne, 2010, p. 63.）。

［註2］　普遍的真理を啓示する一神教の絶対主義倫理観と、個人主義の下に多様性を擁護する相対主義は両立しない。ライシテは、すべての宗教だけでなく、無神論をも並列に置き、真理を相対化する。一神教の信徒にとって正しい世界は一つしかない。各人に信仰や思想の自由を認めても、正しい世界が人間の数と同じだけあるとは考えない。フランスの政教分離政策は公共空間と私的領域とを区別し、宗教を後者に閉じ込めて対立解消を図る。政治原理としては機能しても、論理的観点からは矛盾を避けられない。

［註3］　裁判員制度の導入時、裁判について書く機会があった（「人が人を裁くということ」『世界』岩波書店、二〇〇九年四月号、一〇二–一一二頁）。私は法の素人だから、諸外国の状況や違いを知るために日仏英米の文献読みから始めた。読み進むうちに、西洋での議論と日本での論争がほとんど噛み合っていないことに気づいた。神の亡霊が、そこに漂っていた。

冤罪の懸念や裁判員の負担など技術的な点に議論が集中し、国民主権論や懲罰権など裁判の根幹に触れる問題が日本の世論にほとんど顔を出さなかった。司法への市民参加が日本では義務として認識され、欧米では逆に国家権力から勝ち取った市民の権利として理解される。素人の判断力を危ぶむ日本。対して欧米では裁判官よりも市民の判断に重きをおく。民度の差とか民主主義の伝統の違いだけでは説明できない、もっと深い理由がそこにある。犯罪を裁く主体は誰か、正義を判断する権利は誰にあるのか。これが裁判の根本問題である(『人が人を裁くということ』岩波新書、二〇一一年、第一部参照。冤罪の頻度および原因は第二部で考察した)。

[註4] G. Mairet, *Le principe de souveraineté. Histoire et fondements du pouvoir moderne*, Gallimard, 1997, p. 223.

[……]すべての正義は法から生ずるのであり、したがってホッブズが示したように、正義は主権の手続きである。つまり、主権者が望むことが法であり、主権者が望むことが正義である。[……]

ホッブズは[……]正義の規範(そして法における、その表現)をたった一つの源泉、つまり主権者に帰属させたかった。主権者(個人あるいは会議)だけが、何が正義であり、何が正義でないのかを規定できる。[……]言葉の意味を判断するのは主権者であり、〈正義〉と〈不正義〉、〈善〉と〈悪〉、〈あなたの所有物〉と〈私の所有物〉とよばれる状態を規定するのは主権者だけである。(*Ibid.*, p. 46, 48.)

[註5] 裁判官は緻密で合理的な思考をする。素人の判断は感情に流されやすい。だから

素人には裁判できない。日本ではこう信じられている。しかし同時に、職業裁判官の感性は一般市民とずれているので庶民の生活感覚を反映させるべきだとも言われる。どちらが正しいのか。

実は、これらの意見は両方とも問題の核心を見失っている。英米やフランスで職業裁判官よりも市民に重きをおく理由は、事実が誰にもわからないからである。裁判官と裁判員のどちらにより正しい判断ができるかという問いには原理的に答えが存在しない。被告人が犯人であるかどうかは、ほとんどの場合、当人にしかわからない。

裁判官が下す事実認定を正しいと考える根拠は何だろうか。裁判所の解釈と事実自体とがそれぞれ独立した内容を持ち、かつ両者が一致する場合に事実認定の正しさが保証される。だが、事実自体は誰にもわからない。警察の犯行仮説、検察の事実推定、弁護側の主張、裁判官の判断、学者の解説、それ以外にマスコミや世間の意見もある。これら多様な見解の中で最も事実に近いと定義されるのが裁判所の判決である。裁判が真実を究明したかどうかを判定するために比較すべき生の事実は誰にもわからない。

素人市民の方が裁判官よりも誤判が多いか少ないかという問いは意味をなさない。事実がわからない以上、判定しようがないからだ。答えは制度の内在的性質からは出てこない。どのような裁判形式ならば国民の信頼を得られるか、社会秩序が安定するかが肝心なのである。

自然科学の世界でも事情は同じだ。実験結果と事実の一致が理論の正しさを証明するのではない。科学者たちが合意する理論にしたがって適切な実験方法が定められ、実験機器が出す結果の意味が解釈される。この解釈以外に事実は存在しない。

オーストリアの物理学者エルヴィン・シュレディンガーの逸話を引こう。量子力学の波動方程式を提唱したが、方程式が予測する理論値と実験値が一致しない。そこで方程式に手を加えて修正版を発表した。ところが後になって、実は初めの式の方が正しいことが判明する。スピンと呼ばれる、電子の自転が当時はまだ知られていなかったために誤差が生じていた。このスピンを考慮に入れると、シュレディンガーが頭の中だけで考えついた式の方が正しかった。シュレディンガーと共にノーベル物理学賞を受けた英国のポール・ディラクは、この逸話を踏まえて後ほど語る（A. Koestler, *The Act of Creation*, Penguin Books, 1964 [tr. fr., *Le cri d'Archimède*, Calmann-Lévy, 1965, p. 228]）。

> 少々実験値に合わなくとも、がっかりしたり、諦めたりしてはならない。というのも、理論値と実験値のズレは、まだ知られていない二次的原因から生じているだけで、その後、理論の発展と共に明らかになる可能性があるのだから。

事実といっても、それは実験の結果にすぎない。他の角度から実験をすれば、他の結果が得られることもある。スピンを考慮に入れたデータを事実として採用するためには、スピンの存在を予測する理論あるいは仮説が要る。見えている事実は、ある特定の視点から切り取られた部分的なものだ。観察された事象が世界の真の姿なのかどうかを知る術は人間に閉ざされている。科学の成果が信じられるのは、この分野で事実が生み出される手続きが信頼されるからである。

［註6］むろん、こういう屁理屈はフランスだけでない。日本の民法の例を挙げよう。電車への飛び込み自殺により損害が発生した場合、鉄道会社から遺族に損害賠償が請求される。遺族に直接請求されるのではなく、自殺者の債務として計上され、それを含めた相続を遺族がする場合、支払い義務が遺族に発生するという論法である。

だが、死亡者すなわち存在しない人間に債務が生ずるという考えは腑に落ちない。かといって、遺族に損害賠償を直接請求するというのもおかしい。近代法は当事者にしか責任を問わない。親が人殺しでも子に責任はない。連帯責任を家族に負わせるのは無理である。

不思議に思い、法学者（北海道大学・尾崎一郎教授）に尋ねた。自殺者が電車に衝突した瞬間に損害賠償債務が発生し、それが遺族（法定相続人）に相続されるという擬制を用いる。電車に衝突後しばらく生きていたり、あるいは死に至らない場合、生存中の自殺者あるいは未遂者に損害賠償義務があることを考えれば、即死の場合でも義務を発生させるほうが自然である。そうでないと、衝突してから何秒後まで生きていれば債務者になるかという、奇妙な線引き議論をしなければならなくなる。

ちなみに損害賠償請求権についても同様の擬制が用いられる。トラックに追突された乗用車内で子どもが炎に包まれて瞬時に亡くなった。この事案においては、追突時にトラックの運転手と運送会社に対して損害賠償請求権が子どもに発生する。その後、子どもの死によって賠償請求権が親に相続されたと解釈するのである。

[註7] 二〇一一年にさらに法改正された。職業裁判官の数は同じだが、市民参審員の数が減り、第一審の六人に対し、控訴審では九人という構成になった。合議体三分の二の賛成で有罪判決が下る仕組みと、控訴審における市民の比重がより高い原則は改正後も変わらない。だが、一審・二審ともに市民参審員の数が減ったので職業裁判官の相対的重みが増した。制度改革の理由は重罪裁判にかけられる事案が増加し、裁判所の機能に支障が出るようになったからである。二〇一四年度の統計によると、過去三年間で事案数が四二パーセント増えた。参審員の数を減らし、手続きの簡素化が図られた。

市民が中心に裁く重罪裁判は時間と経費が膨大にかかる。そのため、職業裁判官だけで構成される軽罪裁判所に事案を回す便法が、法曹界の批判にもかかわらず、かなり前から習慣化している。特に強姦のように被害者保護を必要とする事案では、長い期間続く公開の重罪裁判を避けて、一〇年以下の刑を裁く軽罪裁判所に送る場合が多い。

二〇一八年三月に法務大臣が発表した改正案も、この文脈で理解できる。一〇年以下の犯罪を裁く軽罪裁判所（tribunal correctinonel）とそれ以上の刑を扱う重罪院（cour d'assises）の二重制度を改め、刑期一〇年以下を担当する軽罪裁判所、二〇年以下の懲役を判断する地方刑事裁判所（tribunal criminel départemental）、そして刑期三〇年および無期懲役の事案のみを扱う重罪院の三つを区別する案である。軽罪裁判所と地方刑事裁判所は職業裁判官だけが裁き、最も重い刑を扱う重罪院だけが従来のように市民が加わって裁判する。事務処理能力に鑑みて重罪院が扱う事案を減らしても、最も重い犯罪は市民が裁く原則は貫徹されている。

職業裁判官よりも市民の判断を優越させる傾向は諸外国で一般に強い。重罪裁判の状況を概括しよう（M. F. Kaplan & A. M. Martin（Eds.）, *Understanding World Jury Systems through Social Psychological Research*, Psychology Press, 2006; E. L. Leib, "A comparison of criminal jury decision rules in democratic countries", *Ohiho State Journal of Criminal Law, 5*, 2008, 629–644.）。

英米を始め、コモン・ローに基づく司法体系の諸国では陪審制が採られ、裁判官は事実認定に加われない。有罪を決定するのは市民であり、職業裁判官は口出しできない。陪審員の出した有罪判決が明らかに誤りだと思われる場合に裁判官が無効宣言することはある。しかしその逆に、無罪判決を覆す権限は裁判官にない。無罪の場合は検察官上訴が許されない。

イングランドとウェールズ、北アイルランドでは陪審員一二人のみで事実認定する。同じ英国でも、スコットランドは陪審員一五人で判決する。アメリカ合衆国・カナダ・オーストラリア・ニュージーランドも陪審制だ。陪審員過半数の支持で有罪が決まるスコットランドは例外だが、基本的に市民一二人が全員一致で有罪判決を支持する必要がある。どちらにせよ、市民が有罪判決を出した後で裁判官は量刑だけを行う。ブラジル・メキシコ・ニカラグア・ベネズエラ・エルサルバドルなど中南米の多くの国、世界中に散らばる旧イギリス植民地もほとんどが陪審制である。

ベルギーは一二人の市民陪審員、オーストリアは八人の陪審員による有罪判決が確定した後に、ともに裁判官三人を加えて陪審員と裁判官が一緒に量刑する方式を採用している。

デンマークでは最近まで裁判官三人と陪審員一二人が参加し、それぞれ三分の二以上(裁判官二人、陪審員八人)が支持しなければ有罪にできなかった。二〇〇八年の改正により陪審員が六人に減ったが、市民の三分の二の支持が必要な点には変わりない(最低でも裁判官二人かつ陪審員四人の有罪判断が必要)。デンマークの新しい構成比は日本の裁判員制度と同じだが、混同してはいけない。市民の三分の一を誘導するだけで有罪判決に持ち込める日本とは、職業裁判官に対する市民の制御力が大きく異なる。

裁判官と市民が合議体をなす参審制の国でも、裁判官の独断や誘導を防止するための策が設けられている。

フランスの革命政権は陪審制を導入したが、度重なる改正を経て、現在この国は参審制を採っている。したがって日本と同様に有罪判定も量刑も市民と裁判官がいっしょに評決する。そのため、裁判官が市民に行使する影響が懸念される。裁判官三人と裁判員六人が組む日本と、裁判官三人と参審員六人が合議するフランスに差がないような気がする。だが、重要な違いがある。フランスでは合議体の三分の二（六人）以上が賛成しなければ有罪にならない。したがって裁判官全員が有罪としても市民の半数（六人中三人）が賛成する必要がある。二〇一二年の改正までは市民九人と裁判官三人とで合議制を成していた。したがって裁判官全員が有罪判断する際、市民の過半数（九人中五人）の賛成が要った。スウェーデンは裁判官一人と参審員五人、フィンランドは裁判官一人に参審員が三人加わり、合議体の過半数で決まる。裁判官が有罪を選択しても、市民の過半数支持がなければ認められない。ノルウェーの制度は複雑だが、裁判官の独断を市民が牽制する備えは他の北欧諸国と変わらない。

イタリアとドイツは、裁判官に対する市民の抑止力が弱い。イタリアでは裁判官二人と参審員六人の合議体を作り、その過半数で有罪が決まる。したがって、裁判官が二人とも有罪だと判断する場合は、参審員の半数である三人が賛成すると有罪になる。ドイツは裁判官三人と参審員二人の合計三分の二の賛成で決まる。つまり裁判官全員が有罪を決めても、参審員の一人は賛成する必要がある。裁判官全員が有罪支持でも、参審員半数の賛成を必要とするという意味では、裁判官三人が有罪判断をした場合、裁判員三分の一が賛成するだけで有罪が確定する日本の新制度に比べれば、イタリアやドイツの方が市民の比重が若干高い。しかし参審員の数が少ないので、裁判官の独断を阻止するシステムとしては不十分だ。

ポルトガルとギリシアは裁判官三人と参審員四人、ポーランドは裁判官二人と参審員三人で合議体を構成し、過半数の賛成で有罪が決まる。裁判官全員が有罪支持ならば、参審員一人の賛成で有罪になる。したがって裁判官の影響を市民が牽制する力は弱い。オランダは裁判官だけで判決し、市民は参加しない。

以上概括したように、西洋諸国大半と比べ、日本の制度では職業裁判官の優位が目立つ。海外では裁判官の権力制限に注意が払われるのに対して、日本では逆に市民の厳罰への暴走が危惧されるという認識の違いがあるから、このような規定になったのか。

ところが実際はその逆に、職業裁判官の方が市民よりも厳罰を処す傾向が強い。日米英仏およびポーランドのデータを順に確認しよう。日本でも陪審制が採用されていた時期(一九二八－一九四三年)がある。平均有罪率は八三%だ。全国合計で四八四件の陪審員裁判が行われ、八一件が無罪になった。二〇〇〇年から〇九年の一〇年間に、地方裁判所で職業裁判官が下した判決の有罪率は九九・九%(六五万二三七九件のうち無罪六四二件。『司法統計年報』)だから、それに比べると陪審員の有罪率の方が低い。

アメリカ合衆国のデータでも同じ傾向が確認される(H. Kalven & H. Zeisel, *The American Jury*, Little, Brown and Company, 1966.)。事実認定に裁判官は関与できず、市民陪審員だけが決を下す。そこで重罪裁判を担当した裁判官に、自分ならどう判決したかと裁判後に尋ねた。調査対象になった合計三五七六件の公判のうち、陪審員の判決と裁判官の意見が一致し、双方が有罪と判断した割合は全体の六四%(二二八九件)、双方一致で無罪と判断した割合は一四%(一二八七件)だった。つまり七八%の事件で裁判官と陪審員が同じ評価をした。陪審員は全体の六七％を有罪に、裁判官は八三％を有罪とした。裁判官の方が厳しい。両者の判断が分かれたケースに注目しよう。陪審員が無罪とした裁判の過半数（五八％）に対して、裁判官は有罪だとしたが、逆に、陪審員が有罪としたのに、裁判官が無罪と判断した事例は少なく、四％に留まる。犯罪の種類別にみても、裁判官の方が陪審員よりも厳しい事実はかわらない。

イギリスの事情も同様である。イングランド／ウェールズ（バーミンガム王立裁判所）の一九七四年から七六年の調査データを検討しよう（J. Baldwin & M. McConville, *Jury Trials*, Clarendon Press, 1979.）。陪審員裁判三七〇件のうち一一四件で無罪が言い渡されたが、裁判官はこれら判決の三一％を疑問視している。逆に、陪審員が有罪にしたケースのうち、おかしいと裁判官が答えたのは八件（三％）にすぎない。

次はフランスの状況をみよう（Association Française pour l'Histoire de la Justice (Ed.), *La cour d'assises. Bilan d'un héritage démocratique*, La Documentation française, 2001.）。一七九一年に革命政権が陪審制を導入して以来、英米と同じように有罪・無罪の判定は市民だけで行い、有罪判決が出た場合のみ、裁判官が量刑を担当していた。陪審制度の下では、死刑など厳しい刑罰が予想されても、陪審員は量刑に介入できない。そのため有罪が明白でも、陪審員が無罪判決を出すケースが少なくなかった。

この弊害を避けるため一八三二年に法改正され、情状酌量権が陪審員に与えられた。同時に有罪率も少しずつ上昇する。しかしそれでも、一九世紀から二〇世紀初頭にかけて有罪率は六〇％程度にとどまっていた。さらに一九三二年には、陪審員と裁判官とが一緒に量刑判断するようになる（依然として裁判官は有罪・無罪の事実認定に加われない）。この改革により、有罪率が七五％程度まで高まる。厳罰主義の裁判官だけでなく、寛大な市民も加わって量刑するようになり、刑の緩和がさらに容易になったからだ。

ナチス・ドイツに占領され、ヴィシー傀儡政権が一九四一年に成立すると、厳罰化を図って法改正される。裁判官も事実認定に加わる参審制への移行である。市民による事実認定と、職業裁判官による量刑という分業体制に終止符が打たれ、これ以降、日本の裁判員制度のように、市民と裁判官の合議体が事実認定・量刑両方を行う。この改革を経て、現在の約九六％水準まで有罪率が上がってゆく（重罪院の有罪判決数は毎年およそ二七〇〇件、無罪は一〇〇件ほど）。

参審制を布くポーランドでは日本の裁判員制度と同様に、市民と裁判官が一緒に事実認定する。調査によると、市民参審員の判決が甘すぎると考える職業裁判官は八〇・六％に上る。また裁判官の方が市民よりも有罪判断に傾き易いと検察官の九〇％および弁護士の七三・八％が答えている（D. Parlak, "Social-psychological implications of the mixed jury in Poland", *in* Kaplan & Martin, *op. cit.*, p. 165–178.）。

検察の起訴率によって有罪率は左右される。疑わしい被疑者をすべて起訴すれば、無罪判決が増える。逆に、犯人だと確信する被疑者のみ慎重に起訴すれば、有罪率は上がる。以上のデータに関して検察の方針に変遷があったかどうか不明なので断定はできないが、一般的傾向としては有罪率が高いほど、冤罪率は高くなり、真犯人が確実に罰せられる確率も高くなる。逆に、有罪率が低いほど、冤罪の危険は少なくなるが、真犯人が野放しになる確率も同時に高まる。したがって、裁判官の方が高い有罪率を示す事実からすると、経験のない素人に裁判させると冤罪が増えるという危惧に確かな根拠があるとは思えない。

職業裁判官と一般市民の判断のどちらが正しいかはわからない。それは別の問題である。だが、裁判員制度導入により冤罪が減少するとともに、真犯人を無罪放免する危険が増加する可能性はある。ただし、ここで確認したのは事実認定に関する比較であり、量刑の重さについては、以上のデータから判断できない。被告人が本当の犯人なのか、警察での自供が自発的に行われたのかなどという事実認定と、真犯人だとすでに信じた後に被告人を感情的に罰する反応は別の心理プロセスである。

ちなみに日本の裁判員制度の合議体構成は、ナチス・ドイツ支配下のヴィシー傀儡政権が厳罰化を目的に導入したフランス参審制と酷似する。ナチスの影響で成立した改革によって、裁判官三人が有罪を支持すれば、市民のうち二人（三分の一）が賛成するだけで有罪が下されるようになった。裁判員制度導入によって市民の意見を反映させると法務省は宣伝した。しかしフランス近代史上、市民の影響力をもっとも抑えた制度と、日本の新制度は酷似している。

[註8] Association Française pour l'Histoire de la Justice, *op. cit.*

英米法諸国では陪審制を採用しながらも、従来から控訴審が設けられている。そして第一審には市民が参加しても、控訴審は職業裁判官のみで構成される場合が多い。人民が下した判決は覆せないという理由でフランスでは最近まで控訴できなかったのに、英米ではなぜ控訴が認められるのか。

実はイギリスでも重罪の控訴は長い間許されなかった。だが、度重なる冤罪事件が一九世紀に発覚し、上訴裁判所を設立すべきだという世論が起きた。それをきっかけに、市民の判決を職業裁判官が破毀する是非について数十年にわたって議論され、結局一九〇七年に刑事上訴法が成立した。それ以降、有罪判決あるいは量刑に関して被告人に不服がある場合は、ロンドンの控訴院に異議申立てできるようになった（J. R. Spencer, *La procédure pénale anglaise*, PUF, 1998, p. 102-107.）。

なぜ英米では控訴できるのか。まず、フランスと英米では市民参加の意味が異なる。英米はともに多民族・多文化を束ねる連合国家だ。アメリカ合衆国が建国以来の移民国なのは誰でも知っている。しかしイギリスがイングランド・ウェールズ・スコットランド・北アイルランドという四つの異なる文化共同体の連合である事実はしばしば忘れられている。外国移民の統合の仕方にも多民族・多文化主義が反映され、普遍主義を採るフランスのように言語・文化の均一化政策が採られない。そのため、英語をほとんど話さない人々ばかりが集まって住む地区も少なくない。

ところで、文化的多様性を保つ複合共同体では中央権力がよそ者と見なされやすい。イギリス陪審制の背景には、王権に対する地方豪族の権力争いがあった。自分たち共同体の紛争を中央権力によって処理される反発から陪審制度が導入されたのである。

イギリスから独立を勝ち取って建国されたアメリカ合衆国も、陪審制導入の理由はよく似ている。宗主国と植民者とが裁判権を争う形で陪審制が地盤を固めていった。英国植民地としてアメリカ大陸に作られた一三州は次第に本国の裁判に不満を持ち、陪審制を盾に自分たちの権利を守ろうとした。植民者を無罪放免する陪審員に対し、イギリス政府は被告人を本国に移送して裁く対抗手段を採った。

このような歴史事情から、英米の陪審員は共同体の縮図であり、多様な価値観を代表する市民のサンプルとして裁判に臨む。しかし何らかの理由でサンプルに偏りが生じ、それで判決にバイアスがかかったかもしれない。黒人被告人を裁く陪審員が全員白人だったり、強姦犯を殺した女を裁くのに陪審員がすべて男である場合のように。だとすれば、不公平な裁判は再びやり直す必要があるし、そこに何ら論理的問題はない。

次に英米とフランスでは裁判所の役割が違う。英米の裁判は真実究明を目的としない。共同体を代表して犯罪を告発する検察側と、それに異論を述べる弁護側とが各々の主張を公平に提示した上で、検察の犯罪仮説が妥当であるかどうかを裁判所が判断する。コモン・ロー（慣習法）を基にする欧米では、日本の刑法のような法典が存在せず、過去に蓄積された判例が法体系を成す。立法府が定める法律（制定法）がトップダウン的に市民生活を規定するのではなく、個々の具体的判例を通してボトムアップ的に社会が営まれる。

正しい世界はどうあるべきかと大上段から切り込むフランス的精神と違い、多様な価値観を持つ市民たちが共同生活を営む上で生ずる利害の調整をする、これが英米の司法観念である。人民が下す決断が真理の定義であり、それを覆す審級は存在しないとするトップダウン的理念のためにジレンマに陥ったフランスとは政治事情が違う。

具体的個人の集合として社会を把握する英米と、個人を超越する抽象的存在として国家を措定するフランス。それは国民という言葉の使い方にも反映されている。他国の人々と比較する場合を除き、英語の people は複数名詞として扱われる（例えば There *are* a lot of people in the park.）。個人の集合として理解されるからだ。対するにフランス語の peuple は常に単数名詞であり、個々の人間を超える別の抽象的存在として把握される。この違いは偶然でなく、歴史文脈の中で生まれてきた。革命政権およびナポレオン帝政の時期に、抽象的な国家理念が作られていき、それに伴って単数形が定着していったのである（B. de Jouvenel, *Les débuts de l'État moderne. Une histoire des idées politiques au XIXe siècle*, Fayard, 1976, p. 68-69.）。政治理念における「市民」の含意が、英米とフランスでは根本的に異なり、それが裁判のあり方に反映されている。

市民が主役を演ずるフランスの控訴審とは対照的に、英米の控訴審は職業裁判官だけに任される。何故か。英米法では検察官上訴が許されない事実をまず確認しよう。有罪判決が出た時は、それに不服な被告人が控訴して再び裁判を受ける権利がある。しかし無罪の場合はそれで確定する。どんなに不条理な判決であろうとも、陪審員が下した無罪判断をない。

裁判官が無効にして審理差し戻しを命じたり、検察が異議を申し立てて控訴したりはできない。

検察官上訴を認めると、懲罰を受ける可能性が二度にわたって被告人に生ずる。だから、懲罰を求める側はたった一回の裁判で有罪判決を得なければならない。これは英米の刑事訴訟法が定める規定だ。陪審員が出した無罪判決に対して、国民が違和感や不満を持つことはある。しかしそれでも、検察が控訴すべきだという議論は英米では起きない。無実の者を獄につなぐ危険を冒すぐらいならば、真犯人を野放しにする方がましだとする民主主義精神が背景にある。

第一審で陪審員が下した無罪判決はそれで確定し、判決を覆す方法は存在しない。しかし逆に有罪の場合は被告人に控訴の権利がある。したがって被告人にすれば、まず市民に裁かれて有罪になった上で、さらに職業裁判官に裁かれ、再び有罪になって初めて判決が確定する。つまり、市民陪審員による判決でも有罪、職業裁判官による判決でも有罪とされる場合のみ、懲罰に服するのである。素人の判断は信用できないから、専門家だけによる控訴審を認めるのではない。英米の控訴審制度は、性質の異なる二つの審理を設ける冤罪防止策を意味している。控訴しなければ、市民による裁きだけで有罪に服す。だが、この場合は職業裁判官による裁判を受ける権利の被告人自らによる放棄である。したがって両者の判断を仰ぐ権利は常に保証されている。

ただし、この規定は英米法だけであり、ヨーロッパを始め、多くの国で検察官上訴が認められている。英米法諸国とだけ比べて、日本の制度が非人道的だと批判する論者がいるが、それは勘違いである。日本と同様、フランスでも軽罪裁判所の判決に対する検察官控訴は可能であるし、重罪院控訴制度が設けられた二〇〇〇年以降は弁護側同様、検察も上訴できる。英米で検察官による上訴が禁じられるのは、裁判の目的が異なるからである。

英米法における裁判の目的は真実究明でなく、人々の利害調整をする場として裁判が機能する。共同体を代表する陪審員が犯罪性を認めなければ、あるいは被告人を赦すべきだと判断すれば、裁判の目的は達成される。被告人の人権を保護し、冤罪を防止する策として検察官上訴を禁止しても、このような裁判理念においては、論理的な不都合は生じない。また被告人が有罪を自ら認めれば、罪状の事実認定は公判にかけられない。真相解明が目的ではないからだ。

それに対しフランスでは真実究明を裁判の使命とする。したがって第一審の判決が出ても、真実がまだ確定しない、あるいは解釈に不備があると判断されれば、被告人・検察どちらの上訴も正当であり、また再審する必要がある。被告人自身が罪を認めても、それが事実かどうかを最終的に決めるのは裁判所の権限である。だから、イギリスやアメリカ合衆国のように、裁判の冒頭に行われる罪状認否手続き（arraignment）で被告人が有罪を認めると、それで有罪が確定し、その後に量刑だけを裁判官が行う制度はなじまない。まして や米国で頻繁に行われる司法取引は許されない。

［註9］ フランス同様、英米の裁判でも、陪審員が判決を下す際、結論に至った理由は示されない。裁判の本質を考える上で、これは重要な意味を持つ。なぜ判決理由を添えないのか。

陪審制が導入された当時、英米市民のほとんどが文盲だった。したがって、文章の書ける市民だけだと、陪審員構成に大きな偏りが出て、国民の縮図からかけ離れる。また陪審員全員の解釈を一つの意見にまとめるのは難しい。このような実務的事情から判決理由が求められなかった。だが、それだけが原因ではない。

アメリカ合衆国では、陪審員が法規定を故意に無視することがある（jury nullification)。例えば安楽死幇助罪で裁判が行われ、無罪判決が下されたとしよう。安楽死の禁止規定を陪審員が理解しなかったのか。あるいは理解した上で、安楽死を禁ずる法律に反対したのか。被告人が善良そうなので、法律が定める厳しい刑に処するのは酷だと判断し、無罪放免した可能性もある。だが、判決理由がないから真相はわからない。判決理由の欠如と、無罪判決に対する上訴禁止（有罪の場合は上訴できる）という二つの条件により、英米法では制度上、どんな不可解で不正な無罪判決でも出す能力が市民陪審員に与えられている。前註で説明した陪審員制導入の理由と同様、中央権力に対して市民が抵抗する姿がここにも見える。

革命によって王権支配を覆したフランスでは、過去の体制との断絶を強調する政治的文脈の中で陪審制が性格づけられた。国家権力の横暴を取り締まる上で二つのやり方が可能だ。一つは、判決理由を明示させて裁判官を監督する方法である。判決理由がおかしければ、裁判をやり直させ、その上、必要ならば担当裁判官を罷免すればよい。しかし革命政権が選択したのは、人民自身が直接裁くという、もう一つの方法だった。人民の決断は定義からして正しい。したがって、主権者を具現する陪審員は判決理由を示して、自ら下した決断を正当化する必要はないし、してもいけない。現行のフランス刑事訴訟法第三五三条は規定する。

裁判官および参審員に対して、確信に至った経緯の説明を法は求めない。[……]法が要求するのは、次の問いに対する答えだけだ。そして彼らの義務のすべてが、この問いに集約されている。すなわち、「心の奥底から確信しているか」という問いである。

判決理由を求めると、次のような弊害が起きる。日本の裁判官の立場を想像しよう。組織力を背景に検察は犯罪を立証するために周到な準備をし、綿密な筋書きを描く。有罪判決を下す場合、検察の提示する犯行仮説の信憑性が高く、十分な証拠があると裁判官は認めればすむ。

しかし逆に、無罪判決を出すためには、検察の主張を退けるための説明を裁判官が提示する必要がある。判決に限らず、科学や哲学の命題でも、肯定するより、理由を明示して否定する場合の方が大きな労力を要する。裁判官は常に多くの事案を抱え、犯罪解明にかけられる時間に限りがある。そのため、有罪判決へのバイアスが無意識に働くと裁判官自身も答えている（D. T. Johnson, *The Japanese Way of Justice. Prosecuting Crime in Japan*, Oxford University Press, 2002, p. 232.）。

推定無罪の原則に照らして、これは完全な倒錯である。判決理由の明示を禁ずる諸外国では、単に not guilty（有罪ではない、有罪の確信に至らなかった）と宣言すればすむ。ところが日本では判決理由を裁判官に求めるので、こういう逆転が起きる。

[註10] 二〇〇一年、殺人未遂の咎で起訴された男が重罪院で裁かれた。二〇年の刑期を検察が求めたのに対し、無罪判決が二〇〇七年に出た。それを不服として控訴したところ、検察の求刑は同じ二〇年であったのにもかかわらず、懲役三〇年の判決が下された。そこで弁護側が二〇一〇年、欧州人権裁判所に上訴したところ、「判決理由が示されず、被告人の権利が完全に保護されたとは言えない」という理由で二〇一三年にフランスの控訴審判決が破毀され、再審にいたる。結局、二〇一四年、フランスの控訴審が一二年の刑を下した。この際も検察の求刑は二〇年だった。

[註11] 二〇一二年以降、有罪か無罪かの事実認定だけは理由を述べる規定になった。それでも最高裁判所に相当するフランス破毀院は同年、量刑に判決理由を添えた場合、判決を無効とする判断を三度にわたって下していた。

[註12] ベルギーはフランス革命の理念を守り、市民だけで有罪・無罪の評決を行う陪審制を採る。重罪院の判決は控訴できない。つまり判決が無罪でも有罪でも裁判は一回しか

行われない。これは二〇〇〇年までのフランスの状況と同じである。手続き上の不備だけを判断する破毀院では不十分であり、上訴の権利を保障する欧州人権条約第七議定書の規定に反するという見解が優勢だが、まだ改正に至っていない。事実認定に関してはフランスと同様、公平な裁判を保証する欧州人権条約第三条の規定に基づき、欧州人権裁判所の介入を二〇〇九年に受けて、判決に理由を添えるようになった。

[註13] J.-J. Rousseau, « Considérations sur le gouvernement de Pologne et sur sa réformation projetée en avril 1772 » , in *Œuvre complète III. Du contrat social. Écrits politiques*, Gallimard, 1964, p. 951-1041.

[註14] 若いフランス人学生と話していた時のこと。イスラム社会の性抑圧を批判し、アラブ社会の女性は自由でないと言う。「ミニスカートを履いて街を歩こうが、結婚前にセックスしようが勝手でしょ」と詰る彼女に、私は心で納得しながらも、こう言い返してみた。

「では全裸で外を歩くようにしたら、どうだろう。通りすがりの誰とでも寝るような社会がいいかな」

「それはいくらなんでも行き過ぎよ。人間は獣と違うのだから、社会の道徳を守らなければいけないわ」。

イスラム教徒も同じことが言いたいだろう。ミニスカートで外出したり、婚前の性交渉がいけないのは、まさしく人間がイヌやネコとは違うからだ、と。結局どちらも「私の価値観は正しい。なぜならば、それが私の価値観だから」と言っているにすぎない。

普遍的価値とは何だろう。

新しい科学理論が提示され、古い説が乗り越えられてゆく。つまり科学は常に真理を未来に先送りする。科学の本質が反証可能性にあると主張したのは、オーストリア出身の科学哲学者カール・ポパーである（K. R. Popper, *La logique de la découverte scientifique*, Payot, 1973.）。科学的真理は定義からして仮説の域を出ない。命題を満たす全要素の検討は不可能だ。「Aという種の生物はすべての個体が白い」という命題を証明するためには、世界中に現存するAを見つけて、それらがすべて白い事実を確認する必要がある。だが、それでも十分でない。観察した個体以外にAが存在しない保証はない。どこかに隠れる個体が黒いかも知れない。死に絶えたAの中に黒い個体が含まれていた可能性も否定できない。将来生まれるAの中に黒い個体がないとも言い切れない。しかし逆に命題を否定するのは簡単だ。白以外のAが一つ見つかるだけで、命題の誤りが証明される。このように科学の真理は原理的に不確定である。

未来に答えを預ける科学に対して、宗教の真理は過去に刻まれる。ユダヤ教にとってはタナハ（旧約聖書）、キリスト教にとっては旧約・新約聖書、そしてイスラム教にとってはコーランが示す教義が真理の源泉をなす。教義内容が毎日変わるようでは宗教の権威が崩れる。プラトンのイデア論のように、宗教では全体構造が原初に与えられ、社会が閉鎖システムとして立ち現れる。普遍的価値は〈閉ざされた社会〉の中だけで安定を保つ虚構である。〈閉ざされた社会〉対〈開かれた社会〉という設問に関しては、K. Popper, *The Open Society and its Enemies*, Routledge, 1945 および『社会心理学講義』を参照。

[註15] 普遍的価値が存在しないという私の立場は従来から変わらないが、今回の連載中に言語化できて初めて腑に落ちた。『責任という虚構』(二〇〇八年)では、こう書いていた(二五九頁)。

　人間はどう生きるべきか、責任・刑罰体系はどうあるべきかという規範的考察を避け、人間は実際どう生きているか、社会はどう機能しているか、責任という現象の構造・意味は何かという記述的態度を本書は一貫してとった。責任はどうあるべきかという問いから逃げたのではない。人間の意志から遊離する〈外部〉が道徳や責任体系を規定するならば、責任はどうあるべきかという問いに究極的な答えはない。社会・文化・歴史条件に拘束されながら、私たちにはこの答えが正しいと思われるという以外に、この問いに答えはありえない。

それではヒトラーやスターリンにどう対抗するのか。我々が生きる上で究極的根拠など必要ない。人間は社会的かつ歴史的な存在であり、それら外的条件を離れて人間はありえない。悪と映る行為に対して我々は怒りを覚え、悲しみを感ずる。すでに社会・歴史条件に規定された倫理観に則って我々は判断するしかない。むろん議論を尽くすことは大切だ。しかしどこまでいっても究極的な根拠は見つけられない。倫理判断は合理的行為ではなく、一種の信仰だ。それゆえに道徳・社会規範は強大な力を行使する。

私自身の価値観と相対主義の間の矛盾を、この頃は十分に説明できていなかった。実は矛盾など最初からなかったことが、今回の執筆を通して納得できた。

普遍的価値が存在するとしよう。なぜ、その価値は普遍的に正しいのか。さしあたり、二つの可能性がある。一つは究極的根拠としての精神的（非物質的）存在を想定する立場であり、もう一つは人間世界の物理的条件が最終根拠を規定すると考える立場である。

第一の立場を考えよう。神がいれば、善悪の基準は正統性が保証される。神が正しいと決める価値は正しい。プラトンのイデア論の通りならば、各社会・時代に固有な価値観を超える普遍的な真善美の基準が存在する。だが、宗教やイデア論のように過去のどこかに真理の根拠を想定するのでなければ、普遍はどう保証されるのか。

第二の立場はどうか。生物としての自然な姿はあるだろう。だが、なぜ自然に忠実であることが正しいのか。熱すぎたり冷たすぎる環境で人間は生きられない。そのような限定条件は当然ある。緊張を絶えず強いられる人間関係は避けられ、平和を人間は希求するだろう。だが、何故、それが正しいのか。ある生物が好む客観的条件があっても、それを守るかどうかは善悪と無関係である。そのような条件を当該の生物は好む、求めるというだけの話である。衣服を身につける習慣、食物を火で調理する技術、戦争をする性向、医療による弱者救済、性欲のあり方など、そもそも人間の文化は自然に反している。

したがって、どちらの方法も普遍性の定立に失敗する。各時代・社会に正しいと信じられる価値は必ず存在する。だが、それは当該社会の規範にすぎない。規範が変われば、正しさの内容も変わる。ならば、それは時代や社会を超越する普遍的価値でない。普遍は変化と相容れない。

ドイツの哲学者モーリッツ・シュリックの議論を参照しよう。道徳が発する命令は、他の目的を成就するための手段ではなく、それ自身を目的として守るべき定言命法だとカントは考えた。だが、これでは道徳の根拠としての説明にならない。

善行とは［……］我々がなすべき行為のことだ。戒律・要請・命令に言及するからには、それを発する者がいる。発令者が誰なのかを示し、命令系統を明示して道徳律を性格づける必要がある。

ここですでに意見が分かれる。神学倫理学において、この発令者は神である。神が望むから善は正しいという最も浅い解釈がまずある。この考えでは論理の道筋自体（神が決めた戒律）がすでに善の本質を表す。次に、善は正しいから神がそれを望むという、より深い解釈もできる。この場合は論理の道筋とは独立に、何らかの具体的内容によって善の本質が前もって規定される必要がある。それゆえに社会を発令者として同定したり（功利主義）、行為者を発令者の位置に据えたり（幸福主義）、さらには発令者はどこにも存在しない（定言命法）といった諸説が倫理哲学で展開される。カント理論が行き着いたのは「絶対的義務」、すなわち発令者の存在しない命令という、この三つ目の解決策だった（M. Schlick, *Fragen der Ethik*, Springer, 1930 [tr. fr., « Questions d'étique », *in* M. Schlick, *Questions d'étique et* Friedrich Waismann, *Volonté et motif*, PUF, 2000, p. 20-21. 強調シュリック]）。

> ［……］倫理秩序を根拠づける「他者」が誰であろうとも、倫理秩序が「他者」の願望や力に依存したり、この「他者」の不在によって消滅したり、あるいは「他者」の意志によって変化するようでは倫理秩序が安定しない。それ故、この不安定を除くためにカントは、神であっても道徳律の責任者にしたくなかった。そこで彼に残された可能性は虚無に救いを求める道だけだった。つまり義務は絶対に、どんな「他者」からも由来しない。絶対的義務であり、倫理的戒律はどのような条件からも独立する定言命法だと彼は主張したのだ。（tr. fr., *ibid.*, p. 100. 強調シュリック）

プラトン実在論や宗教は、人間を超越する外部によって価値を根拠づける。しかしカントのごとく、このような虚構の物語を否認し、道徳を定言命法として措定しても、その根拠あるいは源泉は明らかにならない。それどころかカントの意図に反して、価値の無根拠性が暴露されたのである。

［註16］ 恋人とキスする。相手の唾液が口に入っても厭わない。だが、いくら好きな人でも歯ブラシを共有しようとは思わない。消毒した清潔な皿に唾を吐き、舐めてごらんと皿を手渡す。喜んで皿を舐める人は珍しい。皿の温度を体温と同じにしても嫌である。どうしてなのか。単なる習慣以上の理由があるのだろうか。

イギリスの文化人類学者メアリー・ダグラスは穢れの観念を分類体系の乱れに求めた（M. Douglas, *Purity and Danger. An Analysis of Concepts of Pollution and Taboo*, Routledge & Kegan Paul, Ltd., 1966.）。またドイツの社会学者ゲオルク・ジンメルは、境界を越境する者としてユダヤ人を捉え、反ユダヤ主義の両義性を議論した（G. Simmel, „Untersuchungen über die Formen der Vergesellschaftung", 1908, [tr. fr. « Digression sur l'étranger », *in* Y. Grafmeyer & I. Joseph (Eds.), *L'école de Chicago*, Aubier, 1984, p. 53-59.]。皿に吐かれた唾の嫌悪感も同様に「場違い」が原因だろうか。

ウサギは一羽二羽と数える。何故そうなのか。いくつか説があるが、仏教の殺生禁止を迂回するために、耳を羽に見立てて鳥類の仲間に入れ、他の鳥と同様に喰ったという解釈がある。フランス料理ではエスカルゴを食す。日本で信じられているほど日常的な食物でもなければ、しばしば誤って伝えられるような高級食材でもないが、どうしてフランス人はカタツムリを食うのに、ナメクジは食料でないのか。どこが違うのか。実際に試して、カタツムリは旨いがナメクジは不味いと判定したわけではないだろう。

分類は恣意的になされるが、いったん分類体系が生まれれば、そこに根拠があると錯覚する。第七回「悟りの位相幾何学」註3で触れるソシュールとバースの関係論、そして序「近代という社会装置」註13に挙げた池田と渡辺の分類論を参照。

[註17] C. Lévi-Strauss, *Les structures élémentaires de la parenté* [2ème édition], Mouton, 1967.

[註18] 二〇〇八年、ジョンとジェニーは生後九ヶ月の娘と一緒にオーストラリアのテレビ番組に出演した。父六一歳、母三九歳。両親の年齢は離れているものの、どこにでもいる幸せな普通の家族に見える。ところがジョンとジェニー、実は父と娘だった。近親相姦の罪で三年間の執行猶予付き判決を受け、二人の性関係が禁じられていた。ジェニーがまだ一歳の時、ジョンはジェニーの生みの母と別れ、その後三〇年にわたって父と娘は離ればなれだった。ジェニーが父と再会したのは二〇〇〇年、彼女が三一歳の時。その後、実の親娘と知りながらも二人は恋に落ち、肉体関係を持つようになった。

英米法の影響を受ける諸国を始め、多くの国で近親相姦は犯罪である。イギリス・アイルランド・カナダ・オーストラリア・ニュージーランド・オーストリア・イタリア・ギリシア・ハンガリー・ポーランド・ルーマニア・デンマーク・スウェーデン・フィンランド・チリは近親相姦を刑法で禁じる。アメリカ合衆国は州により規定が様々だが、合法とするミシガン・ニュージャージー・ロードアイランドを除いて、他のすべての州で禁止だ。米国における罰則は厳しく、カンザス・ネブラスカ・アーカンソー・ミズーリ・オクラホマ・テキサス・アリゾナ・ニューメキシコ・ネヴァダ・コロラド・ワイオミング・アイオワ・イリノイ・インディアナ・ケンタッキー州では二五年の禁錮刑、フロリダ・ジョージア・アラバマ・ミシシッピ・ルイジアナ・ノースカロライナ・サウスカロライナ・テネシー州では終身刑が科せられる。他にベトナム・マレーシア・南アフリカ共和国でも近親相姦は法律で禁止されている。

［註19］ ジンメルは言う（G. Simmel, *Philosophie des Geldes*, Duncker & Humbolt, 1977 [tr. fr., *Philosophie de l'argent*, PUF, 1987, p. 90.] 強調は小坂井）。

ある原理の証明をする際に、その根拠を見つけ、またその根拠を支えるさらなる根拠に到達するやり方を続けよう。周知のように、証明すべき最初の原理が確かだと仮定さえすれば、次々に証明が可能になる。演繹として見るならば確かに循環論であり、空しい。しかし我々の知識を全体として捉える時、このような認識形式は浸透している。膨大な量の前提が無限に重なり合い、それらの境界が曖昧なまま知識が蓄積される事実を思えば、命題Aが命題Bによって証明され、この命題Bが他の命題C、D、E……によって証明され、それらが最終的に命題Aによってのみ証明される可能性を排除する必要はない。命題C、D、E……という論拠連鎖が出発点に戻って循環する事実が意識に上らないほど充分長ければよいのである。

[註20] B. Pascal, *Pensées*, Gallimard, 1977, p. 87-88 (ed. Brunschevicg, §294).

[註21] 『人が人を裁くということ』第一部を参照。

■第五回

「べき論」の正体

二〇一一年、イスラム原理主義組織ハマスによって一人のイスラエル兵士が解放された。五年間捕らえられていたギラド・シャリート曹長との交換で釈放されたパレスチナ囚人の数は一〇二七人。捕虜の「不等価交換」は、これが初めてではない。第一次レバノン戦争時に拘束された兵士三人を生還させるために、イスラエルは一九八五年、パレスチナ人一一五〇人を釈放した。一対三八三の割合だ。二〇〇四年に行われた交換でも、イスラエル人ビジネスマン一人の解放とイスラエル軍兵士三人の遺体回収のためにパレスチナ人など四二九人が釈放され、レバノン人六〇人の遺体が返還された。過去三〇年間の合計を見ると、イスラエル人一六人と交換にパレスチナ人約七〇〇〇人が釈放された。比は一対四三八に上る。

なぜ不均等な交渉が成立するのか。理由の一つは捕虜数の違いにある。シャリート曹長解放の時点で、アラブ側に捕まっていたイスラエル人は彼一人だった。対してパレスチナ囚人の数はおよそ五〇〇〇人。つまりハマスは持ち駒すべての放出だが、イスラエルにとっての一〇二七人はパレスチナ囚人全体の二〇パーセントにすぎない。

第二の理由は兵士の位置づけだ。一九四八年の建国以来、イスラエル国防軍は英雄として崇められ、国家存続の象徴になっている。一九六七年の第三次中東戦争以降、イェルサレムの「嘆きの壁」に向かって兵士は誓いを立てる。兵士は神聖な存在であり、捕虜救出のために政府が全力を挙げるのは当然だろう[註1]。

ただし、この点に関してはもう少し複雑な事情がある。「ユダヤ人国家樹立の最も強い原動力となったのは疑いなくヒトラーだ」。在仏大使も務めた、イスラエルの歴史家エリー・バルナヴィがこう述べたように[註2]、ホロコーストの記憶がユダヤ人をまとめてきた[註3]。だが、ナチス陥落後すでに七〇年以上経ち、否応なしに記憶も薄れる。そして日常的なテロ行為とそれを鎮圧する警察や軍による暴力の繰り返しに疲弊し、イスラエルを離れるユダヤ人が増えてゆく。そのような情勢下、男子は三年の兵役に服さなければならない[註4]。敵に捕まったら見捨てられるとわかれば、徴兵制度自体が危機に瀕する。だから、このような捕虜交換も政府は認めるしかない。パリ第八大学で私の講義を聴くイスラエル人留学生が解説してくれた。

しかし以上のような合理的理由だけだろうか。シャリート曹長解放のための捕虜交換には多くのイスラエル人が反対した。解放されたパレスチナ人はユダヤ人に再び牙をむくだろう。自爆テロに身を投じる者もいるに違いない。新たな犠牲者が出る。兵士一人を救うために、民間人の多くが殺されても良いのか。

❖

個人と集団の間に横たわる矛盾を前に我々はどうすべきか。

ナチス・ドイツの降伏直後、一万人以上のフランス人が対独協力者として、裁判を経ずに殺された。無実の罪に問われた人が含まれる可能性を知りつつも、レジスタンス指導者は処刑を許した。そうしなければ、復讐や内戦が各地で起きる恐れがあったからだ［註5］。より多くの犠牲者を出さないために、罪のない人を身代わりに殺す。同様の論理は新約聖書「ヨハネによる福音書」にも出てくる。世間を騒がすイエスさえローマ人に処刑されれば、残るユダヤ人の命は救われる。ユダヤ大祭司カイアファの預言だ。フランス・リヨンの民兵団長ポール・トゥヴィエは、この論理を自己弁護に用いた。ユダヤ人七人の射殺を命じた咎で彼はナチス協力者として「人道に対する罪」に服した。だが、トゥヴィエは反論する。大量のユダヤ人を殺害するようナチスから圧力を受ける状況では、対独協力を表明し、最小限の犠牲者ですます方がました。その結果、自分はユダヤ人を救ったのだと［註6］。

個人と集団の関係は政治哲学や倫理学の根本テーマである。カントに代表される義務論（deontology）とベンサムなどの帰結主義（consequentialism）とがしのぎを削ってきた。多くの人々を救う目的でも、罪なき人を身代わりにするのは悪か。あるいは多数の幸福のためには、少数の犠牲を容認すべきか。

だが、この問いはすでに出発点で躓いている。政治哲学や倫理学が説く正しい判断・行為と、人間が現実に取る判断・行為は異なる。エボラ出血熱など恐ろしい伝染病が身近に迫っても、人間は病人を見捨てないだろうか。テロの危険が切迫しても、容疑者を拷問して情報を引き出す誘惑に我々は抵抗できるか。経済状態が悪化しても、障害者など弱者が犠牲にならないと断言できるか。

隼のように大空を飛翔せよと海亀に諭す。そんな愚を我々は犯していないか。哲学者は様々な提案をする。だが、彼ら専門家の間でさえ、合意は得られていない。それにもし哲学者が真理を見つけても、それを我々が受け入れられる保証はない。哲学や科学の合理性に人間がしたがうならば、社会学・文化人類学・心理学・精神分析は存在意義を失う。

普遍と主体、この原理的に矛盾する二つの信奉が近代を特徴づける。神の臨終を聞いた時、これからは自分たちが世界を築き上げるのだと人間は誓った。意志の力を信じ、歴史変遷は人間が司るのだと了解した。理性を通じて真理が明らかにされ、世界は次第に良くなると確信した。政治哲学はこの地平に立つ。普遍的価値が存在せず、人間の意志とは無関係に世界が進行するならば、議論する意味が失われる。

❖

ハーバード大学法学教授ロン・フラーが提示した思考実験がある[註7]。落盤が起こり、探検隊員五人が洞窟に閉じ込められた。救援活動が組織され、二〇日後、隊員との無線連絡についに成功する。だが、救出にはさらに一〇日かかる。飢餓状態にある彼らの命はそれまで保たない。どうすべきか思案するうちに無線が切れてしまう。無線が復旧した時、隊員の数は四人に減っていた。仲間の一人を殺して食べたのだ。生き残った男たちの証言によると、犠牲になる者をサイコロで決めようと一人が言い出した。ところがサイコロが振られる直前に彼は、やはり、もう一週間だけ待とうと尻込みする。それでも残りの隊員は彼の心変わりを無視してサイコロを振った。すると提案者自身が選ばれた。そこで約束通り、彼が殺され、食べられた。こうして残りの隊員は飢餓状態を乗り切り、救助される。さて、地上に現れた四人は殺害の咎で裁判にかけられる。この事件に法はどう対処すべきか。有罪か無罪か、そしてそれは何故か。これがフラーの問いである。

フラー自身が練り上げた六つの可能性以外にも、法哲学の立場から様々な議論が提示された[註8]。ところが、イギリスの文化人類学者メアリー・ダグラスは、この問いには答えが存在しないと言う。何故ならば、人間は無から考えるのでなく、集団が歴史的に作り出す世界観や思考枠に則って判断する他ないからだ。

ヒエラルキーを重んじる伝統社会の人々なら、どうするか。「俺を殺して食え」。村の長が口火を切る。それは彼にとって名誉でさえある。だが、そんなことを許せば、生還しても村人に合わせる顔がないと他の男たちは提案を拒絶する。次に少年が申し出る。「自分は何の役にも立たない。だから私が死ぬのが筋だ」。しかし、「お前はまだ若い。これから長い人生が待っている」と他の者は承知しない。その次に発言するのは最年長の老人。「わしはすでに十分生きた。喜んで死のう」。さらに他の男が言う。「幸い、俺はたくさんの子宝に恵まれた。子孫が代わりに生きてくれる。だから俺を殺してくれ」。こうして彼らは話し合いを続け、正しい答えを見つけようとする。しかし意見がまとまらず、全員餓死してしまう。

探検隊員が宗教の信者ならば、どうだろう。最後の審判の日がついにやってきた。魂の永遠の救済のために神が我らを洞窟に閉じ込め給うた。こう信ずる者たちは歓喜に包まれ、死ぬまで祈りを捧げ続ける[註9]。

❖

東日本大震災の後、国民の大多数が原子力発電に反対の声を上げた。だが、原子力発電所を再稼働しなければ、電力料金が上がり、倒産に追い込まれる企業が続出する。結果として失業者が街に溢れる。電力会社や自民党からこう脅されると、原発再稼働を容認する国民の割合が急速に上昇した。節操ない心変わりに呆れ、「日本人はいつになったら悟るのか。なぜドイツのように脱原発の歩みを開始できないのか」と憤る。

だが、ここに勘違いがある。日本人の無節操を嘆く人は擬人法を犯している。集団を一つの人格に見立てるから、なぜ日本人はいつになっても懲りないのかと失望する。しかし「日本人」なる集団的人格は存在しない。集団現象は人間の意志から遊離して自律運動する。無謀だと国民の多くが思いながらも戦争に突入した日本の姿は例外でない。人間の世界は人間自身にも制御できないのである[註10]。

局所的には介入できる場合もある。しかし害虫を殺すと生態系に新たな問題が発生しうるように、他の部分に思わぬ弊害が出る可能性は十分ある。社会は複雑系をなすからだ。歴史は確かに人間の相互作用から生まれる。ナザレのイエスが説いた新しい哲学が世界に伝播したように、たった一人の異端者が社会に変革をもたらすこともある。だが、数世紀を経て魔女狩りや宗教裁判の暴走を招いたように、その行方は誰にも制御できない。

野生動物のドキュメンタリー番組に「高い枝の葉を食べるためにキリンのクビが長くなった」とラマルク用不用説が登場する。獲得形質が遺伝しない事実はすでに常識だ。それにもかかわらず、一般視聴者向けの番組では、このタイプの解説が幅を利かせる。

現在主流のネオ・ダーウィニズムと必ずしも矛盾するわけではない。突然変異で誕生したクビ長のキリンは、短いキリンよりも高い枝の葉を食べるのに適する。したがって生存率が高く、子孫を残す確率が高い。結果として、短いタイプが長いタイプによって次第に置き換えられ、高い枝の葉を食べるためにキリンのクビが長くなったように見える。しかしテレビの解説を聞いて、そう理解する人は少ないだろう。クビを伸ばして高い枝の葉を食べるうちにクビが長くなり、その形質が子孫に伝わるのだと子どもたちは納得する。なぜ目的論が現れるのか。

それは単なる誤りや無知のなせる技ではない。これも擬人法だ[註11]。意志が世界を構築するという信仰の投影だ。突然変異と自然淘汰により種が変化するとダーウィンは説いた。進化に法則はない。生物の未来は偶然に委ねられる。適者生存の意味を誤解し、より良くなることが進化だとする歪曲は、主体と普遍を信じる近代が誘導する論理的帰結である[註12]。

❖

善悪の問いに普遍的解は存在しない。そして歴史は人間の手を離れ、自律運動する。

「べき論」は雨乞いの踊りではないか。制御幻想と呼ばれる心理現象がある。カジノでサイコロに息を吹きかけ、良い目が出ろと念じる。あるいは乗客の半分が死亡する航空機事故が起き、家族の名が生存者リストにあるようにと手を合わせる。いまさら願っても何も変わらない。それでも祈らずにいられない[註13]。

正義論を始めとして、世にある多くの規範論は祈りや雨乞いの踊りと同じく、魔法の呪文である。集団現象を胎動させる真の原因は、それを生む人間自身に隠蔽され、代わりに虚構が捏造される。しかし、それでも我々は「べき論」を語り続ける。愚痴を垂れてストレスを発散するのと同じように、社会虚構は重要な機能を担う。

近代は神を殺し、真理の内部化を夢見る。しかし外部は消せず、真理は存在しない。神の亡霊はしぶとく彷徨い続ける。

［註1］ W. Oremus, « Israël échange 1.000 prisonniers palestiniens contre un seul soldat. Est-ce le nouveau tarif en vigueur?» (http://www.slate.fr/story/45123/shalit-1000-palestiniens-inflation-cours-prisonniers) ; S. Boussois, « 1 Shalit pour 1000 Palestiniens: pour-quoi ce déséquilibre? » (http://leplus.nouvelobs.com/contribution/205618-1-shalit-pour-1000-palestiniens-pourquoi-ce-desequilibre.html).

［註2］ E. Barnavi, *Une histoire moderne d'Israël*, Flammarion, 1982/1988, p. 27. シオニズム運動に最大の貢献をしたのは反ユダヤ主義だった。「反ユダヤ主義者は我々の最も確かな友人となり、反ユダヤ主義の諸国は我々にとっての友好国となるであろう」。テオドール・ヘルツルが書簡にこう記したように、シオニズム指導者たちは反ユダヤ主義を利用した。

反ユダヤ主義が重要な味方であり、ユダヤ国家建国のための強力な要因だと、ヘルツル以来、シオニズムは考えてきた。反ユダヤ主義との同盟関係、そしてナチズムで絶頂を迎える反ユダヤ主義の発展がなければ、パレスチナのシオニズム運動はほぼ確実に失敗したであろう。ユダヤ人を永遠の異邦人と考える反ユダヤ主義の教理をシオニストの宣伝が意識的に支持した。ジェイコブ・エイガス『ユダヤ歴史の意味』（一九六四年）が記したように、シオニストと反ユダヤ主義のプロパガンダは共通のスローガンを掲げた。曰く、「ユダヤ人を解放したのは誤りだった。ユダヤ人の存在はヨーロッパの分裂を促す要因である。世界のすべてのユダヤ人は『単一民族』をなし、他の民族と融合できない。反ユダヤ主義は、欧州国家が抱く『同じ人種に属するという感情』の自然な表現であり、したがって消すことができない」。事実、ハンナ・アレントが『イェルサレムのアイヒマン』（一九六三年）で強調したように、ドイツのシオニストは「同化主義の完全な敗北」をヒトラーの権力掌握に読み取ったのである。（S. J. El-Azem, « Sionisme. B. Une entreprise de colonisation», *Encyclopædia Universalis*, 1989, Vol. 21, p. 63-65.）

二千年にわたる長い迫害の末、フランス革命による解放にヨーロッパのユダヤ人は希望を抱く。だが、フランス普遍主義はユダヤ人を民族として解放せず、個人としてのユダヤ人に自由を与えた。そのため、解放運動の先に待っていたのは居住地文化への同化だった。この理念はユダヤ人に受け入れられ、彼らは進んで同化の道を歩む。同化を拒否し、パレスチナにユダヤ人国家を建設するシオニズムの企てはユダヤ人に支持されなかった。

だが、一九世紀末になって反ユダヤ主義が再び台頭し、ユダヤ人は危惧を抱く。『ユダヤ人国家。ユダヤ問題に対する近代的解決の試み』をヘルツルが発表したのは一八九六年である。ユダヤ人排斥の激化と併行してシオニズム運動に注目が集まり、活発化した。

反ユダヤ主義の脅威が強まる中、同化の期待を完全に断ち切り、シオニズムに最大の「貢献」をしたのが、数百万のユダヤ人を虐殺したヒトラーだった。総人口のおよそ三分の一を滅ぼされたユダヤ人は、他の民族と同じように自らの国家を持つ以外に「ユダヤ問題」の最終解決はあり得ないと悟った。ホロコーストの衝撃はシオニズムの信頼性を一挙に増大させる一方、ユダヤ人が同化する道は完全に塞がれた。連合軍の勝利後、辛うじて生き残った一〇万人ほどのユダヤ人に対して、どの国も受け入れを渋った。生き残る可能性はパレスチナへの入植しかなかった。

「ユダヤ問題」解決のために歴史がユダヤ人に課したのは結局、次の四つの可能性からの「選択」だった。第一は各国内部に少数民族として居住し続ける方向、第二は解放から同化に至る道、すなわち民族としてのユダヤ人の消滅、第三はヒトラーに象徴される物理的な絶滅である。そして最後に残った可能性が、他の民族と同じような国民国家の建設、つまりパレスチナの地にイスラエル国家を樹立する道だった。解放後に周囲の住民がユダヤ人への迫害をやめ、友好な関係を築き上げたなら、おそらくイスラエルは成立しなかっただろう（Barnavi, *op. cit.*, p. 14-29.）。ナチス降伏の後、生き残ったユダヤ人がパレスチナに移住する経緯については B. Wasserstein, *Vanishing Diaspora. The Jews in Europe since 1945*, Penguin Books, 1997, ch. 1を参照。集団同一性の維持・強化と迫害の関係については『民族という虚構』第一章と第二章を参照。

[註3]　一九六〇年五月一一日夕刻、追手を逃れてアルゼンチンの首都ブエノス・アイレスの郊外に潜伏していた旧ナチス幹部アドルフ・アイヒマンがイスラエル秘密諜報機関によって拉致された。アウシュヴィッツ強制収容所の毒ガス室や火葬焼却炉の建設を推進した張本人である。そして九日後にはイスラエルに密かに護送され、世界中が注目する「強制収容所設計者」の裁判が翌六一年四月一一日に開始された。この裁判を傍聴したドイツ出身の哲学者ハンナ・アレントは、ユダヤ人の歴史を塗り替え、イスラエル国家を正当化するための政治的意図がこの裁判にあったと分析した（H. Arendt, *Eichmann in Jerusalem. A Report on the Banality of Evil*, Penguin Books, 1994 [1st edition: 1963], ch. 1）。

[註4]　アラブ系イスラエル人には兵役義務がない。女性も約二年の兵役義務があるが、ほとんどが事務職につき、軍の戦闘には加わらない。

[註5]　H. R. Lottman, *L'épuration: 1943-1953*, Fayard, 1986.

[註6]　J.-P. Dupuy, « Rationalité », *in* M. Canto-Sperber (Ed.), *Dictionnaire d'éthique et de philosophie morale*, PUF, 2001, p. 1332-1338.

　倫理の世界では哲学者に判断できない難題でも、我々素人は簡単に答えを見つける。倫理は信仰であり、根拠が存在しないからである。政治哲学の教科書によく引用される次の例を考えよう。電車が来たのに気づかず、線路で工事を続ける作業員がいる。電車はブレーキが故障し、このままだと工事に従事する五人が死ぬ。危険に気づいた駅員は転轍機を操作して電車の進行方向を変えようとする。だが、そちらの線路にも工事関係者が一人いる。電車の進行方向を変更すれば、確実に死ぬ。駅員はどうすべきか。五人を救うために一人を犠牲にすべきか。あるいはそのまま放置して五人を死なせるべきか。

もう一つの例と比較しよう。五人の患者が死の瀬戸際に瀕している。移植手術以外に助ける手段はない。患者の二人は肺が必要であり、他の二人は腎臓がいる。そして残りの患者は心臓移植をしないと死ぬ。その時、来院した健康な男性の血液検査結果が知らされる。五人の患者との免疫適応度が高い。健康な男性を一人殺して臓器を摘出すれば、五人の患者を救える。医師はどうすべきか。どちらの思考実験も一人を殺して五人を救う。両者はどこが違うのか（P. Foot, "Killing and letting die", *in* J. Garfiled（Ed.）, *Abortion: Moral and Legal Perspectives*, University of Massachusetts Press, 1985, p. 177–185; J. Rachels, "Killing and starving to death", *Philosophy, 54*, 1979, 159–171; J. J. Thomson, "The trolley problem", *Yale Law Journal, 94*, 1985, 1395–1415; M. J. Sandel, *Justice. What's the Right Thing to Do?*, Penguin Books, 2009.）。

妊娠中絶・脳死・臓器移植・クローン・安楽死・死刑制度など、どれをとっても根拠は存在しない。どんな正当化をしようと究極的には恣意性を免れない。この答えが最も正しいと今ここに生きる我々の眼に映るという以上の確実性は人間に与えられていない。判断基準は否応なしに歴史・社会条件に拘束される。正しいから受け入れるのではない。逆に、同意して受け入れたから正しいと形容するのである。その背景には論理以前の信仰が横たわっている。

［註7］ L. Fuller, “The case of the speluncean explorers”, *Harvard Law Review*, 62, 1949, 616–645.

［註8］ P. Suber, *The Case of the Speluncean Explorers. Nine New Opinions*, Routledge, 1998.

［註9］ M. Douglas, *How Institutions Think*, Syracuse University Press, 1986 [tr. fr., *Comment pensent les institutions*, La Découverte/M. A. U. S. S., 1999, p. 30–31.]

［註10］ オーストリア出身の科学哲学者ハインツ・フォン＝フェルスターに依拠して、集団現象の自律性を考えよう（J.-P. Dupuy, *Pour un catastrophisme éclairé. Quand l'impossible est certain*, Seuil, 2002, p. 65–66. 数学的証明は H. Atlan, M. Koppel & J.-P. Dupuy, “Von Foerster's conjecture. Trivial machines and alienation in systems”, *International Journal of General Systems*, 13, 1987, 257–264）。集団の人々は緩やかな関係で結ばれている場合もあれば、堅固な関係に縛られ、自由が利かない場合もある。相互関係が緊密であればあるほど、集団行動が自分たちにも制御できない状況として、これら集団構成員自身に感じられる。世間のしきたりや集団の掟が強固であればあるほど、各人の選択余地は少なくなる。

　集団を外から観察する者の視点を今度は考えよう。人々が堅固に結ばれているほど、集団行動を予測しやすい。行為者の自由度が小さければ、集団全体に関する情報と各自に関する情報の重複する度合いが高くなる。したがって、集団行動を定式化できるので予想しやすい。逆に集団内の自由度が高ければ、各人の行動がわかっても全体の動きは予想できない。集団内の相互作用が強ければ強いほど、集団が一枚岩の意志により動かされるように集団外の人間の目に映る。

ゆえに、集団の人々の相互関係が強い時、集団内の人々に感じられる理解と、外から見る集団行動の把握は必然的にずれる。集団が有機システムとして構成されればされるほど、外部の人間にとっては集団行動が予測しやすくなる。その一方で、集団内の人々は自由を制限され、自らの行動を制御できなくなる。集団の各構成員が取る行動の集積にすぎないにもかかわらず、集団行動は当事者から遊離する。自律運動する集団が構成員を操る逆転現象がこうして生まれる。

集団内に生ずる感覚も、集団外に現れる感覚のどちらも客観的な情報に支えられている。したがって、どちらかだけが正しい認識で他方が錯覚なのではない。あんなことを何故したのかわからないと驚く当事者の感覚と、集団行動を外部で観察する人々の理解は必然的に齟齬を生む。

[註11]　主体は存在しない。したがって個人の行動を理解する仕方がすでに擬人法である。たくさんの基礎的なプロセスが脳内で並列的に生じ、その演算結果が統合されて後に意識に上るのであり、主体が思考や行動を生み出すのではない（M. Minsky, *The Society of Mind*, Simon & Schuster, 1985; T. Nørretranders, *The User Illusion. Cutting Consciousness*

Down to Size, Penguin Books, 1991/1998.)。

意志が行為を導くという常識的人間像を心理学は認めない。二〇世紀前半から心理学界で勢力を奮った精神分析と行動主義はどちらも人間の主体性を否定した。行動の原因は、精神分析にとって無意識であり、行動主義では条件づけである。意識は客観的に観察できない。したがって人間行動の科学的理解に無用だとして行動主義は切り捨てた。隠された無意識的動機が行為を起こすと精神分析も考える以上、行動を自由に選択し、自らの行為に責任を負う主体的人間像は浮かんでこない。現代の社会心理学・認知心理学、そして脳科学の事情も変わらない。

主体が存在し、その意志が行為を起こすのではない。「分割脳」の研究を参照しよう(M. S. Gazzaniga, *The Social Brain, Discovering the Networks of the Mind*, Basic Books, 1985.)。高等動物や人間の脳は左右二つの大脳半球で構成され、それらは脳梁で接続されている。どちらかの大脳半球に達した情報は脳梁を通して他方の半球に伝えられる。脳梁が切断されると、片方の大脳半球にある情報が他方の大脳半球に伝わらなくなる。もう一方の大脳半球はその情報を「知らない」状態になる。

脳梁を切断する癲癇治療がある。癲癇とは、電気信号が脳に異常発生する症状だ。脳梁を切断して左右の大脳半球を分け隔てれば、片方の大脳半球で起きた異常な電気信号がもう一方の大脳半球に波及しない。他方の正常な大脳半球の活動が維持できるので、意識不明に陥らずにすむ。麻痺してない方の手足を使って横たわったり、安全な場所に移動できる。言語能力を司る左半球が正常ならば、電話をかけて助けも呼べる。

脳梁切断術を施しても知能が低下したり人格が変わったりしないので、普段は問題が生じない。だが、大脳半球がそれぞれ独立に働くようになるので、不思議な現象も起きる。患者が怒りだして妻に乱暴を始める。右半球が興奮すると、神経系統は左右交差しているので左手が反応する。左半球はそれを見て右半球の行為を止めようとする。つまり右手を使って左手の乱暴を制止する。まるで一つの身体の中に二つの精神が宿るかのように。右手と左手を媒介に左右の脳の間で代理戦争が始まる（M. S. Gazzaniga, *Le cerveau dédoublé*, Dessart et Mordaga, 1970, p. 165.）。

当人には二種類の感覚が現れる。比較的多い例は「拮抗失行」と呼ばれ、優位な左半球が司る右手の動作を、右半球が制御する左手が妨害する場合である。この症状では、自分の意図にしたがって動く右手を、他者が操る左手が邪魔する感覚が現れる。つまり右半球が命じる左手の動きは不随意運動として感じられる。もう一つのタイプは「意図の抗争」と呼ばれ、何かを行おうと意図すると、それに反する別の意図が現れる。交互に出現する二つの意志が抗争する感覚である（深尾憲二郎「自己・意図・意識――ベンジャミン・リベットの実験と理論をめぐって」、中村雄二郎・木村敏編『講座生命ｖｏｌ・７』河合文化教育研究所、二〇〇四年所収、二三八－二六八頁）。

犬や猫に我々は語りかける。爬虫類や熱帯魚、そしてコンピュータに話しかける人もいる。写真や墓に言葉をかける習慣も同じだ。他者と会話する時も、我々はしばしば独りよがりに解釈している。主体は虚構であり、人間の行為を理解する仕方がすでに擬人法である。

［註12］ 科学理論が社会に普及する際、しばしば歪曲を受ける。それは常識という名の知識が理解を邪魔するからである。情報不足よりも過剰が理解を妨げる。フランスの社会心理学者セルジュ・モスコヴィッシは、一九五〇年代に精神分析学がフランス社会に普及した様子を分析し、新情報が社会に導入される際にこうむる変容過程を検討した（S. Moscovici, *Psychanalyse, son image et son public*, PUF, 1976 [1ère édition: 1961].）。

性タブーに挑戦しただけでなく、薬を用いないで治療を行う臨床方法のために、フロイト理論は性倒錯者のまやかしだ、詐欺だという非難を受け、拒否反応を引き起こした。面接や質問票への回答の分析結果から、当時のフランス人が精神分析学に抱くイメージを、「意識」と「無意識」とがなす対立構造から「葛藤」が生じ、その「葛藤」が「抑圧」される結果、「コンプレックス」が生み出される構図としてモスコヴィッシは析出した。

この構図は一九二〇年以前にフロイトが提唱した無意識／前意識／意識からなる前期局所論に似ている。しかし、その後フロイトは大きな変更を加えて、エス／自我／超自我という異なる構成を採用する。エスが初めて顔を出すのは一九二三年に発表される『自我とエス』においてである。仏訳も同年に出版されている。一九五〇年代という調査時期にもかかわらず、精神分析のイメージは古い局所論に依拠したまま変化していない。その後の理論状況を反映していないのは何故か。

エスや超自我という耳慣れない表現の後期局所論に比べて、前期局所論は我々の常識に馴染みやすい。右左・上下・前後・縦横などと同様に、人間の心や行動に関しても外と内、表と裏、公と私、明示と黙示、表層と深層、建前と本音などの二項対立を通して理解する仕方は、ほとんどの文化に共通する。したがって意識と無意識という構図は抵抗なく理解できる。それに比べてエス／自我／超自我という構成は常識にとって異質である。

ところで、このような二項対立の形で捉えられた無意識は、フロイト理論に対する誤解から生じている。意識と無意識という二分法で心理状態を把握する認知心理学と違い、精神分析は三つの異質な領域を区別する。認知心理学にとって無意識とは、心理内容が意識に上らない状態であり、意識と無意識とを意識程度の差として把握する。より正確に言うと、無意識という表現を認知心理学は積極的な意味で使わない。無意識を意識の欠如状態としてしか認識しないからである。

静寂とは、単に音が聞こえない状態なのか、あるいは無音が満ちている状態なのか。間《ま》は音の欠如なのか、ある特殊な時空間なのか。空瓶には何も入っていないのか、あるいは何かを入れるための積極的な空虚なのか。無は存在の単なる否定なのか、無という異質な存在なのか。

老子や荘子のようにフロイトも有と無の対称性を崩した。精神分析における無意識は単に意識の欠如した状態ではない。だからこそフロイトは前期局所論において、意識の欠如態としての前意識と、狭義の無意識とを峻別し、前意識を無意識の一種としてでなく、意識の近接概念として位置づけた。精神分析学にとって意識と無意識の違いは、意識化の程度というような量的な差ではない。意識に対して力動的関係を保ちつつ機能する、質的に異なる能動的契機として無意識が構想されている。

精神分析における無意識やエスは自我と別の存在者であり、我々の知らないところで我々を操る他者である。当時のフランス人一般が理解した「無意識」は前意識にすぎない。このように常識的な意味にすり替えてしまえば、既成の世界観を脅かす危険は無意識にもはやない。慣れたイメージにいったん変換・解釈した後に世界観・記憶に取り込むのである。

無意識と意識の対立から生ずる葛藤が抑圧されるという図式によると、無意識が最初からあるわけだが、それはフロイトの考えではない。意識によって抑圧される内容が無意識を形作るのである。したがって抑圧以前から無意識が存在し、抑圧という否認プロセスを起こすのではない。精神分析がフランスに紹介された時、大衆だけでなく、知識人もこの点を誤解した。

ただし、意識と無意識の間に断絶を導入したのはフロイトの功績であるとともに、論理矛盾も指摘されてきた。フランスの実存主義哲学者ジャン＝ポール・サルトルが指摘するように（J.-P. Sartre, *L'être et le néant. Essai d'onotologie phénoménologique*, Gallimard, 1943, p. 82-107.）、意識が抑圧を行うならば、意識はその内容を知っているはずだ。そうでなければ、意識に上らないように抑圧すべき内容と、許容すべき内容をどう区別するのか。意識と無意識はつながっている。したがって、無意識が最初からあるわけではなく、抑圧が無意識を形成すると説きながら、意識と無意識との間に断絶を見るフロイトの立場には論理矛盾がある。こういう問題である。

さらには、精神分析学の重要概念であるリビドーが精神分析の理解から欠落している点にも注意しよう。精神分析とは何かと質問した時、リビドーに言及したフランス人は被調査者全体の一％にすぎなかった。リビドーを理論の中心に据えて性タブーに挑戦したがために、精神分析学は性倒錯者の妄言にすぎないと決めつけられ、拒絶反応の嵐を巻き起こした。すなわち社会のタブーに抵触する見解の排除により、フロイト理論は解毒・馴致されて一般良識への編入が可能になったのである。

精神分析に対する共産党員とカトリック教徒の反応の違いもモスコヴィッシは検討した。既存世界観との摩擦を通して、異物としての精神分析が変容する様子がよくわかる。一九四九年から一九五三年の期間に発行されたフランス共産党機関誌の記事の多くは、階級社会の矛盾を個人的問題にすり替えようと謀るブルジョワ階級およびアメリカ帝国主義の陰謀として精神分析学を位置づけた。現代社会に生きる人間が抱える諸問題は資本主義の内在的矛盾によって引き起こされる。その事実を精神分析は無視し、個人の私的な心理問題にすり替える、社会問題を生み出す真の原因を隠蔽し、階級闘争からプロレタリアートの眼をそらす目的で精神分析学が捏造されたのだと非難する。共産党機関誌に掲載された精神分析に関する記事の七〇％において、精神分析はアメリカ合衆国と資本主義とに結びつけられた。
カトリック教会が発行する機関誌は、子どもの教育における精神分析の有効性を認めるなど柔軟な姿勢を見せる。フロイト理論が性衝動を重視する点は批判しながらも、精神分析の治療を告解の世俗形態として捉え、告解の習慣のないプロテスタント諸国において精神分析は安らぎを人々に与えていると評価する。既存の習慣との比喩を通して理解されたおかげで精神分析の異質性が和らげられ、カトリック教徒が抱く世界観・記憶に統合されたのである。

[註13] 制御錯覚については E. J. Langer, "The illusion of control", *Journal of Personality and Social Psychology*, 32, 1975, 311–328. を参照。老若男女・文化・学歴を問わず、この錯覚からは誰も逃れられない。ところが鬱病患者だけは、この幻想が弱い。そこで錯覚を持たせて鬱病を治すことがある。錯覚のおかげで我々は健康状態を保つのである。

デカルトの末裔として合理主義者を標榜しながらも、フランス人の多くがホメオパシー・星占い・筆跡学を信じる（第二回「臓器移植と社会契約論」参照）。ギャラップ社が二〇〇五年に米国で実施した調査によると、悪魔の憑依、超能力、祟りを信じる人の割合は順に四二%、四一%、三七%だった。SOFRES社が二〇〇〇年にフランスで行った調査では、手を触れるだけで病気を治す超能力、テレパシー、星占いを信じる人がそれぞれ五四%、四〇%、三三%に上る（D. Boy, « Les Français et les para-sciences: vingt ans de mesure », *Revue Française de Sociologie*, 43, 2002, 35–45.）。近代になっても迷信は消えない。

何故だろうか。

迷信は無知が原因ではない。フランスで星占いの利用者は低学歴層に多いが、超能力は小中卒者よりも大学進学者の方が信じやすい。生半可な知識がある者ほど、将来、科学的に証明される可能性があると思うからである（E. Gardair & N. Roussiau, *La superstition aujourd'hui*, De Boeck, 2014, p. 19.）。

迷信を信じないと口では言いながらも、実際には迷信に沿った行動を取る者も多い。イギリス人とメキシコ人とを比較した研究によると、ＨＩＶキャリアとの身体接触を避ける行動を不合理だと答える割合が、口頭ではメキシコ人よりもイギリス人の方が高い。ところが実際行動は両者とも変わらない（D. Boy & G. Michelat, « Croyances aux parasciences: dimensions sociales et culturelles », *Revue Française de Sociologie, 27*, 1986, 175-204.）。

第二回の註18でフレイザーの解釈に言及した。呪術は二つの原理に特徴づけられる。原因は似た結果を起こすという「類似の法則」と、一度接触した事物は離れた後も相互作用を持ち続けるという「接触あるいは伝染の法則」である。ところで、これらは未開社会の人間だけに見られる思考法ではなく、現代でも生きている。フランス人が頻繁に利用するホメオパシーもこの二つの原理を踏襲する。

葬式から帰ると、穢れた身体を塩で清める。これは「接触あるいは伝染の法則」である。「類似の法則」は社会心理学の研究を参照しよう（R. Geen & L. Berkowitz, "Name-mediated aggressive cue properties", *Journal of Personality, 34*, 1966, 456-465.）。実験室に招かれた被験者は初めて会った他の被験者（実はサクラ）と一緒に、暴力場面が多く登場する映画『チャンピオン』を見るよう指示される。そして映画を見る直前にサクラから侮辱を受ける。映画上映の後、「学習に関する実験に今から参加してもらいます。先ほどのもう一人が生徒役になりますから、貴方は先生役をしてください。生徒が回答を誤るつどに電気ショックを与え、生徒を罰してもらいます。ショックの強さはあなたが判断して適切なボタンを選んで下さい」と説明する。

ところで生徒役（サクラ）の名前を条件ごとに変えた。一つの条件ではケリーあるいはカークにした。前者は映画の主人公の名前であり、後者はその役を演じた俳優カーク・ダグラスの名前である。もう一つの条件では、それ以外の名前すなわち映画に無関係の名前をサクラが名乗った。この二条件を比較したところ、ケリーまたはカークに対して、より強い電気ショックが選択された。映画の内容とサクラの名前が無意識に関連づけられて、より強い報復行動が引き起こされたわけである。

迷信を信じる傾向は教育程度に関わらない。迷信を信じやすい人と、そうでない人とを区別する意義は低い。ポーランド出身の文化人類学者ブロニスワフ・マリノフスキが示したように（B. Malinowski, *Magic, Science and Religion, and Other Essays*, The Free Press, 1948.）、未開社会の人々が呪術にいつも頼るわけではない。珊瑚礁の安全な海で漁をする時は科学的知識に頼り、近代人と同じように思考する。呪術を用いるのは、制御できない状況を乗り切るためである。公海に出て荒波の中、命を危険にさらす漁では安全を祈って儀式を行う。つまり迷信に頼るかどうかは教育程度の差でなく、状況の違いによるのである。だから近代になって科学が発達しても迷信は消えない。フランスのミッテラン元大統領や米国のレーガン元大統領が星占いで政策や行事の日時を決めていた事実はよく知られている。国の重大事を司る不安があるからだ。賭け事で特に縁起を担ぐのも、不確実な状況を制御できると錯覚するからである。

一九九一年の湾岸戦争時にイスラエルで行われた実地研究を引こう（G. Keinan, "Effects of stress and tolerance of ambiguity on magical thinking", *Journal of Personality and Social Psychology*, 67, 1994, 48-55, cited *in* S. A. Vyse, *Believing in Magic. The Psychology of Superstition*, Oxford University Press, 1997, p. 133）。テルアビブに多くのスカッド・ミサイルが落ちる一方、イェルサレムは攻撃されなかった。戦争が進むにつれ、危険区域と比較的安全な地域の違いが住民に明らかになる。すると、危険区域の住民ほど迷信に頼る傾向が現れた。「密封された部屋を作り、右足から入ると被害に遭わない」などという噂について調べると、危険地域の住民ほどストレスを感じ、かつ迷信に頼ることがわかった。また曖昧な状況にストレスを感じる者と平気な者とを比較すると、前者の方が迷信を信じやすい傾向も明らかになった。つまり不安を感じる者ほど、迷信のおかげで出来事を制御できると錯覚するのである。

未来の出来事だけに制御幻想が現れるのではない。飛行機の墜落事故があると、知人や近親者の名前が死亡者名簿に載ってないようにと手を合わせる。受験の合格発表を見に行き、「受かってますように」と祈りながら自分の受験番号を探す。どちらも、すでに事実が確定している。したがって今更何をしようと事態は変わらない。不合理な行為だ。それでも我々は祈る。すでに確定した事実さえもねじ曲げようと制御幻想が機能する。マリノフスキが研究したメラネシアの原住民と、どこが違うのか。

不治の病に冒されると、少なからぬ人が民間療法に頼る。手をかざすだけで病気が治ると嘯く気功を信じ、鍼灸・カイロプラクティック・オステオパシー・アロマテラピーなどに希望を託す。これらはどれもプラシーボ効果だ（Singh & Ernst, *op. cit.*）。あるいは神社に参ったり、お祓いをしてもらう。新興宗教の餌食になる人もいる。どれも制御幻想である。

■第六回

近代の原罪

戦前には富裕層と庶民の就学課程が分かれていた。それでは不公平だからと、国民全員に同じ教育機会を与えるよう、戦後になって制度改革される。ところが勉学の機会を均等にしても、家庭環境の違いにより学力の差が現れる。社会の流動性は高まらず、階層構造がほぼ再生産される事実が一九六〇年代から先進諸国で明らかになった。

データを挙げよう。アメリカ合衆国の上層二〇％では八割が大学に入り、五割が卒業する。ところが貧困層二〇％の出身者では三割が入学し、卒業生は一割に留まる[註1]。英国の場合、上層二〇％の大学進学希望者は七七％に上るが、貧困層二〇％では生徒の四九％しか進学を望まない。実際の大学進学率を見ると、全生徒平均では三三％だが、学校給食代を免除される貧困層（年収一万六〇〇〇ポンド以下の世帯、全国合計で約一二〇万人の生徒）の進学率は四％にすぎない[註2]。

フランスではよく落第する。小・中学校で少なくとも一度留年する生徒の割合を見ると、短大・大学卒の父親を持つ子弟では一四％（一年留年一二％、二年以上二％）だが、父親が中卒の場合は五四％（一年留年四三・五％、二年以上一〇・五％）に上る[註3]。つまり父親が低学歴だと、子弟の半分以上が義務教育の段階で落第を経験する。もう少しデータを続けよう。父親が管理職だと、生徒の八五％がバカロレア（大学入学資格）を取得するが、非熟練工の子どもでは三七％に留まる（無職の場合は二三％）。そして管理職者の子弟の七二％以上が大学を卒業するのに対し、非熟練工では二二％にすぎない。このような学歴事情を反映して、管理職者の子どもの五三％が管理職に就き、六・五％が非熟練工になる。ところが、非熟練工の子どもの場合は四六％が父親同様、非熟練工になり、管理職になれるのは一一％しかいない［註4］。

日本の事情もそれほど変わらない。上層の子弟の多くが名門校に通う一方、庶民からは難しい。東大生七割以上の父親は、大企業や官公庁の管理職・会社経営者・大学教員・弁護士・医師などだ。それ以外の旧帝大、つまり北大・東北大・名大・京大・阪大・九大、そして東工大・東京外大・一橋・早稲田・慶應・大阪外大・神戸大も同様に富裕層出身者が多数を占める［註5］。

難関大学に上層の子弟が集まるのは、家庭環境が学力差を生むからである。進学資金だけが問題なのではない。家庭の事情により、言語や教養の習得に差が出る。したがって、貧困層の授業料を免除したり、奨学金を与えても解決にならない［註6］。小学校入学前に現れる能力差を是正するどころか、学校制度は逆に拡大する社会装置である［註7］。

❖

ところで、学校教育を媒介に階層構造が再生産される事実が日本では注目されてこなかった。米国のような人種問題がないし、英国のように明確な階級区分もない。日本ではエリートも庶民もほぼ同じ言語と文化を共有し、話をするだけでは相手の学歴もわからない。一億総中流という表現もかつて流行した。そんな状況の中、教育機会を均等にすれば、貧富の差が少しずつ解消されて公平な社会になると期待された[註8]。だが、ここに落とし穴があった。

機会均等のパラドクスを示すために、二つの事例に単純化して考えよう。ひとつは戦前のように庶民と金持ちが別々の学校に行くやり方。もうひとつは戦後に施行された一律の学校制度。すでに見たように、どちらの場合も結果はあまり変わらない。見かけ上は自由競争でも実は出来レースだからだ。それも競馬とは反対に、より大きなハンディキャップを弱い者が背負う競争である。だが、生ずる心理は異なる。貧乏が原因で進学できず、出世を断念するならば、当人のせいではない。不平等な社会は変えるべきだ。批判の矛先が外に向く。対して自由競争の下では違う感覚が生まれる。成功しなかったのは自分に能力がないからだ。社会が悪くなければ、変革運動に関心を示さない。

アファーマティブ・アクション（積極的差別是正措置）は、個人間の能力差には適用されない。人種・性別など集団間の不平等さえ是正されれば、あとは各人の才能と努力次第で社会上昇が可能だと信じられている。だからこそ、弱肉強食のルールが正当化される。格差が顕著な米国で、社会主義政党が育たなかった一因はこの公平性神話にある[註9]。

子どもを分け隔てることなく、平等に知識を培う理想と同時に、能力別に人間を格付けし、差異化する役割を学校は担う。そこに矛盾が潜む[註10]。出身階層という過去の桎梏を逃れ、自らの力で未来を切り開く可能性としてメリトクラシーは歓迎された。そのための機会均等だ。だが、それは巧妙に仕組まれた罠だった。平等な社会を実現するための方策が、かえって既存の階層構造を正当化し、永続させる。社会を開くはずのメカニズムが逆に社会構造を固定し、閉じるためのイデオロギーとして働く。しかし、それは歴史の皮肉や偶然のせいではない。近代の人間像が必然的に導く袋小路だ[註11]。

親から子を取り上げて集団教育しない限り、家庭条件が生む能力差は避けられない。そのような政策は現実に不可能であるし、仮に強行しても遺伝の影響はどうしようもない。身体能力に恵まれる者も、そうでない者もいるように、勉強のできる子とそうでない子は必ず現れる。算数や英語の好きな生徒がいれば、絵や音楽あるいはスポーツに夢中になる子もいる。それに誰もが同じように努力できるわけでない。

近代は神を棄て、個人という未曾有の表象を生み出した。自由意志を持つ主体の誕生である。所与と行為を峻別し、家庭条件や遺伝形質という外部から切り離された、才能や人格という内部を根拠に自己責任を問う。

だが、これは虚構だ。人間の一生は受精卵から始まる。才能も人格も本を正せば、親から受けた遺伝形質に、家庭・学校・地域条件などの社会影響が作用して形成される。我々は結局、外来要素の沈殿物だ。確かに偶然にも左右される。しかし偶然も外因である。能力を遡及的に分析してゆけば、いつか原因は各自の内部に定立できなくなる。社会の影響は外来要素であり、心理は内発的だという常識は誤りだ。認知心理学や脳科学が示すように意志や意識は、蓄積された記憶と外来情報の相互作用を通して脳の物理・化学的メカニズムが生成する。外因をいくつ掛け合わせても内因には変身しない。したがって自己責任の根拠は出てこない[註12]。

遺伝や家庭環境のせいであろうと、他ならぬ当人の所与である以上、当人が責任を負うべきであり、したがって所与に応じて格差が出ても仕方ない。そう考える人は多い。では身体障害者はどうするのか。障害は誰のせいでもない。それでも、不幸が起きたのが、他でもない当人の身体であるがゆえに自業自得だと言うのか[註13]。能力差を自己責任とみなす論理も、それと同じだ。

❖

封建制度やカースト制度では、貧富や身分の根拠が神や自然など共同体の外部に投影されるため、不平等があっても社会秩序が安定する。人間の貴賤は生まれで決まり、貧富や身分の差があるのは当然だ。平等こそが異常であり、社会の歯車が狂った状態に他ならない。

対して、自由な個人が共存する民主主義社会では平等が建前である。人は誰もが同じ権利を持ち、正当な理由なくして格差は許されない。しかし現実にはヒエラルキーが必ず発生し、貧富の差が現れる。平等が実現不可能な以上、常に理屈を見つけて格差を弁明しなければならない。だが、どんなに考え抜いても人間が判断する以上、貧富の基準が正しい保証はない。下層に生きる者は既存秩序に不満を抱き、変革を求め続ける。近代の激しい流動性の一因がここにある[註14]。

支配は社会および人間の同義語である。子は親に従い、弟子は師を敬う。部下が上司に頭を垂れ、国民が国家元首に恭順の意を表す。「どこにもない場所」というギリシア語の語源通り、支配のないユートピアは建設できない。ところでドイツの社会学者マックス・ヴェーバーが『経済と社会』で説いたように、支配関係に対する被支配者の合意がなければ、ヒエラルキーは長続きしない。強制力の結果としてではなく、正しい状態として感知される必要がある。支配が理想的な状態で保たれる時、支配は真の姿を隠し、自然の摂理のごとく作用する[註15]。先に挙げたメリトクラシーの詭弁がそうだ。

近代に内在する欠陥を理解するために、正義が実現した社会を想像しよう。階層分布の正しさが確かな以上、貧困は差別のせいでもなければ、社会制度に不備があるからでもない。まさしく自分の資質や能力が他人に比べて劣るからだ。格差が正当でないと信ずるおかげで、我々は自らの劣等性を認めなくて済む。しかし公正な社会では、この自己防衛が不可能になる。底辺に置かれる者に、もはや逃げ道はない。理想郷どころか、人間には住めない地獄の世界だ。

身分制が打倒されて近代になり、不平等が緩和されたにもかかわらず、さらなる平等化の必要が叫ばれるのは何故か。人間は常に他者と自分を比較しながら生きる。そして比較は優劣をつける。民主主義社会では人間に本質的な差異はないとされる。だからこそ人は互いに比べあい、小さな格差に悩む。そして自らの劣等性を否認するために、社会の不公平を糾弾する。外部を消し去り、優劣の根拠を個人の内部に押し込めようと謀る時、必然的に起こる防衛反応である[註16]。

自由に選択した人生だから自己責任が問われるのではない。逆だ。格差を正当化する必要があるから、人間は自由だと社会が宣言する。努力しない者の不幸は自業自得だと宣告する[註17]。近代は人間に自由と平等をもたらしたのではない。不平等を隠蔽し、正当化する論理が変わっただけである。

❖

どんな論理体系も完全には閉じられない。幾何学の公理がそうであるように、大前提の正しさは証明できない。外部の消滅は原理的に不可能だ。神という第一原因を宗教は捏造し、解決を図る。それは人格神を戴くユダヤ・キリスト・イスラムの一神教だけでない。無神論の仏教も因果・縁・業・運命という虚構に責任を解消する。神を殺した近代は、ここでアポリアに陥った。

ウィリアム・スタイロンの小説『ソフィーの選択』に劇的な場面が出てくる。アウシュヴィッツ強制収容所前で二人の子と「選別」を待つソフィーにナチの軍医が残酷な提案をする。「子どもを一人だけ助けてやる。どちらか選べ」。この惨い選択を彼女はすぐさま拒否する。だが、「もういい。二人とも向こうに送れ」と部下に告げる軍医の声を聞いて、「娘を連れて行きなさい」と発作的に叫んでしまう。こうして息子の命を救うために娘が犠牲になる[註18]。

ソフィーはどうすべきだったのか。彼女には二つの可能性しかない。一つはどちらかの子を犠牲にして、残る子の命を救う道。もう一つは選択自体を拒絶して、子どもが二人ともガス室で殺される道である。ソフィーは選択し、一人を救った。しかし、それにより凄まじい良心の呵責に苦しむ。娘の死の責任を背負うからだ。ここでソフィーが乱数表やサイコロを持ち出して、誰を犠牲にするか決定しても罪悪感は消えない。

偶然と運命は違う。我が子が癌に罹り、亡くなる。偶然ならば、別の結果もありえたはずだ。なのに、なぜ死んだのか。答えが出ないまま、苦悶が続く。出来事を制御できないのは、偶然でも運命でも同じだ。しかし偶然と違い、運命は決定論であり、他の結末はありえなかった。運命として諦める。最終責任を引き受ける外部は、神や天のように主体として表象されなければ機能しない[註19]。隠された大きな意志が関与すると感じる時、人は救われる。近代は、この外部を消し去り、原因や根拠の内部化を目論む。その結果、自己責任を問う強迫観念が登場する。

［註1］ R. Haskins & J. Kemple, "A new goal for America's high schools: College preparation for all", *The Future of Children*, 2009.
［註2］ E. Perry & B. Francis, *The Social Class Gap for Educational Achievement.: A Review of the Literature*, 2010, p. 7.
［註3］ L. Maurin & P. Savidan, *L'état des inégalités en France*, Belin, 2006, p. 32.
［註4］ M. Duru-Bellat, *L'inflation scolaire*, Seuil, 2006, p. 15.
［註5］ 苅谷剛彦『大衆教育社会のゆくえ——学歴社会と平等神話の戦後史』中公新書、一九九五年、六四 - 六八頁。SSM調査（社会階層と社会移動全国調査）の結果による。一九七〇年代から、この傾向が続く。
［註6］ 戦後直ぐの時期からすでに階層構造の再生産が見られ、その後もほとんど変わっていない。一九八〇年代以降は、公立高校でなく、麻布・開成・灘・ラサールのような私立校から東大など難関大学に多数入学する。だが、私立高校有利の状況が生まれる前から、すでに社会格差構造が再生産されてきた（苅谷前掲書六七頁）。出身階層により学力に差が出るのは、顕著な階級社会である英国や人種問題を抱える米国だけでなく、日本でも変わらない。苅谷は述べる（同書一〇三頁）。

事実のレベルで見るかぎり、日本においても「階層と教育」の関連自体は、これら両国［英国と米国］とあまり変わらない。［……］日本だけが、教育機会が平等に分配されているというわけではない。むしろ、アメリカやイギリスと比べても、教育達成の「不平等」の度合いは、けっして引けを取らないのである。ミドルクラスと労働者階級とを歴然と分かち、「二つの国民」「オレたちとヤツラ」という表現でしばしば問題にされるイギリスの階級制度。競争社会といわれながらも、なお、「人種差別」に代表される階層構造を維持し続けているアメリカ。これら二つの社会とほぼ同じ程度に（あるいはそれ以上に）、日本においても、どのような家庭に生まれたのかが、子どもの教育達成に大きな影響を及ぼしているということはもはや明らかであろう。

［註7］ フランスでは社会学者ピエール・ブルデューがこのテーマに先鞭をつけた（P. Bourdieu & J.-C. Passeron, *Les héritiers*, Editions de Minuit, 1964; P. Bourdieu & J.-C. Passeron, *La reproduction*, Editions de Minuit, 1970.）。

［註8］ 社会階層により学力が強く規定される事実が日本では注目されなかった。苅谷の論考に依拠して、その理由と結果を把握しよう（苅谷剛彦『階層化日本と教育危機』有信堂、二〇〇一年）。

○×式あるいは選択問題を課す日本と異なり、欧米では口述試験や小論文形式の筆記試験が重視される。そのため、正しい語法やレトリックなど言語表現が評価に影響する。文字や数字などの記号を操る力、丹念に論理を追う技量、具体的事例から抽象的な一般法則を抽出する思考力、あるいは勉強する習慣など、家庭条件が子どもの成績を左右する。したがって出身階層・家庭環境に応じて異なる文化を身につけた子どもたちの成績に違いが出る。不平等な初期条件を解消するどころか、学校は逆に正当化する役割を担う。

階級社会である英国や人種問題を抱える米国では、このメカニズムに気づきやすい。ところが日本では、小論文形式の試験や口述試験の機会が少なく、○×式や選択問題など出身文化の影響を受けにくい中立な方式で成績が評価される。その上、一億総中流という表現が象徴するように、顕著な階級構造が日本にはないため、家庭環境と成績との相関関係が見えにくい。

子どもの基礎能力に出身層が影響を与え、生徒の成績に差が出る。ところが、そのメカニズムが隠蔽される。すると能力差はどう説明されるか。一つの可能性は、人間には先天的な素質の違いがあり、同じ教育を施しても差が解消されないと考えることだ。だが、これは学校の敗北宣言であり、教育の無力を認める解釈は教育現場から出されにくい。そこで子どもの学力差を正当化する道が次の三つの方向で用意される。①人間の基礎能力はほとんど変わらない。したがって、頑張れば誰でも満点が取れるはずだという信仰が生まれる。②人間の個性は多元的であり、誰にも良いところがある。だから学業の成績だけで子どもの能力を判断してはいけない。③教育方針が悪いから能力差が出る。いつか本当の教育が成就されれば、すべての子どもが円満に成長する。こうして解決を未来へと先送り、問題に目をつむる。

このような解釈の下では、英米のように能力別クラスを編成し、子どもの資質にあった教育を施す方針は採られない。欧米のような個人主義社会では、人間にはそれぞれ個性があり、能力に差があるのが当然だと考えられている。対して日本では、そのような個人主義が発達せず、学力差の原因を先天的原因に求めない。それゆえ、力の差があれば、家庭環境および学校教育に原因があると考えるほかない。そして階層と能力の相関関係を否定すれば、残るのは学校教育のあり方がおかしい、それを正せば、すべての子どもが円満に成長するという楽観論に行き着く。

現実の差別構造や原理に向き合うのでなく、差別感を生み出す教育が差別教育だという考えが定着する。したがって平等な教育とは、能力差を生徒に感じさせない教育であり、生徒を分け隔てなく扱う教育こそ、正しい教育である。こうして形式的な均等化、つまり画一化が進行する。

大学入試センター試験はマークシート方式で実施される。単に学生数の多さだけが、その採用理由ではない。フランスでも毎年五月になると全国一斉にバカロレア試験が行われ、七〇万人の高校生が受験する。センター試験の受験者数を上回る人数だ。二日で終わる日本と違い、フランスでは五日間かかる。それでも小論文形式を維持している。現在のセンター試験に代えて二〇二〇年から実施される「大学入学希望者学力評価テスト（仮称）」には記述式問題が一部導入される予定だが、四〇字程度の短文にすぎない。四時間で一〇頁以上、数千字の小論文形式で答えるフランスのやり方とは比べものにならない。開始と終了の時刻を秒刻みで計るように、形式的な客観性や平等に日本では異常なほど注意を払う。それは差異から目を背ける日本の教育事情の反映であり、陰画である。

[註9]　ドイツの社会学者ヴェルナー・ゾンバルトは、一九世紀後半のアメリカ合衆国に社会主義が育たなかった理由として個人的社会上昇の可能性を挙げた。当時、米国労働者には夢と希望があった。ヨーロッパ諸国と異なり、アメリカ社会では建国当初から男子普通選挙制が布かれ、機会均等の原則に支えられた平等が広範に信じられていた（W. Sombart, *Warum gibt es in den Vereinigten Staaten keinen Sozialismus?*, Mohr, 1906 [tr. fr., *Pourquoi le socialisme n'existe-t-il pas aux Etats-Unis?*, PUF, 1992, p. 157.]）。

米国労働者の社会上昇可能性はヨーロッパの状況と比較にならなかった。民主主義が進んだ、この若い社会では指導者階級と労働者階級との隔たりが小さく、多くの植民者は情熱に駆られていた。アングロ・サクソン人の強い決意や他の状況にも助けられて、たくさんの単純労働者が資本主義階級社会の梯子を次第に登っていった。頂上まで登りつめることも不可能ではなかった。ヨーロッパではとても無理なほど大金の貯蓄が可能だったし、商人や喫茶店主など小中産階級（petite bourgeoisie）に入り込むこともできた。

不満を抱く労働者大衆にも他の道が用意されていた。前世紀に数十万、いや数百万もの人々が夢見て、そして実際に手に入れた目標だ。資本主義の重荷から彼らを救ったもの、それは誰も住んでいない西部開拓地に自分の家を所有する夢だった。

階層上昇が可能であるか、あるいは実際にはそうでなくても、上昇が可能だと錯覚する時、社会構造自体の是非は問われない。貧富の原因が各人固有の能力に帰されるからだ。

[註10] 平等の原則と、不平等である現実との矛盾をメリトクラシーは解消する。各人の自己責任を持ち出せば、両者の矛盾が消える。学校制度は才能のある子どもを選別するとともに、メリトクラシーを普及し、不平等を正当化する。このイデオロギー機能を通して近代個人主義社会の安定に寄与する。ヴェーバーが説いたように、支配関係に対する被支配者の合意がなければ、ヒエラルキーは長続きしない。正義を体現すると感知される必要がある。学校教育の恩恵を庶民も受けるようになった理由は近代社会の存立構造に直接関わっている。M. Duru-Bellat, *Le mérite contre la justice*, Presses de la Fondation nationale des Sciences politiques, 2009.

[註11] 人間は周囲の影響を簡単に受ける。しかし同時に、自分で決定して判断・行為していると錯覚する。性別・年齢・文化に関わらず、この自律幻想が広範に観察される。そのため、人間に根源的かつ普遍的な認知バイアスという意味で「根本的帰属誤謬(Fundamental Attribution Error)」という表現が生まれた(L. Ross, "The intuitive psychologist and his shortcomings", *in* L. Berkowitz (Ed.), *Advances in Experimental Social Psychology*, Academic Press, Vol. 10, 1977, p. 173-220.)。

ところが、この自律幻想は当初信じられたような、人類すべてに共通する認知バイアスではない。「根本的」という形容からうかがえるような、ヒトの脳が持つ癖ではなく、近代が生んだ個人主義の産物である。例えばアジア人やアフリカ人に比べて西洋人に、この錯覚がより強い（H. Markus & S. Kitayama, "Culture and the Self: Implications for cognition, emotion, and motivation", *Psychological Review*, 98, 1991, 224-253.）。また同一社会内でも社会階層を上昇するほど、学歴が高いほど、自律幻想が強い（J.-L. Beauvois, *La psychologie quotidienne*, PUF, 1984; N. Dubois, *La psychologie du contrôle. Les croyances internes et externes*, Presse Universitaires de Grenoble, 1987.）。そして子どもよりも大人の方がこの錯覚に囚われやすい。社会的に学習されるバイアスだからである。

ところで、次の事実が確かめられている（J.-L. Beauvois, *Traité de la servitude libérale. Analyse de la soumission*, Dunod, 1994.）。①自律感覚の強弱にかかわらず、外界の力によって行動が影響される客観的度合いは誰でもほとんど変わらない。②しかし、自分を自由だと信じる者ほど、外界の強制力に無自覚であり、行動を自分自身で決定したと錯覚する。

思考実験をしよう。自由があると信じる民主主義社会と、権力によって人間が押しつぶされる全体主義社会。この二つのタイプの社会を比較する。社会の規則を人々が守る程度は同じだと想定しよう。前者では自主的に規則を守る。対して後者では警察が怖いから、仕方なく規則にしたがう。社会規範はどう維持されるだろうか。

社会の強制力によって人間行動が影響されるのは、どちらの社会にも共通する。しかしその時、各人が思い浮かべる理由は異なる。全体主義社会では権力に強制される事実が明白だから、行動の原因を自らの内的な動機や人格に結びつけない。対するに民主主義社会では、自分自身で決定したと錯覚する。つまり既存ヒエラルキーを維持する上で剝き出しの暴力に頼る全体主義に比べ、民主主義社会ではより巧妙かつ隠されたメカニズムを通して秩序が維持される。強制されている事実に気づかず、自らの意志で行為を選択するという錯覚がかえって支配を可能にする。被支配者が自ら率先して正当化するおかげで、支配は真の姿を隠蔽し、自然法則の如く作用する。本当は自由の身でないのに、自由だという幻想を抱くからこそ、我々は権力の虜になる（J.-L. Beauvois & R.-V. Joule, *Soumission et idéologies. Psychosociologie de la rationalisation*, PUF, 1981.）。

［註12］ 人格形成責任論の矛盾については第一一回「主体と内部神話」註14を参照。

［註13］ 子どもが欲しくとも産めない女性、異常を起こす遺伝子を子に伝えてしまった親の苦しみを想像しよう。能力の自己責任を問う論理は彼らを責めるのと同じだ。

［註14］ システム内の流動性とシステム全体の脆弱性は違う。システム内に生ずる変化とシステム自体の維持は矛盾するどころか、相補的関係にある。硬いダイヤモンドは脆く、金槌で叩くと簡単に割れるが、軟らかいゴムは力を加えて変形しても、すぐ元の形に戻るようなものだ。以下のように考えてみよう。民主主義社会の構造的帰結として格差への不満が生じても、それが社会の変革に繋がるとは限らない。身分制社会と異なり、共同体の桎梏から解放された自由な個人として、近代人は相互交換可能な存在になった。したがって社会内で構成員の位置が入れ替わってもシステム自体は維持される。要素の位置関係は変化しても全体の構造は変わらない。「変われば変わるほど、元のまま（Plus ça change, plus c'est la même chose.)」というフランスの格言がある。個人の能力により社会上昇する可能性があれば、あるいは可能だという幻想が保たれれば、社会構造を覆さなくとも各人の目的は達せられる。またひるがえって社会上昇の現実がシステムの構造を正当化する。

以下、次の三点を考察する。①上下層の境界が曖昧になり、階層移動が容易になるにつれ、下層から上層に移動する欲望がより強くなる。こうして流動性が高まる。②ところが、この流動性ゆえに既存のヒエラルキーが正当化され、支配が維持される。③内部での流動性とシステム自体の維持の相補性は個人と集団の間だけでなく、集団間の支配構造においても観察される。順に見ていこう。

階層移動が不可能な時代に比較して、可能な場合は、自らの属する集団を放棄して上位集団に自己同一化する動きが強くなる。また同時に、下位者は現状により強い不満を抱く。社会上昇が不可能ならば諦めもつく。だが、上位集団に入る可能性があれば、期待が募るからである。「星を見ることができるように眼を与えながら、星を捕まえるための腕を与えなかったのは誰なのだ」。ポルトガルの詩人フロルベラ・エスパンカ（Florbela Espanca, 1894-1930）の言葉である。具体例を挙げよう。

一九世紀後半の解放運動を経てゲットーが消滅すると、ドイツのユダヤ人にアイデンティティ危機が訪れる。クルト・レヴィンは、こう指摘した（K. Lewin, "Psycho-sociological problems of a minority group", in *Resolving Social Conflicts*, Harper & Brothers Publishers, 1946

[1st edition: 1935], p. 145-158.)。ゲットーに閉じ込められていた時代、ユダヤ人と非ユダヤ人の境界が相互に維持されていた。ところが解放後、両者の距離が小さくなり、接触の機会が増えるにつれて、ユダヤ人の心理的葛藤が増す。なぜか。

第一に、ユダヤ人のアイデンティティが希薄になった。それまでユダヤ人として周囲から規定されてきた人々にとって、同化が進行するにつれて、ユダヤ人とは何かという問いが切実になる。ユダヤ人の多くがすでに無神論者になった。生まれ育った国土の影響の方がユダヤの伝統よりも強くなった。このようにユダヤ人として自己を規定する理由が薄れたのである。第二に、差別から解放されて上位集団（非ユダヤ人）の仲間にもう少しでなれるという心理が生まれた。こうして上層の集団と自らを比較するようになる。準拠集団が変わったのである。だから、ユダヤ人として蔑視される不満が募る。

自己の状況に満足するかどうかは、どの集団と比較するかで変わる。第二次世界大戦時、戦線に配備された米国北部出身の黒人兵士は南部出身者に比べて、戦場での生活に不満が多かった。人種差別の強い南部で育った黒人は一般に劣悪な状況に置かれ、その現実に比べて戦線での生活が必ずしも悪いとは感じない。だが、南部ほどには差別の激しくない北部出身者は、戦争に行かずに残留する他の黒人の生活事情と比較して不満が増す（R. K. Merton, *Social Theory and Social Structure*, The Free Press, 1957［森東吾他共訳『社会理論と社会構造』みすず書房、一九六一年、第八章］）。

アパルトヘイト（人種隔離）制度の廃止前、カラードと呼ばれる、白人と黒人の混血者を対象に南アフリカ共和国で行われた実験研究も参考にしよう。容姿が黒人に近い者は、支配階層の白人に同一化する傾向が弱い。境界を超えて上層に行けると期待しないからである。混血に誇りを持ち、親も子も白人の仲間入りを図らない。逆に白人に近い者は上層の白人に同一化し、白人として認めてもらいたいと願う（H. F. Dickie-Clark, *The Marginal Situation. A Sociological Study of Colored Group*, Routledge & Kegan Paul, Ltd., 1966.）。

身体的差異が大きすぎるために準拠集団への同一化が妨げられる場合、被支配関係に置かれていても、このような同一化は生まれにくい。その意味で、アフリカの黒人に比較して外見が白人により近いカリブ海のアンティル人の方が、かえって屈折した自己像を持つ。アンティル人が白人に抱く劣等感を抉り出したフランツ・ファノン『黒い皮膚、白い仮面』（F. Fanon, *Peau noire, masques blancs*, Seuil, 1952, p. 51.）はこう記す。

> 私の魂のもっとも黒い部分から、点々と線影のついた地帯をよぎって、完全に白人になりたいというあの欲望がわきあがってくる。私は黒人として認められたくはない。白人として認められたいのだ。
>
> ［……］それをなしうるのは、白人の女でなくして誰であろう？　白人の女が私を愛するならば、彼女は、私が白人の愛に値するものであることを証明してくれることになる。私は白人のように愛されることになる。

私は、白人となる。

［……］私は白人の文化、白人の美、白人の白さと結婚するのだ。

私の手がいたるところ愛撫する白人の胸の中で、私がみずからのものとするのは、白人の文化であり、白人の尊厳である。（海老坂武／加藤晴久訳、みすず書房、一九六八年、五二頁）

一九五〇年代、カリブ海に浮かぶマルティニーク島とグアドループ島（どちらも現在は海外県としてフランス領土に併合）から本土に行く黒人男性が最初に取る行動、それは遊廓に行き、白人娼婦を買うことだった。白人女性の「愛」を勝ち取り、自らの価値を確認する。黒い肌を漂白し、ちぢれた髪を伸ばして白人に似ようとする。白い世界に入るための象徴的行為、西洋＝白人＝本物の世界に属す幻想を追い求める空しい仕草である（*op. cit.*, p. 58）。

一九六八年、在日朝鮮人・金嬉老がライフル銃をもって、人質と共に静岡県の旅館にこもった「金嬉老事件」。幼少期から差別されながらも彼は、それでも日本人になりたいと切望していた（鈴木道彦「解説──橋をわがものにする思想」、前掲ファノン邦訳所収、三九三頁）。これも同じ現象である。

天皇の玉音を聞いて泣いたのは、私の感情は日本人のそれと変わる処がなかった事と、私の性格（一本気）から云って、天皇のために兵隊に行って死ぬんだ、立派な（?・）手柄を……と思いこんでいた時でもあります。ですから、戦後も、アメリカ兵を敵視する感情が取れず、名古屋の中村遊かくで、奴らの車がむらがっているのを見て、日本女性をアメ公などにと云ういまいましさから、タイヤの空気を抜いてやる事で、そのうっぷんを晴らしたこともありました。又、東京の上空で空中戦を見て、日本機が落とされると、ぢだんだふんでくやしがり、石を拾って空へ投げるほどの激しい敵意を表現したのも、私の感情が日本人化していたという事でしょう。

私が「朝鮮人」として、虐げられた事実は私の記憶の中にも多く残って居りますが、それだけに私は、朝鮮人が嫌いだったし、自分を早く日本人にしてしまいたいと思って、無駄な努力を無駄でないように思い込んでしたのです。

上位集団への通過が可能な場合、既存の上下序列が正当であると認知されやすい。身分・地位・声望などの不平等があっても、個人的能力によって集団間を移動できる事実、あるいは、それが可能だという幻想がある場合には、社会秩序が正当性を付与され、支配構造が維持されやすい。逆に境界移動が不可能だと感じられれば、社会秩序を支えるイデオロギーの否定・変革に向かう。ユダヤ人あるいは日本の被差別部落民や在日朝鮮人など、多数派と外見上差のない人々は多数派への通過が容易だからこそ、支配構造の打倒が難しい。少数派が多数派に同化するのは、それを可能にする、あるいは可能だと錯覚させる客観的条件が存在するからである。支配集団に似ているが故に、同質性が高いからこそ、かえって差別との闘いが難しい。

白人への同一化の原因をファノンは白人による抑圧に求めた。だが、被支配側の隠れた共犯関係に気づかないと、この心理は理解できない。ヴェーバーによる支配の定義を思い出そう（次註でさらに詳しく論じる）。被支配者が受け入れなければ、支配関係は長続きしない。

女性の就職差別を例に取ろう。高い学歴を持ち、有名企業に入社しても男性社員と違い、管理職への道は閉ざされている。三〇歳を過ぎると退職への圧力がかかる。さて、美しい大学生がまもなく卒業を迎える。就職しても年収五〇〇万円稼ぐことは難しい。その時、金持ちの男性が彼女に結婚を申し込む。職業は医師で年収五〇〇〇万円。親の遺産で買った大邸宅もある。結婚すれば、就職しないで専業主婦になる条件だ。どちらの選択をすべきか。彼女が結婚を選んでも、誰も非難できない。差別社会に生きる以上、そこで最善の策を採っただけだ。だが、そのような選択を多くの人が行えば、女性の幸せは結婚であり、育児であるという常識は変わりにくい。自らの選択を当人も後に正当化するだろう。被支配者の共犯性とは、こういう意味である。被支配者が悪いと主張するのではない。だが、被支配者自身が支配構造維持に貢献する誘因が働くからこそ、支配は安定し、継続するのである。

朝鮮人である事実を日本で公表すると差別される。人気商売の芸能・スポーツ界では特にその傾向が強い。プロレスの力道山（本名・金信洛《キムシルラク》）は敗戦後、アメリカ人への劣等感に悩まされた日本人の鬱憤を晴らし、日本の英雄として絶大な人気を博した。出身を隠すために力道山は嘘の出生物語をでっち上げただけでなく、弟子の金一《キムイル》にも大木金太郎というリング名を与え、韓国名の使用を厳禁した（大木金太郎がキム・イルと名乗るのは力道山の死後）。「もし彼が〝朝鮮人〟であることが周囲に知られると、〝なんだ、きさまチョウセンか〟と、頭からけなされる憂いがあったに違いない」と金一勉《キムイルメン》が述べるように（『朝鮮人がなぜ「日本名」を名のるのか』三一書房、一九七八年、一六〇頁）、在日朝鮮人が差別から逃れるための正当防衛の姿が見て取れる。だがそのことで同時に差別構造維持に貢献してしまう。日本の少年たちの夢をこわしたくないという理由で日本名を使用し続けた、空手の極真会創始者・大山倍達（本名・崔永宜《チェヨンウィ》）を例に挙げ、金は指摘する（同書、一六四頁）。

ここに言う「日本の少年たちの夢をこわす」とは、一体どういうことだろうか。己を「朝鮮出身」と表明することは、日本の少年たちの夢をこわすことになるだろうか。それほどに「朝鮮」や「朝鮮人」とは値打のない存在だろうか。かれ自身が朝鮮人と名のれば、日本の青少年たちは落胆して背を向けるというのだろうか。ここまで問いつめてゆくと、日本的土壌――差別社会の心理構造の罪を問うと同時に、被差別者自身の科を問わなくてはならない。［……］これらの隠微な事情は在日朝鮮人に限らない。日本人の被差別部落出身者にもあてはまる。［……］かくて〝差別の心理構造〟は陰然と潜行し、自ら差別社会を是認し、温存させる結果になる。［……］ある意味では、被差別者自身が、自ら〝差別社会〟の間口を広げながら、陰然と拡大させてゆくのである。帰するところ被差別者自身の「差別と偏見」から脱れる姑息な方便として、己を隠し立て、己を滅却させようとするのであった。その心情は、一部在日朝鮮人の「日本名」着用と共通するものがあった。

システム内での変化とシステム維持の相補性は集団間にも現れる。他のアジア人やアフリカ人を蔑視し、西洋に憧れる日本人。福澤諭吉の「脱亜論」（『時事日報』一八八五年）に象徴されるように、西洋の一員になろうと日本人は努力してきた。

我日本の国土は亜細亜の東辺に在りと雖ども、其国民の精神はすでに亜細亜の固陋を脱して西洋の文明に移りたり。然るに爰に不幸なるは近隣に国あり、一を支那と云ひ、一を朝鮮と云ふ。（……）我国は隣国の開明を待て共に亜細亜を興すの猶予ある可らず、寧ろ其伍を脱して西洋の文明国と進退を共にし、其支那朝鮮に接するの法も隣国なるが故にとて特別の会釈に及ばず、正に西洋人が之に接するの風に従て処分す可きのみ。悪友を親しむ者は共に悪名を免かる可らず。我れは心に於て亜細亜東方の悪友を謝絶するものなり。［……］

一切万事西洋近時の文明を採り、独り日本の旧套を脱したるのみならず、亜細亜全州の中に在て新に一機軸を出し、主義とする所は唯脱亜の二字に在るのみ。

脱亜入欧の発想は当時の指導者層に広範に受け入れられた。例えば外務大臣の職にあった井上馨は「我帝国及ビ人民ヲ化シテ恰モ欧米諸国ノ如ク、恰モ欧州人民ノ如クナラシメル」べきであると政府宛の意見書（一八八七年）に記した。また初代文部大臣・森有礼は『英語国語化論』（一八七二年刊）において、日本語を廃止して英語を国語にするよう提案した。森の発案は陽の目を見なかったが、第二次大戦で負けを喫した際に日本語廃止論が再び甦る。作家・志賀直哉の「国語問題」（『改造』一九四六年）である。日本語ほど不完全で不便なものはないと主張し、日本語を廃止してフランス語の採用を提案した。

そもそも日本人はアジア人でないという論者も出た。自由主義経済学を日本に導入した田口卯吉は『破黄禍論』（一九〇四年刊）において、西洋で流行した黄禍論を批判した。だが、人種差別自体に反対したのではない。日本人を他の非白人から切り離し、アーリア人種だと主張したのである。

余は従来の研究に於て大和民族は支那人と別種にして、印度、ペルシア、グリーキ、ラテン等と同種なることを確信したる者なり。故に余の見る所を以てすれば、黄禍論は其の根帯に於て誤れるものなり。日本人を以て支那人と同じ黄色人種となせるの一点已に事実を誤れりとすれば、黄禍論は全く無根の流説たらざるを得ず。（橋川文三『黄禍物語』筑摩書房、一九七八年、四五頁より引用）

故に余は日本人種の本体たる天孫人種は一種の優等人種たることを疑はざるなり。此の人種は天の如何なる方面より降りしかは、実に史上の疑問なり、然れども其の言語文法より推断すれば、サンスクリット、ペルシャ等と同人種にして、言語学者が称してアリアン語族と云へるものに属するや喋々を要せざる事なり。（同書四八頁より引用）

『破黄禍論』の翌年に田口が著した「日本人種の研究」でも、ロシアとの戦争に日本が勝利した理由として日本人が白人だからだと主張した。

アパルトヘイト政策を採る南アフリカ共和国で、準白人として日本人が扱われ、また日本人自身が率先して、そう振る舞ってきた。経済力を買われて一九三〇年代から日本人は、他のアジア人を含む非白人と違う待遇を南ア国内で享受する。そして一九六一年に当時の内務大臣ヤン・デ・クラークが、「居住区に関するかぎり、日本人を白人なみに扱う」と国会で宣言して以来、「名誉白人」という不名誉な肩書きを正式に受けた。象徴的なエピソードを我妻洋／米山俊直『偏見の構造』（ＮＨＫブックス、一九六七年）から引用しよう。

先に触れた、日本の著名な社会学者は、アメリカ南部を旅行して、ある町のレストランに入ってゆくと、中にいた白人がいっせいに彼を見たという。「だから私は〝何くそ〟と思って、白人の間に腰掛けたんです。みんなが見ているんですよ。〝敗けるものか〟と私そう思いましてね、腰掛けたんです。」この話を聞きながら、私たちは正直のところ、彼が〝何くそ〟と思って黒人の中に腰掛けたのかと思った。〔……〕「その黒人たちの中に座ってみようという気持ちは、お持ちにならなかったのですか」という私たちの質問の意味を、この社会学者は理解しなかったように思う。

人種差別に怒った日本人学者は、差別を否認する象徴的行為として黒人の隣に腰掛け、不当に虐げられる人々との連帯を示すこともできた。だが、彼は有色人種の範疇に自分が放り込まれることを拒否するとともに、名誉白人としての「当然の権利」を主張して白人のあいだに座ったのである。

日本が一九世紀中葉に出会った西洋は文化的な存在である前に先ず、強大な経済力を背景とした帝国主義勢力として、あるいはもっと端的に言って、ひとつの恐るべき力として姿を現わした。危機に際して日本は、西洋という力に対抗するもう一つの力として自らを形成していった。そこから、異質な力である西洋と、それに競合する力としての日本という図式が出来上がり、それ以外の地域は両者によって支配される単なる対象と見做されるようになった（吉田悟郎「自国史と世界史」比較史・比較歴史教育研究会編『自国史と世界史』

未來社、一九八五年所収、一七－三二頁)。この歴史事情は我々の意識に今でも深い痕跡を留めている。

欧米を手本に日本は近代化した。そのため、知識の獲得が西洋化の形を取りやすい。学者が著す書物には、必要ないのに西洋語が散りばめられ、芸術家の肩書きに欧米での留学経験が記される。肯定的な自己像を保つために、西欧人に同一化する名誉白人が現れる。そして、少しでも高い位置に這いあがろうと名誉白人はスケープ・ゴートを求め、序列制度の最下層に追いやり、劣等感の一部を補償する。だが、ガイジンに憧れて会話に西洋語をまぶしても、整形手術で「ハーフ顔」になっても、優劣基準の論理自体から名誉白人は亜流にしかなれない。ファノンも指摘したように(Fanon, *op. cit.*, p. 120.)、名誉白人は西洋に同一化するとともに、アジア・アフリカとの差異化を図る。

アンティル人は自らを黒人だとは認識しない。アンティル人はアンティル人であり、それ以外ではないと主張する。黒人はアフリカに住んでいるのであり、主観および知性の上でアンティル人は白人として行動する。

この同化と異化の反応はアンティル人内部でも繰り返される。マルティニーク人は、肌がより黒いグアドループ人よりも優れていると誇りに思う。他方、グアドループ人はマルティニーク人になりすます(F. Fanon, *Pour la révolution africaine*, Maspéro, 1969, p. 25-26.)。

既存のヒエラルキーを否定せず、その内部で虚しい足掻きを続ける。こうして支配構造が維持される。

[註15] ヴェーバーは支配を次のように定義した（M. Weber, *Wirtschaft und Gesellschaft*, 1921 [tr. fr., *Economie et société*, Plon, 1995, p. 95.]）。少なくとも二人の個人あるいは二つの集団の間に上下関係がある。その上で、個人・集団Aが他方の個人・集団Bに発した命令あるいは示唆に適合した行動をBが取り、かつ、Aからの命令あるいは示唆がなければBはその行為を実行しない場合に、「AはBを支配する」という。

殺傷したり飢えさせるなど、物理的な強制力や拘束力は支配の本質でない。継続する安定した支配はむき出しの暴力によって成立しない。「一定最小限の服従意欲、すなわち服従に対する外的あるいは内的な利害関心が、あらゆる真正な支配関係の要件である」とヴェーバーは説く。真の支配においては命令に正統性が付与され、被支配者自身が支配関係に合意する。この合意が強制力の結果として現れずに、自然な感情として受け入れられるほど、支配は強固になる。支配は、安定した社会秩序を維持するために必要不可欠であり、支配から自由な社会はありえない。

[註16] 市民は同胞であり、同類である。ところで同類の間には比較が必ず起き、優劣が意識される。下位の人間は自らの劣等性を否認するために社会の不公平を糾弾する。この叫びは、自由な個人という人間像を生み出した近代が必然的に引き起こす自己防衛・正当化の反応である。平等を理想として掲げる民主主義社会の出現を前に、フランスの思想家

アレクシ・ド・トクヴィルは喝破した（A. de Tocqueville, *De la démocratie en Amérique*, Gallimard, 1961 [1ère édition: 1835], t. II, p. 192-193）。

同胞の一部が享受していた邪魔な特権を彼らは破壊した。しかしそのことによって、かえって万人の競争が現れる。地位を分け隔てる境界そのものが消失したのではない。境界の形式が変化しただけだ。〔……〕不平等が社会の常識になっている時には、最も著しい不平等にも人は気づかない。ところが、すべての人々がほとんど平等になると、どんな小さな不平等も人の気持ちを傷つける。だから平等が進むにしたがって、さらなる平等への願望が一層強まり、不満がより高まるのである。

平等の理想と格差社会の現実との齟齬を近代は正当化し続ける（J.-P. Dupuy, « Mimésis et morphogénèse », *in* M. Deguy & J.-P. Dupuy（Eds.）, *René Girard et le problème du Mal*, Grasset, 1982, p. 266-272.）。均質な人間空間は競争心を煽る。比較の対象にならないほど能力が異なれば、羨望は起きない。生まれるのは尊敬の念だ。歴史に足跡を残した偉大な芸術家やスポーツ選手あるいは天才思想家に到底かなわないと認めても、我々の価値は貶められない。比較の対象にならないから、他者の賞賛は自らの否定につながらない。カリスマ経営者に追従しても自尊心は傷つかない。それどころか誇らしく思う。だが、能力が拮抗する者と比較して自らの劣等性を受け入れるのは辛い。

日本社会の平等や均一性が注目されると同時に、競争の激しさが取りざたされてきた。高校と大学の受験を経て同程度の学力、同じ出身階層の子どもが集められる。こうして生まれる均質な社会空間は就職後も続く。難関大学の卒業生は大企業に、それ以外の学生は中小企業に振り分けられる。また大多数の若者は同じ年齢で、それも四月初め一斉に就職する。さらには性別に応じてキャリアパスに違いが出る。そのため、同じ学歴・能力・出身階層・性別に応じて似た境遇の同僚に囲まれる。年齢が重視される日本では先輩や後輩が比較対象になりにくい一方、同じ年に入社した者どうしが常に比べられ、熾烈な競争に駆り立てられる。高校生の段階から似た者どうしで小宇宙を形作る。だから、一億総中流などという不思議な幻想が生まれる。

同胞間における首位を意味するPrimus inter paresというローマの表現がある。共和制の牙城たる元老院の議員筆頭オクタヴィアヌスが、独裁ではなく、同等者（市民）中の第一人者にすぎないという意味でprinceps（元首）と称した。この論理に示唆を受け、フランスの社会心理学者ジャン＝ポル・コドルが一連の実験研究を残している（J.-P. Codol, "On the so-called 'superior conformity of the self' behavior: Twenty experimental investigations", *European Journal of Social Psychology*, 5, 1975, 457-501.）。

キリスト教徒は信奉する価値体系を他のどの信者よりも厳しく遵守するおかげで「真のキリスト教徒」として認められる。誰よりも過激な政治理念を実現するテロリストに「最も勇敢な革命家」の称号が与えられる。規範への同一化と独自性維持が、こうして同時に成し遂げられる。ソ連のスタハノフ運動のように画一性と競争心が奇妙に結びつき、力動的運動を生成する全体主義の論理構造に似ている。

日本社会に遍在する小宇宙内部でこの原理が働く。均質性を保ちながら他者との差異化を図るため、「新しいアイデア」という名の、しかし中身は同質で同じ方向を向く情報をいち早く取り入れる。だからハウツー本が氾濫し、ノウハウを皆が共有する。新しい技術や習慣の異質性が馴致され、単なる流行に変質する。

均質性の高い日本社会で流行が移り変わりやすい事実は一見矛盾している。新しいものを取り込むことは、その時点における社会規範からズレた価値を受け入れることであり、差異化を意味するからである。なぜ、均一化への圧力が高い日本社会で流行が起こりやすいのか。

ある新しい価値・商品などが社会に受け入れられ始めると、この新しいが、しかし共同体の文化を危機に陥れる危険性はない異物を、多くの人が先を争って受容する現象、これが流行である。流行には矛盾する二つのベクトルが作用する。一つは、同じ価値の受容を通して他者と同一化する方向。もう一つは、新しい価値に他者よりもいち早く同調し、他者と自己を差異化する方向。流行において、この矛盾は時間軸上で解消される。流行を追うことで、最初のうちは「遅れている人々」と自己を差異化する。時間差のおかげで、同調につきまとう画一性は感じられない。しかし時間が経過し、多くの人々が流行を取り入れると、同調と画一性とを切り離す術が失われる（G. Simmel, « La mode », in *La tragédie de la culture*, Rivages, 1988 [1ère édition: 1895], p. 89–127.)。日本社会で流行が激しく移り変わる理由も先に挙げたPrimus inter paresの原理と同じ均一性である。

差異が小さいほど、比較する衝動に駆られる。そして競争心が起き、同一化に抵抗する。垂直方向に今見た、この心理メカニズムは水平方向にも働く。多民族主義を標榜するアメリカ合衆国では家族構造・宗教・食習慣をはじめとして均一化が著しいのに、民族の固有性を認めない普遍主義フランスの方に、かえって文化的多様性が残る。フランスの歴史社会学者エマニュエル・トッドはこう指摘する（E. Todd, *Le destin des immigrés*, Seuil, 1994, p. 205–208.）。この逆説をどう説明するか。

一般にA、Bという二つの範疇が作られる時、AB間の差異が誇張されると同時に、AB各内部の均一化が錯覚される（H. Tajfel & A. L. Wilkes, "Classification and quantitative judgment", *British Journal of Psychology, 54*, 1963, 101–114; W. Doise, J.-C. Deschamps & G. Meyer, « Accentuation des ressemblances intra-catégorielles », *in* W. Doise (Ed.), *Expériences entre groupes*, Mouton, 1979, p. 281–292.）。平均すれば、スウェーデン人は日本人よりも背が高いが、それは全員にあてはまるわけではない。両集団の平均値の差は一〇センチにも満たないが、各集団の最大値と最小値の差は五〇センチ以上ある。集合Aと集合Bが相違するといっても、それはAとBがまったく同じ要素の集まりではないという意味であり、AとBは多くの要素を共有する。しかし範疇化されると、AとBに含まれる要素がすべて異なるような錯覚に陥る。また集合それぞれには多様な要素が含まれているが、一つの名称の下に一括して把握すると、各集合に属す要素が均一だと錯覚する。

多民族・多文化主義社会では各市民が民族集団の枠を通して認識される。そのため、実際にはほとんど差がなくとも、他集団と異なる文化基盤を持つと錯覚しやすい。また、このような差異感覚の確保は心理の安定をもたらすので、他文化の受容に抵抗が置きにくい。他者の価値観を受け入れても自らの本質は変化しないという確信あるいは錯覚のおかげで安心感が生まれ、自らの変身が許容される。

反対に、人間はみな本質的に同じだと捉える普遍主義では、現実に文化差があっても、その違いが見過ごされやすい。また、近しい者の間では他者の価値観の受容が自己同一性を脅かしかねない。差が小さいと感じるほど、比較心理が働くからである。こうして、フランス国民の文化均一化に歯止めがかかる。

多民族・多文化主義は外部と内部を隔てる壁を取り去るのでなく、反対に両者の融合を阻止するがゆえに外部が馴致される。対して普遍主義は外部の痕跡を内部において消し去る過程を通して、かえって外部の異質性が残存する（「開かれた国家理念が秘める閉鎖機構――フランス同化主義をめぐって」。また民族問題は『増補　民族という虚構』を参照）。

「考え方が合わないから○○人は差別される」と言う。だが、事実は逆である。異質性ではなく、同質性が心理的葛藤を孕む。モスコヴィッシは言う（S. Moscovici, « Le ressentiment, *suivi d'extraits d'interviews* », *Le Genre humain*, 11, La société face au racisme, 1984-1985, 179-186. 引用は p. 185.）。

人種差別は逆に同質性の問題だとわかる。私と深い共通性を持つ者、私と同意すべきであり、私と信条を分け合うはずの者との不和は、たとえ小さくとも耐えられない。不一致は実際の度合いよりもずっと深刻に映る。差異を誇張し、私は裏切られたと感じ、激しい反発を起こす。他方、私とまったく異なる者に対峙する時、我々を分け隔てる、越えられない溝には注意を向けさえしないだろう。つまり我々に耐え難いのは差異ではない。我々の同質性と繋がりなのである。

ナチスに虐殺されたユダヤ人は非ユダヤ人とほとんど区別できないほど、ドイツ社会に溶け込んでいた。「黄色い星」を身につけるようナチスはユダヤ人に強制したが、それは汚名の刻印を彼らに押すためだけではなかった。そうしないとユダヤ人と非ユダヤ人とを区別し難かったからである。

ゲットーに隔離され、ユダヤ固有の文化を保つ東欧ではなく、同化が進んでいたドイツにおいて反ユダヤ主義は最も激しい形態で現れ、住民に熱狂的に支持された。「ユダヤ人は同化に努めたにもかかわらず殺されたのではない。逆に、同化に対する反作用として虐殺されたのだ。ユダヤ人が非ユダヤ化すればするほど、彼らはより恐怖の対象にされた」と、フランスの思想家アラン・フィンケルクロートは指摘した（A. Finkielkraut, *Le Juif imaginaire*, Seuil, 1980, p. 88.）。

黒人差別も同様に、皮膚色の違いが原因ではない。米国南部出身の白人知識人が自らの差別感情を分析する（G. B. Leonard, "A southerner appeals to the North: Don't make our mistake", *Look*, 28, 1964, 我妻洋／米山俊直前掲書、二一一－二一二頁より引用）。

［……］私が若い頃北部に移って黒人達と対等の立場に立ってつきあいを始めた頃、私は自分が、感情的にも、知的にも、黒人に対する偏見を払拭していたつもりだった。しかし［……］黒人と握手をするたびに、私は自分の手を洗いたいという、甚だ不合理な、しかし、強烈な衝動に駆られたのであった。私はあわて、困惑し、自らを恥じた。しかし、黒人と握手をした自分の手がよごれているという感情を、どうしても禁じえなかった。これは実に信じられない、おかしな感情であった。というのは、私は生まれおちた瞬間から、黒人召使の黒い腕に抱かれ、黒い手によって体を洗われ、黒い乳房から乳をもらい、黒い手の作る食事をたべて育ったのであり、彼等の黒い肌がきたないと感じたことは、ただのいっぺんたりともなかったからである。

差別の原因が客観的差異でないことは部落差別を考えても判るだろう。いかなる文化的・身体的基準によっても判別できない人々に異質性を捏造する。境界が曖昧になればなるほど、境界を保つために差異化のベクトルが、より強く作用する。差異という与件が原因で差別が起きるのではない。差別とは、同質の場に力ずくで差異を捏造する運動のことである。

［註17］　自由意志の下になされた行為だから責任を負うと信じられている。だが、実は原因と結果が転倒している。自由だから責任が発生するのではない。逆に我々は責任者を見つけなければならないから、つまり事件のけじめをつける必要があるから行為者を自由だと社会が宣言するのである。フランスの社会学者ポール・フォーコネは言う（P. Fauconnet, *La responsabilité. Étude de sociologie*, Alcan, 1928 [1ère édition: 1920], p. 392.）。

普通信じられているように自由は責任が成立するための必要条件ではなく、逆にその結果だ。人間が自由だから、そして人間の意志が決定論に縛られないから責任が発生するのではない。人間は責任を負う必要があるから、その結果、自分を自由だと思い込むのである。

正義を重要視し、信じる社会でこそ、不正義がまかり通るパラドクスを米国の社会心理学者メルヴィン・ラーナーが指摘した（M. J. Lerner & D. T. Miller, "Just world research and the attribution process: Looking back and ahead", *Psychological Bulletin*, 85, 1978, 1030-1051.）。以下に示すように、この考察は自己責任論を導く。したがって、自らの劣等性を否認するために自己責任を突っぱね、代わりに社会の不公平を糾弾するという、前註で示した説と一見矛盾する。矛盾を解く準備として先ずは実験を参照しよう（M. J. Lerner & C. H. Simmons, "Observer's reaction to the 'innocent victim': Compassion or rejection?", *Journal of Per-*

sonality and Social Psychology, 4, 1966, 203-210.)。

強度のストレス下に置かれると人間は通常と異なる行動をとりやすい。だから、前線に送られる兵士の精神状態を正確に把握しないと、罪もない非戦闘員に向かって乱射するなどの不都合が生じる。そこで、ストレスにさらされる人々の異常行動を早期発見するための研究が必要になる。

こんな口実の下に、隣室にいる人の様子をマジック・ミラーで観察しながら分析せよと被験者に指示し、女性（実はサクラ）を電気ショックで拷問する場面に立ち会わせる。苦しむ女性の姿を一〇分間、被験者に見せた後、彼女の印象を答えさせる。半分の被験者に対しては、これで実験は終わりと告げ、残り半分の被験者には、実験は今ちょうど半分の時点で、このあとまだ続くと説明する。つまり女性が苦痛を受ける時間の長さを変え、彼女に対する被験者の印象が左右されるかを調べた。結果は、一〇分間だけ拷問を受けた女性よりも、二〇分間苦しむはず（どちらの条件も電気ショックは一〇分だけ続く）の女性の方が、より悪いイメージになった。何故か。

世界は正義に支えられているという信念を考慮に入れなければ、この現象は説明できないとラーナーは言う。天は理由なく賞罰を与えるはずがない。善をなせば、いつか必ず報われる。欺瞞や不誠実には、しっぺ返しが待つ。因果応報の原則が世の中を律していれば、将来への不安感は和らぐ。誠実に生きていれば、努力は必ず報われると我々は信じたい。

因果応報はありふれた信念だが、その論理を突き詰めると苛酷な帰結に至る。話の筋道を逆にしよう。悪いことをしなければ、罰を受けないのが本当ならば、不幸な目に遭った者は悪いことをしたはずだ。不幸の原因が当人にあるはずだ。実験中に電気ショックで苦しんだのは、この女性が愚鈍だからだ。自己責任の論理である。彼女が受けた拷問がこうして正当化される。苦しみが大きいほど、その場面を目撃する者の無力感は強い。しかしその時、苦しむ理由が当人にあると思い込めば、自業自得だと納得できる。したがって女性の苦難が続行する時こそ、当人に責任が転嫁され、否定的な印象が持たれるのである。

さらに他の角度からもラーナーは検討した。電気ショックを受ける女性を被験者が観察して、彼女の印象について答えるのは同じである。ただし今度は、拷問時間の長さを変えるのでなく、彼女に報酬が与えられる場合と、そうでない場合とを比較する。報酬を与えるかどうかを被験者に投票させた後、第一の条件では「すべての被験者の投票をまとめた結果、実験参加の御礼をすることに決まった」と告げる。第二の条件では投票の結果を知らせず、女性が報酬を受けるかどうか不明のままにする。

どんな結果が出るだろうか。正義が世界を律していれば、女性は苦しむはずがない。ところが実際に彼女は拷問された。どうしてか。第一の条件では、拷問の償いとして報酬が与えられる。つまり苦しんだ人には後ほど救済の手がさしのべられる。対して第二の条件では補償がなされない。したがって第二の条件の方が因果応報の信念とより強く矛盾する。だが、拷問されて苦しんだのは自業自得だと被験者が考えれば、この信念を放棄しないで済む。自己責任の論理である。

強姦事件をテーマに、同じ心理メカニズムを明らかにした研究もある（C. Jones & E. Aronson, "Attribution of fault to a rape victim as a function of respectability of the victim", *Journal of Personality and Social Psychology*, 26, 1973, 415-419.）。大学構内で女性が強姦されたという警察報告書（実験のために作成した偽の文書）を被験者に読ませ、犯人と被害者両方の責任を判断させる。被害女性は処女・既婚者・離婚者と筋書きを変え、どの条件において犯人の罪が最も重くなるか、また被害者の自己責任が問われるかを比較した。

被害者が処女であったか、既婚者か、離婚者かを強姦犯は知らない。犯人の動機・意志・行為自体は、どの条件でも変わりない。だが、性体験のない女性の苦しみが最も大きいだろう。したがって被害者の性体験有無に応じて、被験者が提案する刑罰は異なるだろう。実際、処女の条件で最も厳しい刑罰が強姦犯に与えられた。

では被害女性の自己責任はどう判断されるか。これが我々の関心だ。悪いことをしなければ、不幸が訪れるはずがない。これが因果応報の哲学である。だが、現実に強姦にあった。世界は正義に支えられるという信念が最も試練にさらされ、崩れかかるのは、被害者が最も苦しむと考えられる処女の場合だ。

ところが被害者自身にも責任があると思い込めば、因果応報の信念を放棄しないですむ。夕刻時、誰も通らないキャンパスを一人で歩いていたのが、そもそも問題だ。もしかすると彼女の方から犯人を誘ったのかも知れない……。被害者の自己責任を持ち出すおかげで、真面目に生きていさえすれば、自分に不幸は起きないと安心できる。そして実際、処女の場合に自己責任が最も重いと判断された。被害者に責任を課すことで正義を信じられるのである。

さて、人間は安心感を得るために、世界が公平だと錯覚するというラーナーの考察は、自らの劣等性を否認するために世界の不公平を糾弾し続けるという前註で提示した推論と反対の結論に至った。世界は公平だという信念が安心をもたらすと一方は説き、世界は不公平だという信念が安心をもたらすと他方は論じる。どちらの帰結も近代個人主義のエピステーメーが導く現象である。この矛盾をどう理解すべきか。

社会には「勝ち組」と「負け組」が出る。加害者がいれば、被害者がいる。そして部外者・傍観者もいる。立場が異なれば、自分や他人の境遇に対する反応や正当化も異なる。その点に気づけば、勝ち組・傍観者の心理を説明するのがラーナーの考察であり、負け組・被害者の心理が他方の分析だとわかる。自分が幸せなのは、今まで真面目に努力してきたからだ。悪いことをしなかったからだ。だから、これからも真摯に生きれば、不幸は降りかからないだろう。自分が社会で成功したのは有能なおかげであり、正当だ。勝ち組や傍観者はこうして安心する。だが、被害者や負け組は同じように考えない。自分が不幸なのは社会が悪いせいだ。世の中は不公平で正直者が損をする。正義なんて、どこにもありゃしない。こう理解すれば、自らの劣等性を認めなくてよい。自己防衛のために社会の不正義を糾弾し続ける。近代民主主義社会でも犯罪は必ず起きるし、不平等もなくならない。成功と不幸を正当化する仕方が、勝ち組と負け組とで反対になるのは当然である。

[註18] W. Styron, *Sophie's Choice*, Vintage, 2000 [1st edition: 1979], p. 594-595.

[註19] J.-P. Dupuy, *Avions-nous oublié le mal?*, Bayard, 2002, p. 108-111. 実際に処刑に立ち会わない大臣にとっても執行許可は簡単な決断でない。唐沢俊樹（一九五七年七月一〇日から五八年六月一一日まで在任）は「大臣の辞令をもらって真っ先に頭に浮かんだのが、執行命令書にハンコを押す仕事だった。とたんにユーウツになった。それで毎日、いつ『押せ』といってくるかビクビクしていたもんだ」と回顧する。あるいは赤間文三（一九六七年一一月二五日から六八年一一月二九日まで在任）のように、催促されるごとに「勘弁してくれや。そんなことをしたら今度はオレにお迎えが来る」と終止逃げ回った法務大臣や、命令書が提出されると「腹痛」でその場凌ぎをし、結局署名せずに退任に至った大臣もいる（村野薫『死刑はこうして執行される』講談社文庫、二〇〇六年、二一七頁）。この葛藤を緩和するため、死刑執行命令書への法務大臣の署名を廃止し、乱数表を利用して執行を自動化しようと鳩山邦夫法務大臣が二〇〇七年初秋に提案し、物議を醸した。

しかしトランプのババ抜きのように、責任転嫁の仕組みは最後にツケが必ず誰かに回ってくる。乱数を発生させるためにコンピュータを操作するのは誰か。法務大臣自身がスイッチを入れるなら、死刑執行決定の構図に本質的変化はない。他の官僚に乱数表を扱わせても、執行命令の担当者が代わるだけである。どうしたら責任を雲散霧消させられるか。

アメリカ合衆国の陪審員は死刑判決を正当化するために、しばしば神の権威に訴える。この悪人の処刑は神が決定するのであり、我々人間が決めるのではない。犯罪者を赦す権利は陪審員にない。犯罪者を赦せるのは殺された被害者だけだ。しかし被害者はもういない以上、その代わりに抽象的実体としての国家が死刑を命ずる。死刑判決を言い渡すのは国家という全体であり、検察官でも裁判官でも法務大臣でもない。神や国家と呼ばれる外部に責任の源が投影される。最終的に責任を担うのは偶然ではなく、主体である。

■第七回

悟りの位相幾何学

イスラム教の預言者ムハンマドの風刺画を掲載した左翼系週刊誌『シャルリー・エブド』を狙ってパリでテロが起きた。二〇一五年一月のことだ。凶行を糾弾してフランス各地で抗議集会が開かれ、四〇〇万人が参加した。翌週発行の号は八〇〇万部に達し、新規の定期購読者二〇万人を獲得する。寄付と売上の合計は一五〇〇万ユーロ（約二〇億円）に上ったという。

この雑誌はかなり前から低迷し、平均販売部数二万四〇〇〇、定期購読者は八〇〇〇人にすぎなかった。給与水準が低く、スタッフの解雇を余儀なくされるほどの財政難だった[註1]。同じ風刺週刊誌『カナール・アンシェネ』は四〇万から五〇万の読者を誇る。テレビの風刺番組はさらに多数の視聴者を持つ。他の媒体でなく、影響力の小さい雑誌が攻撃された理由は何だろう。

二〇〇五年一月から二〇一五年一月までに発刊された全五二三号の第一面に掲載された風刺画のテーマを検討すると[註2]、三三六号（六四％）が政治（最も頻繁な標的はサルコジ元大統領）、八五号（一六％）が経済と社会、四二号（八％）がスポーツ選手と芸能界の有名人だった。宗教はわずか三八号（七％）。内訳はキリスト教が二一号、ユダヤ・キリスト・イスラムが一緒に扱われた場合が一〇号ある。イスラム教が単独で揶揄されたのは、ここ一〇年で七号（一％）だけだ。イスラム教ばかりを嗤ってきたのではない。

テロ事件が起きるまで、この低俗な週刊誌にフランス人のほとんどが関心を持たなかった。これほど世論を動かしたのは何故だろう。

❖

私の勤めるパリ第八大学にはマグレブ（モロッコ・アルジェリア・チュニジア）出身のイスラム教徒が多く学び、ヒジャブをまとう女子学生も少なくない。中国のウイグル族抑圧政策に言及し、「どうしてイスラム教徒は世界中で虐められるのですか」と質問してきた学生がいる。パレスチナ紛争への欧米の対応を含め、謂われない差別と冷遇を受けていると彼らのほとんどが感じる。恨みや鬱憤が募るのも当然だ。中には自棄を起こして暴力に走る者も現れる。

今回のテロ事件はアイデンティティ問題が原因だ。宗教ではなく、肌の色や言語がシンボルになって紛争に発展する場合もある。アイデンティティが脅かされる時、人は伝統にしがみつく[註3]。イソップ物語「北風と太陽」の教訓を思い出そう。イタリア人・ポーランド人・ポルトガル人など、二〇世紀前半フランスに流入した移民は緩やかな共同体を形成してきた。そのおかげで、慣れた文化環境に保護されながら少しずつフランス社会に溶け込んだ。それはベトナム人など東南アジア出身者も同様である[註4]。

ところが一九七〇年代、石油危機に続く不景気の時期にやってきて失業に苦しむ北アフリカ出身者は、アラブ・イスラム文化共同体が十分発達しておらず、異質な社会環境から避難する憩いの場がない。そのため、アイデンティティ危機への防衛反応として原理主義に身を寄せる若者が増える[註5]。フランス人の側も同様だ。自分の国を移民に侵略される、フランス文化が破壊される。そんな不安から移民に敵対する。すると当然ながら移民は反発し、ひるがえってフランス人の態度をより硬化させる。悪循環だ。

❖

テロ犯人がイスラム教徒だからといって、他のイスラム教徒を責めることはできない。だが混同する者は多い。犯人固有の行為が一般化され、イスラム教徒という範疇全体の属性として認識される。その後、加害者とは別の人々に拡大解釈される。坊主憎けりゃ、袈裟まで憎い。この理屈の誤りは明らかだ[註6]。

だが、戦争犯罪の責任を後の世代が負うしきたりも同じだと気づく者は少ない。当時生まれていなかった、あるいは幼少だった人々の責任が問われるのは何故か。先ほどの範疇化による錯覚に戻り、空間軸から時間軸に視点を移そう。ある時点における共同体・国家、次の時点における共同体・国家、そしてさらに次の時点の共同体・国家……という集合群を日本という固有名詞の下に同定する。こうして他の世代に責任が拡張される。先ほどの詭弁と同じ構図だ。親が人殺しでも、子に罪はない。行為者当人以外の責任を法は問わない。それでも世間は子を責める。世代を超える集団責任と似ていないか。

ホロコーストの責任が日本人にないのと同様、日本軍の犯罪に責任を負う義務も、引き受ける権利も戦後生まれの日本人にはない[註7]。だから、ナチス・ドイツのユダヤ人虐殺を我々が糾弾するのと同じように、距離を取って醒めた立場で日本の戦争犯罪を検討し、批判すればよい。罪の意識がなくなれば、防衛心理が緩和する。そうすれば、歴史事実に対峙する心の余裕が生まれる。それなのに、南京虐殺や従軍慰安婦は捏造だとか、当時の世界情勢に鑑みて日本の植民地政策だけを非難できないと感情的になるのは、自分を日本に同一化するからだ。

国家という擬制の連続性が生む政治責任は別である。保険や年金制度と同様に、協約は履行しなければならない。過去の国家行為から発生する経済負担が、当時生まれていなかった現在の国民に課せられても論理上何ら問題ない。歴史事実を認め、犠牲者の痛みを分かち合う。二度と過ちは繰り返さないと未来に向けて約束する。他国に対してだけでなく、自国民どうしで互いに誓う。これが国家に課せられた責任だ。国家元首の謝罪も道理に合う[註8]。だが、罪の意識を抱くのは不条理である。

❖

とはいえ、「戦争当事者でないから私に責任はない。しかし他人事としてなら、日本の責任は明白だ」。日本人がこう認知しても朝鮮人や中国人は納得しない。

同一化は人間心理の根本をなす。理性で振り切れるほど簡単な話ではない。日本で大地震が起こり、多くの死傷者が出た時、異国にいながらも同胞の死を悼んだ。犠牲者を一人として私は知らない。それでも日本人という物語は合理的判断を超えて私に迫ってきた。オリンピックで日本選手が活躍する姿に胸を熱くするのも、記憶を通して私の存在が日本と結びつけられているからだ。選手の汗と涙に私は何ら関係しない。それでも同一化が私の感情をかき立てる[註9]。

当事者から離れ、事実の正否も棚上げし、問題を一般化して考えてみよう。数世代前に起きた事件をめぐって、加害者として非難される子孫と、被害者として糾弾する子孫とが対立する。被害者にとっては忘れ難い仕打ちだ。逆に加害者にとっては一刻も早く忘れたい事件である。したがって被害者に比べれば、加害者にかかる同一化の圧力は弱い。それでも集団責任の論理誤謬から逃れられない。ならば、加害者にできない心理作業を被害者に要求しても無理だろう。

心理錯誤は論理的に説明しても直らない。汚れていると信じて手を洗い続ける強迫神経症患者に「あなたの手は汚れていない」と諭しても無意味だ。誤りを犯しているのは、虚構に囚われた患者だけでない。汚れてないいと繰り返す隣人も同様である。

一九九九年一二月、米国テキサス州の死刑囚が薬物自殺を図った。囚人は病院まで飛行機で運ばれ、蘇生する。そして翌日、処刑された。一九九五年八月、執行直前に自殺を試みたオクラホマ州の受刑囚は手当を受け、意識を取り戻す。そして予定通りの時刻に殺された。二〇〇二年一一月に心臓手術を二度受けた後、翌月に処刑されたイリノイ州の囚人もいる［註10］。何故こんな手の込んだことをするのか。

「犯人を極刑にして下さい」。被害者家族が叫ぶ。いまさら何をしても、愛する人は帰らない。それでも厳罰を望むのは、処罰の本質が復讐だからである［註11］。冤罪の可能性があっても、「あいつが犯人に決まっている」と遺族は譲らない。無実の者を誤って罰すれば、真犯人を逃してしまう。したがって、冤罪疑惑が持ち上がった時、本来ならば、遺族が真っ先に再審を要求し、慎重な捜査と厳密な審理を望むはずである。ところが容疑者を憎み、冤罪の可能性を否認するのが普通だ。ここにあるのは合理的判断ではない。心理現象である。

❖

泥沼化したパレスチナ紛争、尖閣諸島や竹島をめぐる係争など、誰が正しいかを判定しても解決しない[註12]。喧嘩両成敗を説くのではない。相手の悪意や挑発に対する正当防衛だと双方とも信じる。そこに問題の根がある。どうしたら敵意の悪循環を断ち切れるか。

復讐も信頼も初期条件が整えば、それ以降、外部入力を必要としない自律循環システムをなす。復讐は次なる復讐を呼ぶ。過去の出来事が連鎖反応の十分条件をなす。対して信頼においては時間が反対方向に流れる。相手の未来の行為を信じて先に切っておく約束手形だ。未来完了形の虚構が循環運動を生み出す。復讐は過去に原因を見いだし、信頼は未来に原因を据える[註13]。そこが違う。しかし決定論的構造であるのは、どちらも同じだ。だから精神論を持ち出しても無駄である。復讐が信頼のメカニズムに変換されるきっかけは何だろうか[註14]。

一九世紀半ばに中東から英国に伝えられた寓話がある。アラブの老人が三人の息子に遺言をしたためた。長男には財産の半分を、次男には三分の一を、そして末っ子には九分の一を与える。ところが遺産は一七頭のラクダだ。生きたままでは分配できない。兄弟喧嘩が始まる。そこで村の裁判官に伺いを立てたところ、謎めいた判決が下った。「私のラクダを一頭与えるから、それを遺産に加えよ。アラーの思し召しのおかげでラクダはまもなく私に返されることだろう」。今や一八頭になった財産の半分すなわち九頭を長男が取り、次男は三分の一である六頭を受け、末っ子は九分の一に相当する二頭をもらう。こうして遺産は分配され、平和が戻る。

ラクダが一頭余った。そして予言通り、裁判官に返された[註15]。結局分配されずに余ったという意味では、このラクダは無駄だった。だが、そのおかげで分配が可能になり、兄弟に平穏が戻ったという意味では不可欠な存在だ。外部から来たトリック・スターは役目を終えた後、再び外部に帰ってゆく。この寓話は何を暗示するのか［註16］。

❖

ホメオスタシス原理によって生物は均衡を保つ。哺乳類は体温が上がると負のフィード・バックがかかり、温度調節される。サーモスタットと同じだ。心理も、この法則におおむね従う。防衛反応は、このメカニズムの一つである。ホメオスタシスはシステム内部で変化を起こす。だが、システム自体の構造は変わらない。

移民排斥や国際紛争のメカニズムは、自国民と外国人双方の防衛反応が自動的に増幅する循環運動である。問題の原因を除こうとしても、システム内部の論理で考えている限り、状況は悪化するだけだ。寝ようと焦ると、よけい眠れない。睡眠は意志が導く現象ではない。眠ろうと意識する事態がそもそも矛盾している。悪循環に歯止めを掛けるためには、システムの論理に惑わされないでメタレベルから介入する必要がある。一般システム理論に基づいて家族療法を提唱した米国パロアルト・グループはこう主張した［註17］。

こんな例はどうだろうか。我が子を失って悲観にくれる母親がいた。人々は同情し、ガウタマ・シッダールタという高僧に頼めば、奇跡を起こしてくれると言う。希望を見いだした母親は死んだ子を抱いて釈迦に会いに行く。「村へ帰って芥子の実を貰ってきなさい」。彼女は喜んで走り去ろうとする、その時、「ただし、死者を出したことのない家から貰っておいで」と釈迦は付け加える。村人は喜んで芥子粒を差し出す。だが、身内を失ったことのない家は見つからない。尋ね歩くうちに釈迦の真意が彼女にもわかってきた。涙は乾き、すがすがしい気持ちになってゆく［註18］。

この説話には重要な教訓が三つある。①悟った後では、こんな当たり前のことがどうしてわからなかったのかと訝るほど、答えは自明だ。②単に頭で考えるだけでは答えに到達できない。実際に身体を動かし、積極的に努力して始めて悟りが開く。そして最も大切な点、③求める「答え」、つまり子の復活を願う心がまさしく問題の根をなしていた。無理な願いを諦めた時、同時に苦悩が消え、救われる。釈迦の出した謎解きが袋小路の外部に母親を連れ出し、解放したのである。

生き物としての人間、生身の身体が世界を作り、営む。他者の行為に我々は単に論理だけで反応するのではない。喜びや怒り、悲しみとともに意味を把握する。感情や認知バイアスという濾過装置を通さなければ生きられない人間存在が、哲学者や科学者の覚めた論理で理解できるはずがない。重力により曲げられた空間を通る時、光は直進しない。二点を結ぶ最短距離は直線を描かない。意味とは何か。わかったと感じる時、何が起きているのか。

[註1] R. Bacqué, « 'Charlie Hebdo': le casse-tête de la reconstruction », *Magazine du Monde*, 19/02/2015.
[註2] J.-F. Mignot & C. Goffette, « Non, 'Charlie Hebdo' n'est pas obsédé par l'islam », *Le monde*, 25/02/2015.

［註3］　小さな差異ほどアイデンティティの危機を生じやすい（第六回「近代の原罪」註14）。アイデンティティは差異化に支えられるからである。

民族とは何だろう。言語・宗教・慣習などの文化要素、経済的自律性、政治組織形態、地理的隣接性、あるいは民族名称など、民族を分類するための様々な要因が考慮されてきた。だが、例えば母語を基準にして二人の人間を同じ民族に分類しても、宗教や経済形態、政治組織など他の基準でみると別々の民族に分類されてしまう。

ノルウェーの文化人類学者フレドリック・バースは、固有の文化内容を基に民族を規定する従来の発想を批判し、集団間に引かれる境界に目をつけるべきだと主張した（F. Barth (Ed.). *Ethnic Groups and Boundaries. The Social Organization of Culture Difference*, Universitersforlaget, 1969.）。対象が客観的に実在し、それに対応する記号表現（単語）の総体が言語だとする従来の発想を斥け、スイスの言語学者フェルディナン・ド・ソシュールは、対象がまず存在するのでなく反対に、言語という差異化体系が世界を区切ることで対象が生まれると考えた（F. d. Saussure, *Cours de linguistique générale. Edition préparée par Tullio de Mauro*, Payot, 1972.）。同様にバースも民族の本質視を批判し、関係の根源性を説いた。複数の人間の集合が一つの民族をなすのは、共通の文化内容を持つからではない。範疇化されて集合が区別され、民族として把握される。同一性が初めにあるのではない。差異化が同一性を後に構成するのである。

集団の文化要素は無数にあるので、そのすべてを考慮に入れて境界が定められるのではない。ある要素は民族を隔てるシンボルとして注目され、他の要素は過小評価されたり、無視される。民族を規定する主要素として言語や宗教がしばしば挙げられる。だが、民族同一性を規定する特徴は歴史・社会状況に大きく左右され、変化する。例えばケベック州のカナダ人はフランス語を話し、英語を母語とするカナダ人と異なるアイデンティティを持つ。しかしカナダ住民を区別するシンボルの役割を長く果たしたのは言語でなく、カトリック対プロテスタントという宗教対立だった（D. Meintel, « Tansnationalité et transethnicité chez les jeunes issus de milieux immigrés à Montréal », *Revue Internationale des Migrations Européennes, 9*, 1993, 63-79.）。

言語はユダヤ人の同一性を保証してこなかった。イスラエルでは現在ヘブライ語とアラブ語が公用語に定められている。だが、建国当初はイスラエル在住ユダヤ人の九〇％がイーディッシュ語を話しており、将来イーディッシュ語か英語が共通語になるだろうと予想された。政府の強力な指導によりヘブライ語普及が急速に進んだのである。それに世界中に散らばるユダヤ人の多くはヘブライ語を話さない。

境界を規定する要素自体に意味はない。イギリスの文化人類学者エドマンド・リーチは述べる（E. Leach, *Political Systems of Highland Burma*, Bell, 1954, cité par P. Poutignat & J. Streiff-fenart, *Théories de l'ethnicité*, PUF, 1995, p. 144.）。

カチン族の女性が結婚前には短髪の頭を隠さないのに、結婚するとなぜ途端にターバンをこれ見よがしに巻くのかは分からない。自らの身分に変化が生じたことを公に示すために、イギリスの女性が特定の指に指輪をはめる理由も分からない。だが、私が知りたいのは次のことだけだ。カチン族の女性がターバンを巻く現象には何らかの象徴的意味があること、ターバンの存在は女性の身分に関する何かを我々に伝えるということである。

シンボル自体をどんなに眺めても、その機能はわからない。社会関係がシンボルを生み出し、意味づけするからである。

民族は言語や宗教など文化要素を他民族からしばしば受容する。だが、文化が変質しても他民族に吸収されず、たいてい自らの同一性を維持する。人々の関心が民族間の差異、すなわちシンボルのみに向けられ、共通要素が見逃されるからである。

民族間の交流が深まって文化差が減ると同時に、民族の固有性が以前に増して強調されることがある。アメリカ合衆国で一九六〇年代頃からアフリカ系アイデンティティが注目される。ところが、言語や習慣の均一化および結婚を通して各民族間の文化差は小さくなった（J. Nagel, "Creating and recreating ethnic identity and culture", *Social Problems, 41*, 1994, 152-176.）。同じ傾向がイスラエルでも報告されている。北アフリカ出身のセファルディムとヨーロッパ出身のアシュケナジムとの文化的距離が、交流が深まるに連れて小さくなるにもかかわらず、両者が固有のアイデンティティを強く主張するようになった（A. Weingrod, "Recent trends in Israeli ethnicity", *Ethnic and Racial Studies*, 2, 1979, 55-65.)。民族の境界に生ずる変化すなわちアイデンティティの強化あるいは弱化と、文化内容に生ずる変化は二つの異なる社会心理現象である。

戦争が勃発するやいなや、国内の宗教対立、階級間の確執、地域紛争が消え、国民全体が一枚岩になって敵に対抗する。外敵の対立項として内集団が構成される。反植民地闘争により多くの国家が誕生した。フランスの植民地支配が始まる一八三〇年以前にアルジェリア人は存在しなかった。国と言えば藩を意味していた時代から近代国家として統一され、日本人が形成された。その契機は欧米列強の脅威だった。

西アフリカのコート・ジボワール南部に人口の約二〇%を占めるベテという民族が住み、最大の民族集団をなす。ところが、植民地時代以前にベテは存在しなかった。経済発展のためにフランスは貨幣経済を導入した。道路整備の夫役を課し、地域区分を行った。この過程で他地域からベテ地方への移住を強いられた人々もいたし、また反対に夫役を避けるために他の地方へ逃亡した住民もいた。逃亡が契機となって都市部への出稼ぎ労働が始まる。都市住民との経済格差が著しく、単純労働者としてベテは認識される。出稼ぎ労働者として他地域で働いては家族のもとに帰る周期を繰り返し、ベテのアイデンティティが強化される。

他方、ベテ地方内部でも民族意識を高める要因が現れる。プランテーション農業に必要な労働者を確保するため、フランスは他地域からの移入を奨励する。その際にテコの役割を果たしたのが土地購入の可能性だった。アフリカでは伝統的に土地が先祖代々の所有であり、売買できない。ところが植民地行政が土地購入を可能にし、外部のアフリカ人がベテ地方に移住する。初めのうちはベテとそれ以外のアフリカ人とが相補関係にあったが、少しずつ競合関係に変質する。こうして外集団と内集団という対立構図ができあがる。そしてついに、ベテはこの土地に太古から住んでいたのだという神話が生み出され、外部から流入した人々に土地返還を求める政治運動が起きる。人為的な植民地政策がわずか数十年でベテ民族を作り出した。民族が最初からあるのではない。対立が民族という虚構を生み出すのである（J.-P. Dozon, « Les Bété: une création coloniale », *in* J.-L. Amselle & E. M. Bokolo (Eds.), *Au cœur de l'ethnie. Ethnie, tribalisme et Etat en Afrique*, La Découverte, 1999, p. 49–85.）。

ユダヤ人のアイデンティティも同様に、外部との対立によって保たれている（イスラエル誕生に外部が果たした役割を第五回「『べき論』の正体」註2で確認した）。言語・宗教・習慣・身体形質など多様な人々の集合であるにもかかわらず、単一民族として理解される背景にはユダヤ教の選民思想以外にも、長い歴史を通して差別・迫害され続け、現在もアラブ諸国という外敵に包囲されている事実がある。

アメリカ合衆国・カナダ・オーストラリアのように、イスラエルも外部から流入した移民が作った国である。ところがイスラエルは、世界中に離散したユダヤ人が本来の土地に帰るという筋書きの下に建国されたため、民族同一性が過去から連続するという了解がある。だが、それは事実でない（以下のデータはY. Courbage, « Qui sont les peuples d'Israël? », in *Israël. De Moïse aux accords d'Oslo*, Seuil, 1988, p. 487-495.）。

建国後まもなく制定された帰還法により、世界のすべてのユダヤ人はイスラエルに「帰る」ことが可能になる。ユダヤ人は母系血統であり、正統的定義によればユダヤ人の母親から出生した者のみがユダヤ人として認められる。したがって父親がユダヤ人でも母親がユダヤ人でなければ、その子どもはユダヤ人でない。しかし実際には非ユダヤ人の母親から生まれた子や、非ユダヤ人の配偶者もイスラエルに「帰る」。

ロシアから多くの人々がイスラエルに入植した。二〇世紀初頭からソ連崩壊までの期間にパレスチナに移住したロシア人はイスラエル入植者全体のおよそ三分の一。ソ連崩壊後には五〇万人を上回る入植者数を記録し、現在でもイスラエル人口の主な源流をなす。ところで、このロシア移民の中に多くの非ユダヤ人が含まれていた。

一般にユダヤ人と非ユダヤ人の結婚は頻繁で、その率が最も低いモロッコ出身イスラエル人でも男性四六%、女性五一%という高い数字に上る。すなわちユダヤ人の二人に一人はユダヤ人以外と結婚する。ソ連崩壊直前の一九八九年には一四〇万人のユダヤ人がソ連にいたが、非ユダヤ人配偶者が八〇万人おり、これら二二〇万人すべての人々にイスラエルに「帰る」権利が与えられている。

共産主義から逃れるために虚偽申告をしてユダヤ人になりすました者も多かった。虚偽申告した非ユダヤ人は少なく見積もってソ連からの全移民の一割、多ければ三分の一に上る。ソ連崩壊とともに大量移民が始まった一九九〇年代になって、イスラエルに住むキリスト教徒の数が急激に増えるという不思議な現象が起きる。入植したソ連の「ユダヤ人」の中に多くのキリスト教徒が混在していたからである。イスラエルのキリスト教徒数は、一九八九年以前には毎年二〇〇〇人ほど増えていた。ところが一九九〇年になると年間増加数が以前の五倍に相当する一万人に上る。そして一九九五年には二万一〇〇〇人、すなわち一〇倍の比率でキリスト教徒が増加した。

このように多くの非ユダヤ人がイスラエル・ユダヤ人になっている。血縁を疑問視する事情はまだある。ファラシャと呼ばれるユダヤ人がエチオピアにいる。黒人であり、信仰内容も異なるという理由から、宗教権威がファラシャをユダヤ人と認めず、一九八〇年代になるまでイスラエルに入植できなかった。結局、国民大半の反対を押し切って、一九八四年一一月から翌年初めにかけてイスラエル政府がファラシャを航空輸送する。黒い肌を持つユダヤ人の誕生である。

イスラエル以外の国に住むディアスポラ・ユダヤ人は、聖書に記されるようにパレスチナから追放されたユダヤ人の末裔だろうか。フランスの歴史家マルク・フェロは、この定説に疑問を投げかける。ヨーロッパや南北アメリカに住むユダヤ人の中には青や緑の瞳を持ち、金髪の人が少なくない。先祖が同じならば、この多様性をどう説明するのか。わずか数千年で瞳や髪の色は変化しない。ファラシャと同様、ディアスポラのユダヤ人はおそらく現地の人々との間に生まれた子孫か、ユダヤ教に改宗した者の子どもに違いない（M.

Ferro, *Les tabous de l'Histoire*, NiL éditions, 2002, p. 115-135.)。

紀元七〇年のエルサレム攻防戦の際にローマ人によってユダヤ人が追放されたという史実は有名である。ところが、これは後生に捏造された神話らしい。労働力として利用できる外国人を追放する習慣はローマ人になかったと、『ユダヤ人は、いかにして発明されたか』を著したイスラエルの歴史家シュロモー・ザンドは述べる。またキリスト教と異なり、布教活動をユダヤ教はしないと信じられているが、実際には多くの他民族がユダヤ教に改宗した（S. Sand, *Comment le peuple juif fut inventé. De la Bible au sionisme*, Flammarion, 2008/2010, p. 247-361.)。

［註4］ P. Milza, « Les Mécanismes de l'intégration. Entretien avec Pierre Milza », *in* J.-C. Ruano-Borbalan（Ed.）, *L'identité. L'individu, le groupe, la société*, Edition des Sciences Humaines, 1998, p. 274. 共同体の文化に守られ、安心するおかげで変化できる。そして外部環境に適応すれば、アイデンティティが保障されるという循環が生まれる。チュニジア生まれのユダヤ系フランス人作家アルベール・メンミは、イスラエル誕生がかえってディアスポラ・ユダヤ人の同化を促すパラドクスを指摘する（A. Memmi, *La libération du Juif*, Gallimard, 1966, p. 260.)。

逆説的だが、同化さえもついに可能になるだろうと私は言った。抑圧の真っ直中で同化はまず不可能だった。非ユダヤ人が同化を拒絶するからだけでない。同化から生ずる耐え難い不安のためにユダヤ人自身が拒否していたからだ。〔……〕今後は固有の土地・国家・文化をユダヤ人が持つおかげで同化が許される。自由な人間になると同時に、ユダヤ性を放棄する自由もユダヤ人は獲得する。〔……〕

この状況は望ましいのだと、はっきり言っておきたい。同化を望むすべてのユダヤ人にとって同化は正当だと認めなければならない。自らの運命を選択する自由をユダヤ人も取り戻さなければならない。ユダヤ共同体に属すると再確認するのか、あるいは他の共同体を選択するのかを、単なる気分や利益からでも決められるべきだ。他のどの人間にも許される権利がユダヤ人にだけは認められないということがあろうか。イタリア人がフランスに同化したり、ドイツ人がアメリカに同化したりするのと同じでないのか。だが、ここでも忘れてはならない。痛みを伴わないでユダヤ性を消せるようになったのは、ユダヤ人国家が存在するおかげなのだ。

民族同一性を保つべきか、あるいは同化して民族性を失う方がよいのか。この問いは的外れであり、問いの立て方がそもそもおかしい。人間は常に変化する。変化自体が問題なのではない。強制的に変化させられる、あるいは逆に、変化したい方向に変化できない事態が問題なのである。

苦しんだ末に宗教の道に入る人を思い浮かべよう。入信つまり信仰上の変化が自己同一性を保つ。入信を禁止され、もとの状態の維持が自己同一性の危機を生む。変化が同一性を救い、無変化が同一性を破壊する。改宗または棄教という自己変化自体から問題は発生しない。なりたいものになれない時、また、なりたくないものにならなければならない時に同一性の危機は訪れる。同一性は固有の内容を持たない。あるのは同一化というプロセスのみである。

［註5］　在日韓国人・朝鮮人の多くは日本で生まれた二世以降の世代であり、ほとんどが日本語を母語として育った。法律上は外国人でも、実質は日本人とほとんど変わらない（鄭大均《テイタイキン》『在日韓国人の終焉』文春新書、二〇〇一年、一八頁）。

圧倒的多数の在日韓国人にとって、韓国とは父母たちや祖父母たちの故郷ではあっても、自身の故郷ではない。法的にいえば、在日韓国人は日韓の間を往来し、生活地を選択することができる。だが、多くの在日韓国人は自分にそんな選択可能性があることも知らないほどに本国とは無縁な生活をしている。在日韓国人の九十パーセント以上は日本生まれの世代であり、彼らにとって韓国という国は単なる外国というよりは因縁のある地だとしても、それは外国に近い存在になっているのである。「近くて遠い国」というのは日本人よりも在日韓国人にふさわしい言葉なのである。

帰化者数が年々増加する一方、帰化を拒否あるいは躊躇する人々も多い（金石範《キムソッポム》『「在日」の思想』筑摩書房、一九八一年、三三二頁）。

一日本人学生から、どうして在日朝鮮人は自分の祖国とか民族、そして帰化などの問題にこだわるのか、たとえば在ブラジル日本人はブラジル社会に順応してブラジル人として生活しているのに在日朝鮮人はそうでないような気がする、という内容の質問があった。私は、それはそうであって、在日朝鮮人も日本社会に順応していきていかねばならない。しかし順応するということは、その民族の独自性や集団の個別性を消したり捨てることではない。［……］ただ同化とか帰化に抵抗があるのは、日本とブラジルなどとの関係とは違って、在日朝鮮人の場合はブラジル移民のような移民ではなく、過去の日本と朝鮮との不幸な関係、植民地支配の所産であり、その負の歴史をまだ私たちが背負っているからである。たとえばの話だが、日本ではなく、アメリカや中国などへの「帰化」であるなら、私もふくめて多くの在日朝鮮人がほとんど抵抗なしにするだろう……というふうに答えた。

在日朝鮮人の活動家・知識人、また朝鮮総連および民団の指導者は帰化に対してこれまで一貫して反対の立場を取ってきた（朴正浩《パクジョンホ》「在日韓国人の国籍問題再考」『現代コリア』一九九七年一〇月号、鄭大均前掲書五六頁より引用）。

実は私達、在日韓国・朝鮮人の間では、特に民族活動家の間では、なぜか長い間、国籍問題を論じること自体をタブー視する雰囲気があった。特に在日同胞一世の中から、いや二世の中でも帰化する者は民族を裏切った者だ、と弾劾するような風潮があった。いくら生活するのに便利だからといって、かつて私達を散々に苦しめた、その日本の国籍を取るなどということは悪魔に魂を得るに等しい行為だ、という考えは一世の中には根強くあったし、私のような二世の中にも少なからず存在している。

韓国・朝鮮籍を保持したままで日本での参政権を要求する運動を民族組織が批判したのも、政治参加をきっかけにして在日朝鮮人の帰化がなし崩し的に進行し、日本社会に彼らが溶け込んで消滅してしまう懸念があったからだ。朝鮮総聯の指導者の一人は一九九三年に行われた中央委員会で在日朝鮮人の参政権について、こう述べた（李珍珪《リジンギュ》『統一日報』一九九四年五月一二日。朴一《パクイル》『〈在日〉という生き方――差異と平等のジレンマ』講談社選書メチエ一九九九年、六〇頁より引用）。

一部在日論者が………日本の参政権獲得などのいわゆる権利を主張する言動を広めています。これは在日同胞の運命を朝鮮民族の一構成員として祖国の運命、民族の運命と一つに連結させようとするのではなく、祖国と民族から引き離し、日本社会の構成員としていくばくかの権利でも得て生きようとするところにその本質があります。

朝鮮語を理解せず、祖先の文化よりも日本文化に強い親近感を覚えるようになった若者にとって、民族的絆を維持するための最後の砦を韓国・朝鮮籍が果たしている。

在日同胞の日本生まれの世代の大多数は、すでに言葉、生活文化など民族的特性を失っても、辛うじて「国籍」を民族的アイデンティティのよりどころにしている。いいかえれば、「国籍」こそ、在日同胞が日本の「単一民族」への吸収・同化から民族的アイデンティティを守るさいごの砦であり、一世たちが守ってきた貴重な遺産である。（姜《カン》在彦《ジエオン》「在日同胞の将来像」『統一日報』一九九五年八月一五日、朴一前掲書八六－八七頁より引用）

在日韓国人にとって韓国籍を保持しながら日本で民族的に生きていくことの意味を今、改めて考えなければならない。一つは、植民地支配の残滓である創氏改名からすらも解放されていない状況を克服するためにも、民族的主張としての国籍が必要だ。民族名でも帰化を認める現状の中で、国籍は日本でも民族名を名乗ればいいとする議論もある。しかし大多数が民族名を名乗れていない在日社会では民族的に生きるための抵抗概念として国籍という意味が強い。（金敬得《キムキヨンドク》「今、国籍を保持して生きる意味」『統一日報』一九九九年二月一七日、鄭大均前掲書五七－五八頁より引用）

日立製作所が一九七〇年に引き起こした在日朝鮮人青年に対する就職差別をめぐって争

われた裁判において、民族組織指導者だけでなく一般の在日朝鮮人が、差別にあった原告当人を批判し、日本の大企業への就職自体が問題視された。日本国籍取得の拒否と同様に、民族同一性が失われる危機感がその背景にある。日本人との平等を求めるあまりに日本人との差異がなくなり、在日の若者たちがやがて日本人になってしまうことを一世たちは恐れた（朴一前掲書四二-四三頁）。日立裁判闘争に関わった原告側の一人が述べる（佐藤勝巳『在日韓国・朝鮮人に問う』亜紀書房、一九九一年、鄭大均前掲書四〇頁より引用）。

日立闘争のなかで、何が困難であったかと問われれば、民族団体、なかんずく総聯が、われわれの運動を、同胞を日本社会に同化させる「ネオ同化主義」の運動だとして「非難」したことであった。あらゆる運動がそうなのだが、運動にとって怖いことは、闘う相手からの攻撃よりも、本来味方であるべきはずの勢力からの攻撃である。「日立に勤めてどうする気か。裁判をやって同化するなど正気の沙汰ではない」。この意見は、総聯をはじめとする、ほとんどの一世たちの声であった。「朴君を囲む会」の韓国人部会の責任者であり、在日大韓キリスト教青年会全国協議会の会長でもあった崔勝久氏は、二世である同協議会のメンバーから、日立にかかわることは同化に手をかすものだという理由で、会長を解任されるという事件まで起きた。〔……〕筆者にいわせるなら、日本企業への就職の門戸開放に、さらに社会保障の適用に、最も強く反対したのが、一九七〇年代前半における民族団体内部の一世たちだったのである。

民族同一性の危機感が帰化を妨げる事実は、普遍主義を標榜するフランス社会でも同様だ。アルジェリアからの移民と東南アジアからの移民とを比較すると、前者の帰化者割合は男性一一％、女性一六％に留まるのに対し、後者では男性五四％以上、女性は六三％に上る（M. Tribalat, *De l'immigration à l'assimilation. Enquête sur les populations d'origine étrangère en France*, La Découverte/INED, 1996, p. 153.)。

東南アジア出身者が高い帰化率を示す理由を理解するためには、帰化の象徴的意味を考慮する必要がある。彼らの多くは政治亡命者であり、祖国の国籍を捨てて帰化しても同胞への裏切りを意味しない。フランスに帰化した者の半数以上（男性五九％、女性六三％）が帰化の理由を「生活や職業上の便宜を図るため」と答えたように、共産主義体制を拒絶したのであり、同一性の拠り所になる文化を放棄したのではない。

それに対して、フランス植民地主義に長期にわたって苦しめられ、現在でも厳しい差別にさらされるアルジェリア出身者は帰化を祖国への裏切りと捉えやすい。実利的方便という覚めた理由から帰化申請をしたアルジェリア人の比率は男性三一％、女性三五％に留まる（*Ibid.*, p. 165.)。二重国籍が認められない東南アジア人の方が高い帰化率を示し、反対に、二国間協定により二重国籍を得るアルジェリア出身者の帰化率の方が低い。アルジェリア人が帰化を拒むのは在日朝鮮人と同様、自己同一性を失う不安があるからだ。

[註6] 世界の人々のイメージを調査した時、三〇代女性の回答が印象に残った。「コンゴ人、ケニア人ですか。つまりアフリカ人ですよね。二年前にセネガルに行ったんです。

そこで初めて現地の人と接触しました。白人とアジア人は金持ちだと思って現地人はすぐに物乞いをします。黒人は自分たちで努力しないで、すぐ他人に頼る人種だと思いました」。「コンゴ人・ケニア人・セネガル人を一まとめにしてアフリカ人＝黒人として先ず把握する。そしてセネガル人という部分集合に関して得た「情報」を他の部分集合であるコンゴ人とケニア人に拡張する（T. Kozakaï, *Les Japonais sont-ils des Occidentaux? Sociologie d'une acculturation volontaire*, L'Harmattan, 1991, p. 99.）。

［註7］　集団責任は意味のある概念だろうか。多くの倫理学者は責任根拠を自由意志に求めるため、集団自体が責任を負う可能性を否定し、集団を構成する各個人の責任に還元する。だが、個人責任に限定すると被害者救済が充分になされない場合が出る。そこで個人責任に還元できない概念として集団自体の責任を積極的に提言する立場もある。

こう考えて見よう。貧困に喘ぐ人がいる。この人の住む小屋の前を毎朝通って出勤するが、見て見ぬふりをして援助の手をさしのべない。厳冬のある日、凍死している貧者を発見する。毎朝の無視を個別に考えれば、どの日の無視が死の原因か特定できない。だが、無視の連続が重なって凍死したのだから、危険な状態の人に援助をさしのべなかった事実に対する責任が発生する。行為が繰り返し生ずる時、それらをひとまとめにして捉え、この行為群の責任を問う論理である。

時間軸から空間軸に視点を移そう。先ほどは一人の親切心欠如が繰り返されて悲劇が起きた。今度は病人の前を通行人数人が無視して通り過ぎ、数分後に病人が死ぬとしよう。

どの通行人が悪いかは同定できない。各人を個別に捉えるならば、誰も非難できない。だが、これらの個人的行為をひとまとめに捉えれば、責任を問える（G. F. Mellema, *Collective Responsibility*, Rodopi B. V., 1997, p. 102–103.）。こう考えれば良いのか。

だが、集団自体が負う道徳責任の定立に意義があるだろうか。構成員とは別に集団に責任を負わせるならば、集団責任は構成員に移転できない。構成員全体と集団自体とを別の存在として捉えるからである。集団が構成員に還元されるなら、集団自体の責任など措定する必要がない。集団の中で各構成員がとる個別行為の責任だけを問えば十分だ。集団自体と構成員全体との間に断絶を認め、構成員の個人責任とは別に集団自体の責任を定立するなら、その論理からして集団自体の責任を構成員は負えない。

現在生きる各日本人とは別の実体として日本や日本人を考えよう。日本が犯す罪に対して日本が責任を負う。しかし日本は各日本人と別の実体なのだから、日本が非難されても、実際の日本人には痛くも痒くもない。「ああ、本当に日本は悪い」と他人事として認めればすむ。日本が行った過去の戦争犯罪をアジア諸国から糾弾されても、感情的に反発せずに「その通り。本当に日本は悪い国家だ。私には無関係だが」と反応するはずだ。実際にこのような態度を取る日本人は少ないだろう。戦争の被害国にもこの言明を正当だと認める人はいない。集団と構成員との間で責任移転が不可能ならば、集団自体の責任を定立しても意味がない。集団の責任を最終的に各構成員に転移し、個人責任として理解するのなら、道徳的意味での集団責任は無駄な概念になる。

個人の同一性と集団同一性との間に同じ存立機制を見て、道徳責任を担う集団主体を大庭健は立てる（『「責任」ってなに？』講談社現代新書、二〇〇五年、一二九－一三〇頁、強調大庭）。

個人は、みずからの意志によって行為して、権利を行使し義務を果たす。個人の体を形作っている細胞は、時間とともに入れ替わってしまうし、考えも好みも時間とともに変わってしまう。にもかかわらず、個人は、意志決定・行為の主体としての同一性を保つ。かつての私と、いまの私は、あくまで同一人物である。かつて私の体を構成していた細胞の大半が、老廃物となってすでに四散したからといって、かつて約束をした私と、いまの私が別人物だ、ということにはならない。かつてと考え方が正反対になったからといって、かつての私と、いまの私が別人物だということになりはしない。

この点にかんしては、制度化された集団もまた、同じである。集団のメンバーは入れ替わるし、集団の基本方針も変わる。しかし、制度化された集団は、同じ集団としての同一性を保ちながら、集団としての義務を負い、権利を行使する。制度化された集団は、集団としての集合的な意志決定にもとづいて、集団として行為する。そして集団の行為は、外部の諸集団、諸個人に多大の影響を及ぼす。そうだとしたら、制度化された集団もまた、レベルは違うにせよ、個人と同様、責任の主体という性格を持つ。

この議論には困難が二つある。第一に、個人責任と別に集団自体の道徳責任を措定する意義がない。これは先に指摘した点である。第二に、集団主体という概念にも問題がある。大庭は個人同様の主体性を集団にも認める。だが、それは主体概念を空洞化し、意味を失わせるだけだ。確かに個人と集団との間に生成構造の相似を見るのは可能だ。また個人と同様に集団に自律性を付与することも正しい。しかし近代的意味での道徳責任を問い糾す限り、個人と同様に集団も自律システムをなす事実を説いても、道徳主体は導けない。自律性はすべての生物に共通する性質である。犬や猫に対して責任を問わないように、自律性を根拠に道徳責任は定立できない。主体とは、責任を問う社会的文脈におかれて初めて意義を持つ概念であり、自律性とは峻別すべきである。この点は第一一回「主体と内部神話」註19で再び議論する。個人と同じ意味で集団の同一性や意志を認め、大庭は責任主体として集団を規定する。集団が殺人を犯したら、集団の代表者や他のメンバーではなく、集団自体を死刑に処すのだろうか。集団の解散が集団の死刑に相当するとは、まさか答えないだろう。集団行為を個人行為の集積に還元し、集団責任を最終的に個人責任に分解するなら、集団責任は無駄な概念である。

[註8] 共同生活を円滑に営むために人間は様々な擬制を生み出した。組織を法人と呼び、法律上あたかも人間のように扱う。擬制が機能せず、法人の連続性が認められなければ、銀行預金さえできない。金を下ろそうと銀行に行って、「あなたが預金した銀行は先週で消滅しました。今の銀行は頭取が交代し、別の存在なので返金できません」と窓口で

言われるようでは困る。ナチスに財産没収されたり、家族を虐殺されたユダヤ人や日本に強制された朝鮮人従軍慰安婦についても、第三帝国や大日本帝国は一九四五年の敗戦で解体し、現在のドイツ国家および日本国家は別の存在である、したがって謝罪や補償を求めるのは誤っているという論理が認められたら、被害者や遺族は堪らない。

このような擬制は人工的に定めた約束として機能するのであり、スポーツや囲碁・将棋などの規則と変わらない。構成員が刻々と代替する事態に対して、擬制の連続という物語を用いて社会や国家の同一性を保証する。だが、それと道徳責任は別である。

［註9］ 応援するスポーツ・チームが勝利したり、日本人がオリンピックで金メダルを取ると自分のことのように喜ぶ現象は、自分とは別の存在に同一化する認知誤謬である。ところで、美貌を褒められると喜ぶのは何故だろう。身体は遺伝に大きく依存する。美しいのは自らの努力の結果でなく、そのような形質を両親が備えていたからだ。両親の遺伝子が出会う際に偶然が作用して美貌が得られたのかもしれない。それでも当人の努力によるわけでない。整形手術を受けて美しくなると、自分の本当の美しさではないとか、あの女性は整形美人にすぎないと逆に評価が下がる。遺伝と偶然は外因である。整形手術による美貌の方が、原因がより直接に当人と結びつけられるから、より誇れるはずだ。だが、そうならない。不思議ではないか。

［註10］ R. J. Lifton & G. Mitchell, *Who Owns Death? Capital Punishment, the American Conscience, and the End of Executions*, HarperCollins Publishers, 2002, p. 98–99.

［註11］ 処罰の正体は第八回「開かれた社会の条件」註13および註15を参照。より詳しくは『責任という虚構』第五章。

［註12］ 国民のほとんどにとって領土問題は、感情の次元を除けば、本当はどうでもよいことでないか。漁業権をめぐる係争にしても、関連する漁民の利益よりも、日本に同一化して中国や韓国と対抗意識を燃やすのが実情だろう。

イラクの人質救出にかかった費用を自己負担せよ、我々の税金を無駄遣いするなと主張する人々は日本への同一化を通して批判する。いくら経費が国にかかったか不明だが、一億円なら国民一人当たり一円、一〇〇億円でも自らが負担するのは一〇〇円にすぎない。だが、自分が同一化する日本は莫大な経費を払った。だから日本の名において憤る。

［註13］ 信頼を分析する上で贈与現象に注目しよう。贈与には原理的な矛盾がある。先ず、その確認から始める。贈物を受け取った側は贈物を返さなければならない。さもなければ贈与の連関は途絶える。しかし贈物をする際に、必ず贈物を返してくれると知っているならば、真の意味での贈与とは呼べない。最終的には等価の見返りがあると期待しながら行う贈与は単なる交換にすぎない。だが、見返りがなければ、贈与が社会制度として定着しない。御礼としてお返しするなら、義務を果たすだけだ。したがって贈与ではない。それに御礼を返されれば、最初の贈与自体が色褪せる。受けた贈与への感謝の印として贈物を返す行為が、まさに最初の贈与の意味を奪う。こうして贈与は概念自体に論理矛盾を内包する。どう考えたら良いか。

フランスの文化人類学者マルセル・モースは、ニュージーランドのマオイ族が信じるハウという霊に注目する。贈与物にハウが取り憑くと、元の持ち主に返還しなければならないという負い目が、贈物を受け取った者に生まれる。この信仰のおかげで本来矛盾するはずの現象が維持される（M. Mauss, « Essai sur le don. Forme et raison de l'échange dans les sociétés archaïques », in *Sociologie et anthropologie*, PUF, 1983 [1ère édition: 1950], p. 142-279.）。他方、フランスの構造主義人類学者クロード・レヴィ＝ストロースは、この解釈を批判する。制度全体をシステムとして捉えないと交換は理解できない。贈物を与える・受け取る・返すという部分的現象を総合してシステム全体を構成するから、ハウなどという架空の存在を後から追加する必要が出るのだと（C. Lévi-Strauss, « Introduction à l'œuvre de Marcel Mauss», *in* Mauss, *op. cit.*, p. XXXVIII, XLIV.）。

だが、米国出身の文化人類学者マーク・アンスパックが洞察するように（M. R. Anspach, *A charge de revanche*, Seuil, 2002, p. 43-45.）、ハウと交換現象が循環的に作用しながら相互に生み出されると考えれば、両説の相補性が理解できる。人々の相互作用がハウなる虚構を生み、そのおかげで贈与制度が機能する。そして贈与の現実がハウを捏造し続ける。

贈物をするが見返りは期待しないというメッセージと、贈物をもらったら必ず返礼せよというメッセージが矛盾と映るのは、メッセージが両方とも贈与当事者から発せられると誤解するからだ。当事者の外部に位置するハウという第三項の導入によりパラドクスが解消される。贈物に必ずお返しをせよという命令は依然として機能する。だが、このメッセージは贈主から発せられると理解されず、当事者から遊離するハウの命令として現れる。二つの異なる内容のメッセージが二つの異なる情報源から発せられるのである。贈物を受け取ってくださいという気前の良いメッセージは贈主のものであり、贈主に感謝し、他の贈物で返礼せよという命令はハウが発する。ハウが当事者から遊離するおかげで贈与の連鎖が可能になる（*Ibid.*, p. 35-36.）。

　ハウはマオイ族の錯視の産物である。だが、この第三項のおかげで贈与者と被贈与者とがいったん切断された上で、この虚構の媒介によって共同体の絆が維持される。贈与の当事者に生ずる心理現象と、贈与制度という社会現象との間に循環関係が成立する。本当に下心のない贈与を受けたのならば、なぜ贈物を返す義務があるのか。そして返す義務が生ずるなら、どうしてそれが贈与なのか。贈与し合う二人と贈物だけで贈与システムを構成するとアポリアに陥る。だが、メタレベルに生まれる虚構の導入によって、この二つの疑問は同時に氷解する。この分析は現代社会にも当てはまる。「つまらないものですが、気持ちだけです。お返しなど要りません」という気前の良いメッセージを受け取っても我々はお返しの義務を感ずる。贈与者と遊離したメッセージが社会規範として、お返しを命ずるのである。

　受け取ったモノ、してもらったことの対価として贈物するのではない。真の意味での贈物は相手の存在自体への気持ちを表す。贈与の収支決算は贈物の価値を差し引いても出ない。例えば相手が何をどれだけ必要とするか、また贈る側にどれだけの能力や余裕があるかによって贈るべきものが決まる。相互作用を通して信頼と呼ばれる剰余価値が生まれ、人の絆が補強される。贈与の価値は人間関係への貢献度で計られる。

強固な信頼がなければ即時の決済が要求され、返済を確実に保証する契約を結ばねばならない。また勘違いを避けるため最初に取り決める必要もある。だが、信頼はこれらの用心をすべて無用にする。信頼があれば公平な決済が保証されると言うのではない。反対に、経済的収支の不均衡を積極的に受け入れられる状態を信頼関係と呼ぶのである。

本来の人間関係における収支勘定は相互作用の各瞬間に決済されない。収支均衡に長時間かかる場合もあれば、親子関係のように当事者間だけで収支決済しない場合もある。養育にかかった労力と費用を子から返してもらおうと思う親はまずない。育ててもらった負債を全部返済しようと子は考えないし、それが可能だとも思わない。そして借りは次世代に持ち越される。施しを受けた親に借りを返す代わりに自らの子に施す。こうして世代間のつながりが生まれる。貸借関係が小さな輪の中で完結しないで決済が先に持ち越されるおかげで、外に開かれた関係群が作り出される。負債を返し合いながら人間は結びつけられる。いや、負債を返すという否定的表現は正確でない。単に相手が必要とするから与える関係、与えること自体が喜びになる関係、それは経済損失を心理的利益に変換する錬金術である。

互いに借りを作らないという契約的発想が目指す人間関係とは結局、人間無関係に他ならない。権利・義務を完全に明示できるようになる時、人間の世界に信頼は要らなくなる。だが、それは同時に人間が人間たることをやめる時である。

[註14] 因果律を認めながらも、初期条件に還元できないプロセスとして歴史を描くためには、どう考えるべきか。

ギリシア神話にピュグマリオン（Pygmalion）という名の彫刻家がいる。理想の女性ガラテアを彫り、人間になるよう願ったところ、女神アプロディテが彫像に生命を吹き込んだ。この神話にちなんで社会心理学はピグマリオン効果と呼び、最初は先入観や偏見にすぎなくとも、対応する現実が次第に出来上がるプロセスを研究する。

生徒の潜在能力に教師が先入観を持つと、各生徒に同じく接しているつもりでも実際は無意識に異なる対応をする。その結果、客観的な学力差が現れる（R. L. Rosenthal & L. Jacobson, *Pygmalion in the Classroom*, Holt, Rinehart & Winston, 1968.）。授業で褒められた子は先生が好きになり、科目に好奇心を示す。面白いから勉強がはかどる。知らず知らずのうちに成績が上がり、得意科目になる。先生や他の生徒から認められ自信がつき、さらにまた勉強が進む。スポーツ・芸術そして医療でも同じ心理が働く。

偶然の出来事が循環プロセスを開始し、現実を作り出す。素敵な人に出会う。二人とも何となく相手が気になる。男性は意を決して、また会いたいと手紙を出す。ところが手紙は郵便局の過ちでどこかに紛失してしまう。いつまで待っても返事を得ない男性は嫌われたと思いこみ、他の機会に再び出会っても女性を避けるようになる。初めに会ったその日から男性に恋心を覚え始めていた彼女は相手の冷たい素振りにがっかりする。それ以降、自尊心を傷つけられた彼女は男性を憎み、諍いが始まる。こうして一つの恋が失われる。

集団現象はいったん動き出すと当事者の意志を離れて自律運動する。社会内部の対立や揺らぎが正のフィードバックを受けて増幅し、循環作用により安定した構造が生み出される。人類が地球上に誕生した時、言語も市場も宗教もなかった。それが時間を経て次第にできあがる。社会システムが辿った具体的な成立経緯は検証できるかも知れない。だが、そこに法則はない。無根拠から出発しながらも、こうして社会秩序が誕生する。

『プロテスタンティズムの倫理と資本主義の精神』でマックス・ヴェーバーが展開したテーゼも、虚構と現実との間に成立する循環である。資本主義経済が成立するためには、ある精神革命が必要だった。労働によって得た利益すべてを消費せず、生産投資に利益を回して、さらなる利益を求める。このパタンが普及しなければ、資本主義経済の発達はない。だが、富を追求する愚をキリスト教は戒める（M. Weber, *L'éthique protestante et l'esprit du capitalisme*, Plon, 1964, p. 98.）。

人生という、これほど短い巡礼期間において、どんな職業に就くかを重視するのは不条理だ。自らが必要とする以上の物質的利益を追求するとしたら、それは神の恩寵が与えられていない証拠でもある。このような利益を得ることは他人の犠牲なしには不可能だろう。したがって物質的利益の追求は絶対に排除しなければならない。

資本主義の精神が発展するためには、このような考えが改められる必要があった。ヴェーバーはその精神革命の端緒をジャン・カルヴァンの思想に求める。魂を救済する上でカトリック教会は日常生活での敬虔な努力の重要性を説く。対してカルヴァン主義はこのような呪術的発想を斥ける。人間の小賢しい努力で救済を得られるなどとは愚かな迷信であるばかりか、全能の神への冒瀆でさえある。

「神の意志により、また神の栄光の実現のために、ある人間は永遠の命を定められ、他の人間は永遠の死を定められている」とウェストミンスター告白（一六四七年）は記す。カルヴァンの救済予定説は、それまでの神学と一線を画す。人間は、神が自らの栄光を成就するための道具にすぎない。神のために人間が創造されたのであり、人間のために神がいるのではない。信徒が何をしようとも、神が定めた運命は変わらない。能力に限りある人間に神が定めた運命はわからない。救われるのか、永遠に呪われるのかを知る方策は存在しない。

さて、人間の意志や努力を無効にする決定論的世界で何が起きるか。地獄に堕ちる定めなら、どんなに努力しても報われない。救われる運命にあるのなら、どんなに怠けても、さらには他人に危害を与えても地獄に堕ちる心配がない。そうならば、わざわざ苦労して他人のために尽くしたり、より良い生き方を求めて努力する人間がいるだろうか。

だが、そのような合理的判断を救済予定説は導かなかったとヴェーバーは説く。「予定説から導かれる論理的帰結は言うまでもなく宿命観であろう。しかし『試練』という概念の導入により、実際の心理的結果は反対になった」(Note 67, *in* tr. fr., *op. cit.*, p. 141. 強調は小坂井)。

自分の運命を推し量る間接的な方法が実は一つだけある。神に選ばれた人間は神の栄光を実現するための道具だから、敬虔な生活を送る有能な人間にちがいない。酒に溺れ、淫行にうつつを抜かす輩であるはずがない。したがって脇目もふらぬ努力を毎日重ねている事実こそ、神の軍団に属す証拠でないか。つまり生活の兆候を通して、自らが神に選ばれている、自らの存在が無意味でないと信じる。休みなしに勤勉な生活を常に求めれば、信者の物質的および精神的生活が豊かになる。ひるがえって、自分は選ばれた存在だと確信する循環ができあがる。こうして初めの虚構が現実を作り出す。ピグマリオン効果である。

[註15] フランスの中学数学教科書に載っている古典的問題である。これ以外に一一頭の物語など他のバージョンもある。この寓話は七世紀頃アラブ世界で誕生し、一九世紀後半にヨーロッパにもたらされたらしい(P. Ageron, « Dix-sept chameaux, huit galettes et quatre-vingt palmiers. Circulation et mouvance de trois problèmes arithmétiques de la tradition arabe », *Le Miroir des maths*, 6, 2010, p. 20-26.)。一一頭のバージョンはフランスの精神分析家ジャック・ラカン、フランスの哲学者ジャック・デリダやジャン＝ピエール・デュピュイ(J.-P. Dupuy, « Le pacte du chameau », *Le Monde*, 19/05/2014)、ドイツの社会学者ニコラス・ルーマン(G. Teubner (Ed.), *Die Rückgabe des zwölften Kamels. Niklas Luhmann in der Diskus-*

sion über Gerechtigkeit, Lucius & Lucius Verlagsgesellschaft, 2000［G・トイプナー編　土方透監訳『ルーマン　法と正義のパラドクス――一二頭目のラクダの返還をめぐって』ミネルヴァ書房、二〇〇六年］）などが考察している。一一頭バージョンでは長男の取り分が遺産の半分、次男が四分の一、末っ子が六分の一だが、一七頭バージョンと論理構造は同じだ。

三五頭の変わり種もある。一七頭の物語と同様、長男に財産の半分を、次男に三分の一を、そして末っ子に九分の一を与える。ところが、このバージョンでは合計が三六頭になり、長老が兄弟に一頭譲渡して分割した後に一頭でなく、二頭余る。長男が一八頭、次男が一二頭、末っ子が四頭を得、合計三四頭にしかならない。一七頭の設定を比率は変えずに数を倍にしただけだから、最後に余るラクダは一頭でなく、当然二頭である。

三五頭のバージョンは新たな問題を生む。一頭を長老に返しても、もう一頭をどうすべきか。どのバージョンにおいても長老のラクダは貸与でなく、譲渡である。したがって返還義務はない。だが返さなければ、兄弟の誰がもらうべきかと諍いが再開する。初期設定が三五頭の場合、余った二頭とも長老に与えるしかない。こうして長老は利子を得る。だが、イスラム教の戒律は利子を禁止するので、これも解決にならない。村の共有財産にすれば、三人は村人に尊敬され、共同体の絆が深まるかも知れない。

ところで計算の上で何が起きているのか。一七頭バージョンを基に二点確認しよう。①規定の財産を誰かが得られなかったのか、つまり遺言内容に対して実際は損をした者がいるのか、②全員、遺言書の規定より多くもらったとしても、兄弟が最終的に得た財産の割合が遺言書の規定とずれ、誰かが相対的に得あるいは損したのか。
①をまず調べよう。兄弟三人が最終的に得た九頭・六頭・二頭は、それぞれ一八頭に対する半分・三分の一・九分の一（つまり二分の一八頭・三分の一八頭・九分の一八頭）だから、どれも遺言状が定めた二分の一七・三分の一七・九分の一七よりも大きい。したがって誰も損していない。
②はどうか。長男には二分の一、次男には三分の一、三男には九分の一与えると遺言された。そして最終的に三兄弟が受け取ったラクダは九頭・六頭・二頭だ。ゆえに遺言状の割合を遵守している（二分の一・三分の一・九分の一に一八をかければ、九・六・二になる。つまり二分の一・三分の一・九分の一の比は九・六・二）。あるいは次のように考えても良い。実際にもらったラクダの数と遺言規定との差はそれぞれ（9-17/2）・（6-17/3）・（2-17/9）だ。分母を一八で通分すれば、九・六・二の割合になる。したがって増加分は遺言の分配規定通りで公平な分割である。
では何故ラクダが一頭あまるのか。分割の割合を合計しても一にならないからである（H. Bereil, « Des chameaux sans conflits ni confits (des bosses des chameaux à celles des maths?) », *Bulletin de l'APMEP, 472*, 2007, 648-656.）。一七頭バージョンでは1/2+1/3+1/9=17/18、一一頭バージョンでは1/2+1/4+1/6=11/12、三五頭バージョンでは1/2+1/3+1/9=34/36である。

より一般には、1≦a＜b＜c≦n（a, b, c, n は自然数）という条件において、1/a+1/b+

$1/c+1/n=1$を満たす自然数の組合せを考え、n-1のラクダを最初に用意し、$(1/a, 1/b, 1/c)$に分割する。(a, b, c, n)を$(2, 3, 9, 18)$にすれば、一七頭の問題設定になる。$1/a+1/b+1/c+1/n=1/2+1/3+1/9+1/18=9/18+6/18+2/18+1/18=18/18=1$だ。一一頭バージョンでは$(2, 4, 6, 12)$になる。やはり$1/a+1/b+1/c+1/n=1/2+1/4+1/6+1/12=6/12+3/12+2/12+1/12=12/12=1$だ。三五頭バージョンも一七頭バージョンと同様の分割だから$(2, 3, 9, 36)$である。ただし、n-1頭のラクダを最初に用意した上で$(1/a, 1/b, 1/c)$に分割するところまでは同じだが、今度は$1/a+1/b+1/c+1/n=1$でなく、$1/a+1/b+1/c+2/n=1$である。検算すると、$1/a+1/b+1/c+2/n=1/2+1/3+1/9+2/36=18/36+12/36+4/36+2/36=36/36=1$。

[註16] 外部にはじかれる媒介項の最たるものは神だが、貨幣も同じ論理構造に支えられる。貨幣が流通する保証はない。貨幣価値は集団虚構に支えられる。喫茶店でコーヒーを注文し、「ありがとう。御礼に明日リンゴを持ってくる」と言って店を出たら、どうだろう。見知らぬ客の約束を信じて飲み逃げのリスクを負うよりも、その場でコーヒー代を払ってもらい、その金でリンゴを自分で買う方が喫茶店主にはありがたい。あるいはリンゴよりも居酒屋で一杯飲む方がいいかもしれない。だが、そのような計算が成り立つのは、日本銀行券と印刷された紙切れを果物屋や居酒屋が受け取ってくれると信じるからだ。リンゴや酒を生み出す魔法の力は紙切れをどれだけ眺めても見つからない。貨幣自体は無価値であり、コーヒーを注文する客と喫茶店主の間の交換は二人だけで成立しない。果物屋

や居酒屋という第三者が媒介しなければ、貨幣制度が機能しない。
商品を売って貨幣を受け取る者はトランプのババ抜きのように貨幣を次の人に回す。貨幣というジョーカーを摑まされた人はまたそれを他の人に回し、価値のあるモノと交換してもらう。

商品のばあいは、たとえそれが売り手にとってはまったく無価値であったとしても、買い手にとっては有用なモノとしての価値をもっている。［……］これにたいして、貨幣のばあいは、それをほかの人間にあたえようと思っている買い手にとってだけでなく、それを買い手からうけとろうと思っているそのほかの人間にとっても、モノとしてはまったく無価値である。［……］

結局、一万円の貨幣と一万円の商品との交換という価値の次元における公明正大な等価交換の下には、無価値のモノと価値あるモノとの交換というまさに一方的な不等価交換がモノの次元で存在している。無と有との交換――だが、それにもかかわらず、一番目のほかの人間がこの一万円を商品と交換にひきうけることになるのは、それをモノとして使うのではなく、それをそっくりそのまま二番目のほかの人間に手わたそうと思っているからなのである。［……］そして、このようなことが可能なのは、もちろん、その二番目の人間自身も、だれかほかの人間がその一枚の紙切れを一万円の価値をもつさらに別の商品と交換にひきうけてくれることを期待しているからである。（岩井克人『貨

幣論』筑摩書房、一九九三年、一九三‐一九四頁）

ハウと同様に貨幣においても、交換当事者の心理と、交換制度という社会現象との間に循環関係が成立している。交換システムを統一的に把握するためには、「宗教心に比すべき社会心理的信仰」（Simmel, *op. cit.* 〔tr. fr., p. 198.〕）とジンメルが呼んだ第三項の媒介過程を読み取る必要がある。

〔註17〕 P. Watzlawick, J. Weakland & R. Fisch, *Change: Principles of Problem Formation and Problem Resolution*, W. W. Norton, 1974.

〔註18〕 長尾雅人「仏教の思想と歴史」『世界の名著　大乗仏典』中央公論社、一九六七年所収、一二一‐一二三頁。

■第八回■

開かれた社会の条件

一九八〇年代初頭のフランス。ミッテラン大統領就任まもなく、彼の隠し子についてジャーナリストが尋ねた。その時、「ああ、私生児がいるよ。でも、それがどうかしたのかね（Et alors?）」と切り返したエピソードは有名だ。現職大統領の愛人と隠し子の存在だけに、この事実が一〇年後に公になった時、大きな話題になった［註1］。ところで、愛人を持ったり、隠し子がいても悪くないとミッテランが嘯いたと理解した人が日本で多かったが、それは誤解だ。正しい愛の形を決めるのは社会でない、私生活の是非は当事者の判断に任せよ。これがミッテランの真意であり、近代と宗教の分岐点がここに現れている。

ラシダ・ダティという政治家がいる。煉瓦職人だったモロッコ人の父とアルジェリア人の母との間に生まれた。恵まれない家庭に育ちながらも、野心的な彼女は社会進出に成功し、元大統領ニコラ・サルコジ政権下で法務大臣を務めた。一度離婚した後に独身を通していた彼女は二〇〇九年、在任中にゾラという女児を産む。父の名を公表しなかったため、マスコミは父親探しを始めた。当時、ダティには愛人が八人いたと噂され、テレビ司会者、フランスの閣僚、ファッション業界の大立て者、カジノやレストランを経営するグループの総裁、フランス電力（ＥＤＦ）社長、スペイン元首相、サルコジ大統領の弟、カタール主席検事の氏名が挙げられた。ただし、法務大臣の愛人生活や私生児の誕生を非難したのではない。人気取りの手段としてダティ自身、マスコミを利用してきた。その一環でメディアの側も、この話題に飛びついただけだ。大臣の職を辞したわけでもなければ、私生児出産を理由に、辞任せよと迫る者もなかった。

日本には不倫という表現がある。婚姻中の男女が愛人を持ってはならない、そのような関係は倫理的に許されないという社会的断罪である。愛や性の形を社会が定める道徳と、私生活に他人が干渉すべきでないという個人主義が対立する[註2]。ポルノグラフィへの対応も同じだ。公序良俗に反するからと国家が禁止する方針もある。しかし、見るも見ないも各人の勝手だという哲学もある。他人の自由を侵害しない限り、行為自体には是も非もないという思想である[註3]。

❖

フランスでは一九九四年の刑法改正により、強姦の定義が変わった[註4]。この変遷の蔭にも近代個人主義の精神が息づいている。相手の同意なく、暴力・強制・威嚇あるいは急襲によって行う性的挿入は、それがどのような性質であるかにかかわらず、強姦罪を構成するとフランス刑法第二二二条二三項は規定する。刑期は最高一五年。具体的には膣・肛門への陰茎・指・異物の挿入、あるいは口腔内への陰茎挿入をもって強姦罪が成立する。男性の肛門に女性が強制的に指を挿入すれば、強姦である[註5]。

配偶者による強姦がフランスでは加重事由をなし、より厳しく罰せられる。同意がないのに夫（妻）の肛門に妻（夫）が異物を挿入すれば、最高二〇年の懲役に処される。同性婚・同棲・ＰＡＣＳ（民事連帯契約）の場合も同様だ。親と子、教師と学生、上司と部下、神父と信者の関係のように、伴侶に影響され、被害者が心理的に弱い立場に置かれるからだ。未成年者や精神障害者に対する強姦が加重事由をなすのと同じ論理である[註6]。

フランス革命以前、既婚女性に対する強姦は、未婚女性の強姦よりも厳しく罰せられた。被害者への暴力としてでなく、結婚制度に対する挑戦として断罪されたからである[註7]。しかし時代とともに世論が変わる。一九六〇年代末から七〇年代の性解放運動に押され、どんな性行為を強いるかが問題なのではなく、強制自体が悪いのだという考えが広まる。それが刑法の強姦定義変更を導いた。愛と性のあり方は当事者の問題であり、是非を判断するのは社会でない。ミッテラン大統領の「それが、どうかしたのかね（Et alors?）」は、この意味である。

❖

ラトビア出身の哲学者アイザイア・バーリンは二つの自由を区別した[註8]。一つは、自ら欲する通りに行動する可能性を意味する消極的自由。他者の自由を阻害しない限り、各人の自由は無制限に認められる。人を殺す自由や強姦する自由も理屈上は考えられる。しかし、そのような自由は他者の自由を害するから認められない。こう理解するのである。国家権力や他者の干渉から逃れるという意味で「〜からの自由」とも呼ばれる。ホッブズやジョン・スチュアート・ミルが支持した立場である。

もう一つの積極的自由は、感情や欲望に流されず、理性が命じるままに正しい行動を取ること、つまり自律を意味する。殺人や強姦の自由は、そもそも概念として成立しない。自由の範囲を基に規定される「〜からの自由」と対照的に、到達すべき理想を想定する積極的自由は「〜への自由」と呼ばれる。

この立場の論者としてカントやルソーがよく知られている[註9]。

積極的自由は消極的自由よりも優れている。そう考える人は多い。だが、積極的自由は全体主義に繋がる危険な思想だ。人間の精神的完成を古代ではプラトンが称揚し、近代に入ってからはルソーやカントの他にもロベスピエール・ヒトラー・スターリン・毛沢東・金日成など多くの論者が、この理念を掲げた。宗教裁判や魔女狩りを通して中世キリスト教も「正しい世界」を守ろうとした。善悪の基準や施策を誤ったのではない。普遍的真理や正しい生き方がどこかに存在するという信念自体が問題だ[註10]。

政治哲学は正しい公共空間として社会を構想する。だが、時間を抜いた水平的イメージで人間関係に迫るのは最初から無理がある。いかなる論理体系も自己完結しない。根拠を立てようとすれば、では、その根拠を正当化する根拠は何なのかと問いが繰り返される。社会秩序を基礎づけ、正当な権力構造を実体的に取り出す試みは必ず失敗する。根拠はどこにも存在しないからだ。正しい社会の合理的構築は原理的に不可能である。

人間の相互作用から社会ができる。だから人間が死滅すれば、社会制度も消える。その意味では人間が社会を作る。だが、人間の思惑通りに歴史は進行しない。社会を営む情報はいたる所に分散され、全体は誰にも制御できない。社会は構成員の意識や行為と必然的に齟齬を起こす。歴史には目的もなければ、根拠もない。世界を初期状態に戻して再び展開すれば、その時には異なる真理が発露する。歴史はやり直しが利かない。そのおかげで人間は真理を手に入れる[註11]。

❖

価値判断を離れて現実を分析せよと社会科学は説く。事実から当為は導けない。だが、それだけではない。人間の意識的努力で社会問題が解決できると考える楽観論を再考しなければならない。一般向けの書籍市場では「べき論」が花盛りだ。社会問題を扱う本を読むと、解決のための提案が状況分析の後に必ず出てくる。対応策が見つからなければ、出版を躊躇するほどである。

貧困のために餓死しそうな人がいる。大切なのは、その人が実際に食物を口にできるかどうかだ。腹を空かせて死にゆく者の前で生活保護の権利を議論する滑稽さを想像しよう。規則を定め、適切な教育を施し、犯罪防止措置を強化すれば、社会が良くなると信じる甘さは、どこから来るのか[註12]。悪い出来事は悪い原因によって生ずるという思い込みがそもそも誤りだ。フランスの社会学者エミール・デュルケムが説いたように、社会がうまく機能しないからでなく逆に、正常に働くからこそ、犯罪が生まれるのである[註13]。天気予報がいつも当たるとは限らない。とてつもなく複雑なシステムだからである。ましてや天気を変えるのは不可能だ。「べき論」は雨乞いの踊りにすぎない。現実から目を背けて祈りを捧げているだけである。

制度を支える虚構の成立と同時に、その仕組みが人間に隠蔽される。制度を正当化するために我々が持ち出す根拠と、制度が機能する本当の理由は違う。

死刑を例に取ろう。死刑に犯罪抑止力はない。カナダでは一九七六年に死刑制度が廃止された。その一年前、人口一〇万人当たりの殺人件数は三・〇九だった。廃止後に殺人事件発生率が低下し始め、一九八〇年には二・四一を記録した。その後も殺人率は減少を続け、一九九九年には一・七六まで下がった。廃止前に比べ四三パーセントの減少だ[註14]。ちなみに二〇一二年の数字は一・六である。死刑廃止国の重罪率が存置国に比べて一般に高い証拠もない。それに近代以前の釜ゆで・竹鋸引き・串刺し刑など、想像を絶する苦しみにもかかわらず、犯罪が絶えなかった事実を思い起こそう。

応報の論理も判然としない。悪事は必ず罰せられるべきだからか。犯罪抑止力がなくても処刑するのは何故だろう。隠された理由が他にないか。悪の元凶を抹殺し、反逆の物語に終止符を打つ。こうして秩序が再構成される。過去の修復だ。そして未来に向かっては悪のシンボルを消し去り、次に起こりうる禍から目を背ける心理が働く[註15]。第五回「『べき論』の正体」で制御幻想に言及した。カジノでサイコロに息を吹きかける。神社で破魔矢を買い、仏壇の前で呪文を唱える。死刑は、それと同じだ。

人間の未来を構築する上で、人間自身が意識的に貢献できるという前提に規範論は立つ。システムを未来に開く思考だと考えられている。だが、規範論は逆に現状を維持し、システムを閉鎖するイデオロギーだ。

❖

真理は過去になかったし、未来にもない。人間の堕落ゆえに古《いにしえ》の知恵が覆われたのでもなければ、歴史を積み重ねるにしたがって普遍に近づくのでもない。ここで発想を転換しよう。正しい社会の形はいつになっても誰にもわからない。だからこそ、現在の道徳・法・慣習を常に疑問視し、異議申立てする社会条件の確保が重要だ。

社会には逸脱者が必ず現れ、多様性が維持される。そして逸脱のうち、肯定的に評価される要素が独創性として受け入れられ、否定的烙印を押された要素は悪として排除される。食物を摂取する側にとって腐敗と発酵を区別すべきでも化学的には同じプロセスであるように、付与される価値は正反対でも犯罪と創造が既存規範からの逸脱である点は変わらない。

良い逸脱と悪い逸脱があるのではない。キリストやガンジーは正しく、ヒトラーやスターリンは誤りだというのは後世が出した審判にすぎない。当時、キリストもガンジーも社会秩序への反抗者だった。対して、ヒトラーやスターリンは当初、国民の多くに支持された。

普遍的価値は〈閉ざされた社会〉に現れる蜃気楼だ。生物は進化し[註16]、万物は流転する。我々が好むと好まざるとに関わらず、社会は開かれた系をなす。一時的には変化を阻止できる。ジョージ・オーウェル『一九八四年』のように秘密警察の監視下で逸脱者を見つけ、洗脳するか殺せば、社会に悪がなくなる。だが、そのためには膨大なエネルギーが無駄に消費される。密告者を配置するだけでなく、密告者を監視するための人員も必要だ。

世界の変遷をいつまでも止めることはできない。逸脱者・反抗者・少数派が世界をいつか必ず変革する。ブラック・イズ・ビューティフルというスローガンを生んだ黒人解放運動がそうだった。男性支配に楔を打ち込んだフェミニズムがそうだった[註17]。歴史とは、時間とは、変化の同義語である。

❖

規範論を斥ける私が多様性の大切さを説くのは矛盾だろうか。個人にも集団にも、そして遺伝子にも主体性は付与できない。だが、学習は可能だ。生物は自律する認知システムである。イヌやネコは経験を通してエサ場や危険な地域を憶える。同様に人間だけでなく、社会も情報蓄積を通して変容する。ヨーロッパは反ユダヤ主義に敏感だ。ホロコーストの原因を分析して社会が学ぶ。他方、日本は核アレルギーが強い。市民の個人的立場というより、社会システム全体の反応である。社会を擬人化するのではない。人々の相互作用から規範が生まれ、それに各人が縛られる。政治家の発言も左右される。

日本では同じ〈良いもの〉に皆が引きつけられ、社会全体が均一化する。弱者に優しくとも、逸脱者や反抗者には生きにくい社会である。美意識にせよ倫理観にせよ、良いものの基準が社会的に強く規定されるために、本来好ましいはずの向上心が仇になる。より良い生き方を目指す時点ですでに我々は誤った道を踏み出している。

少数派の権利を保護せよと言うのではない。逸脱者・反抗者の存在が全体主義から世界を救うのだ。今日の異端者は明日の救世主かもしれない。〈正しい世界〉に居座られないための防波堤、全体主義に抵抗するための砦である[註18]。

[註1] この会話から十年以上経った一九九四年、オルセー美術館の彫刻部門学芸官である愛人アンヌ・パンジョとミッテラン大統領との間に生まれた娘マザリーヌの写真を週刊誌『パリ・マッチ』が掲載し、二〇歳になった非嫡出子の存在を公にした。大統領と娘がレストランから出て来たところを盗み撮りした写真だ。フランスでは政治家の私生活が公務と切り離され、愛人関係の暴露がタブー視されている。保守・革新を問わず、フランスの他メディアは、この暴露記事を非難した。

これが進歩と呼べるだろうか。フランスはあっと言う間にラテン社会そしてカトリック的な容認の伝統からアングロ・サクソンのピューリタニズムに変わってしまった。ピューリタニズムと言っても実態は鍵穴の覗き趣味にすぎない。このまま行けば、世界中の新聞が足掻く泥水にまみれて、すぐに我々も一緒にドブの中を這い回り、頭の上からゴミ箱をひっかぶる状態に陥るだろう（『ル・フィガロ』、保守系日刊紙）。

悪いのは［原稿を書いた］ジャーナリストと雑誌の責任者だけだ。公人の私生活情報を今までも彼らは知っていた。それでも私生活には絶対に触れないのが、これまでの慣習であり規律だった。今日になって何故、変えなければならないのか、我々には理解できない（『ラ・クロワ』、カトリック系日刊紙）。

政治家の私生活を暴露すべきかどうかは次の二つの問いへの答えで決まる。当人の公言に矛盾する嘘かどうか、そして公的機能に支障が出るかどうか、である。ミッテラン氏は私生児の父だが、これは他の多くのフランス人も享受する幸福だ。それで大統領の仕事が阻害されるわけでない。選挙に勝つ目的で道徳を垂れたことなど一度もない。ミッテラン氏にはマザリーヌという一人の娘がいる。美しく、幸せそうな娘がいる。何か問題でも？（Et alors?）（『ル・モンド』、革新系日刊紙）。

ちなみにマザリーヌ・パンジョは高等師範学校を修め、哲学アグレガシオンを取得した才女である。現在四〇歳を超えた彼女は一〇冊以上の小説を著す作家活動のかたわら、パリ第八大学で哲学を教えるとともに、デカルトについての博士論文を準備する。

娘が二〇歳になるまで大統領は彼女の存在を世間に隠していたが、大統領府エリゼ宮の別館に母親とともに住まわせていた。それに友人や学校の教師に父親の職業を尋ねられれば、フランス共和国大統領と素直に娘は答えていた。公然の秘密だった。ミッテランは二つの家族を大切にし、それぞれ交流はないものの、他方の存在を互いに知っていた。十年来、クリスマス休暇は愛人とマザリーヌを連れてエジプトで過ごし、正月は妻のダニエル、そして嫡出子、孫とともに過ごす習慣だった。『パリ・マッチ』の暴露記事が出た数ヶ月後、他の週刊誌のインタビューで妻ダニエルはこう答えた。「このことは彼と私だけの問題です。他の人たちには関係ない、それをまず理解していただきたい。あとで考えると、このルポルタージュが今になってやっと出たのが不思議なぐらいです。だって、周知の事実でしたから」（J. Perrignon, « Mazarine: une Mitterrand, de l'ombre à la lumière à petits pas », *Libération*, 12/01/1996.）。

[註2]　婚姻関係にあろうがなかろうが、異性間であろうが、同性愛であろうが、あるいは三人以上の複数で肉体関係を持とうと当事者の自由だという個人主義的主張と、同棲はふしだらで、不倫は悪であり、同性愛は倒錯だという裁断は二つの異なる価値観をなす。性行為の是非は社会が定めるべきだという立場と、当事者間の同意の有無だけが善悪の基

準をなすのであり、行為自体に是も非もないという立場との違いである。欧州諸国では性の解放運動を通して、伝統的道徳観から個人主義的解釈へと法体系が移行した。

戦前にあった日本の姦通罪が現刑法では破棄されている。したがって誰と性関係を持とうが当人の自由のはずである。だが、ワイドショーを始めとして他人の私生活に干渉する傾向が日本では強い。刑法に触れる可能性のある行為でも、逮捕されなかったり、不起訴になれば、犯罪でない。だが、それでも痴漢・セクハラ・不倫などの逸脱行為を組織や世間が処罰する。

「何人も、法律の定める手続きによらなければ、その生命若しくは自由を奪われ、又はその他の刑罰を科せられない」。日本国憲法第三一条はこう規定する。国家以外の組織が罰すれば、私刑《リンチ》だ。法規定に則って選出・任命される裁判官には処罰を与える正統性が付与される。しかし民間会社や学校に、そのような権限はない。また真相究明のための技術能力も備えていない。

フランスでは懲罰権が国家に集中し、セクハラなどの処罰も司法に委ねられるのが普通である。私生活で罪を犯しても、それだけが原因で失職するのは珍しい。飲酒運転・脱税・窃盗・性犯罪などで捕まれば、市民として法の裁きを受け、罰を科せられるが、職業上の適正は別である。小学生に教師が性犯罪を行えば、適性がないと判断され、初等教育の世界から追放される。だが、大学人が学外で窃盗や詐欺を働いても、研究者や教員として失格とは限らない。

処罰の正統性は国家だけに認められる。法治国家である以上、原則は日本も同じはずだ。「すでに社会的制裁を受けている事情を考慮して寛大な処罰にする」。こんな判決が下るのは原理的におかしい。懲罰権の私的行使を裁判官自らが認めては法曹界の自殺行為である。公式な刑罰と私刑の重みが性犯罪では大きく違う。痴漢の罰則が甘すぎるならば、法律を厳しくすればよい。不起訴になるか無罪判決が出れば、犯罪行為がなかったことを意味する。だが、現実にはどうか。犯行を否認すると最長で二三日間勾留され、判決が下る前にマスコミが実名を公表する。会社を馘首されたり、家庭が崩壊することも多い。裁判で無罪を勝ち取っても、すでに手遅れだ。マスコミや世間のリンチを法律家はどう考えているのだろうか。

教員・社員・役人が強姦や盗撮で検挙されたり、麻薬使用で学生が捕まると、校長・学部長・上司らが記者会見を開いて頭を垂れる。性犯罪も麻薬使用も当人の私生活上の出来事であり、職場が管理する問題でない。これらの行為を制御する手段は雇用者にない。それでも謝罪を表明しなければ、世間やマスコミが赦さない。

リンチは当人だけに留まらない。凶悪犯罪が起こると両親・兄弟姉妹・子どもにまで世間の糾弾は達する。親は我が子の罪を自ら背負い、一生かけて償う覚悟を決める。自分の子を犯罪者に育てようとする親はいない。被害者の遺族以上に辛い試練かもしれない。だが、マスコミに煽動された世間は彼らを村八分にし、社会から抹殺する。ましてや親の犯罪の責任は子にない。親が人殺しでも子に罪はない。行為者当人以外の責任を法は問わない。それでも世間は子を責める。

二〇〇八年、秋葉原無差別殺傷事件を起こした犯人の両親がテレビ・カメラの前で謝罪した。犯人は成人だ。それでも罪の一端を親が引き受ける。一九七二年の連合赤軍事件の後、世間やマスコミから責められて犯人の親は離職し、転居を余儀なくされた。自殺した近親者もいる。一九八八年から八九年にかけて関東地方で起こった幼女連続殺人事件の犯人(死刑判決が下り、すでに処刑)の場合も家族は離婚・退職し、結婚間際だった妹は破談に追い込まれた。改姓した親族もいる。住み慣れた町を離れ、行方を隠した人もいる。被害者遺族への慰謝料を支払うため、父親は所有する土地を売り払った。そして事件から五年後に自殺した(『中日新聞』二〇〇六年一月一八日夕刊)。

[註3] 売春やポルノグラフィは「被害者なき犯罪」としばしば呼ばれる(E. M. Schur, *Crimes without Victims. Deviant Behavior and Public Policy. Abortion, Homosexuality, Drug Addiction*, Prentice-Hall, Inc. 1965.)。性サービスの提供者も客も満足なら問題ないという考えである。ヨーロッパのほとんどの国と同様、フランスでも売春自体は合法であり、売春婦・男娼の収入が課税対象になる。ただし遊郭の営業が許されるドイツ・オーストリア・オランダ・ベルギー・スイス・デンマーク・チェコ・ギリシアなどと異なり、フランスでは管理売春が処罰される。また他の職業と異なり、一八歳に満たない未成年の売春が禁じられているし、売春目的でのアパート賃貸や売春の宣伝もできない。「失業保険や年金など公共福祉制度を利用できない状況は差別待遇だ」「強要されず、自らの自由意志で性サ

ービスを提供してどこが悪いのか」「労働者としての正当な権利を認めよ」と売春婦・男娼が街をデモ行進する場面も見られる。

臓器売買禁止の是非も論議される（R. Ogien, *Le corps et l'argent*, La Musardine, 2010.）。自らの肉体の一部を自由意志の下に有償譲渡して何が悪いのか、と。反論もある。売春と同様、好きで臓器を売るわけではない。貧困から仕方なくするのであり、そこに自由意志など介在しない、と。しかしそれならば、生活の糧を得る必要から、危険だと知りながら従事する他の職業はどうなのか。安楽死や代理母の禁止にも自由との矛盾が指摘される。

麻薬や覚醒剤の消費はなぜ犯罪なのか。売人が処罰されるのはわかる。だが、消費は自分の健康の問題である。アルコールやタバコの消費が犯罪でないのに、麻薬や覚醒剤の使用はどうして罰せられるのか。依存性の高さだけが理由だろうか。車の運転時に安全ベルトを締めないと罰金を取られる。自動車の利用者保護だけでなく、社会保険の出費を抑えるためとしてコンセンサスが出来ている。タバコやアルコールにも高い税金がかけられる。麻薬や覚醒剤も同じように考えればよいのか。

とはいえ、安全ベルトを締めなかったり、ヘビースモーカーだったり、酒を飲んで泥酔しても罪の意識は生じないし、「世間をお騒がせして申し訳ありません」と謝罪したりしない。泥酔して女性に抱きついたり、暴力を振るったりすれば、その違反行為自体は非難されるが、飲酒自体が悪とは判断されない。ところが麻薬や覚醒剤は使用自体が悪と認識され、発覚すると世間やマスコミのリンチに遭う。何故なのか。

［註4］　正確には一九八〇年一二月二三日付けの法律（八〇‐一〇四一号）により強姦の定義が変更され、その後一九九四年、刑法典に統合された。

［註5］　二〇一七年に日本も強姦罪が強制性交等罪に名称が変わるとともに、犯罪規定が修正された。以前は膣への陰茎挿入事実がなければ、強姦罪が成立しなかった。したがって強姦罪の被害者（客体）は女性のみであり、加害者（主体）は男性に限られる。強姦する男性と共謀して女性が被害者を押さえつける場合に共同正犯として、また別の女性を強姦するよう女性が男性に依頼する場合に教唆犯として罰せられるが、女性が単独で直接正犯にはなりえなかった。法改正により、膣性交と肛門性交が同等に扱われるので、男性も今後は被害者になりうる。だが、膣・肛門・口腔内への陰茎挿入事実が犯罪の構成要件として必要なので、女性は直接正犯にならない。

この点がフランスと違う。フランスでは男性が被害者になりうるし、女性が直接正犯になりうる。陰茎の挿入がなくとも指や異物を肛門に挿入すると同罪だからである。ただし、膣性交あるいは肛門性交を女性が男性に対して強制的に迫る場合は、被害者男性が性的挿入の受動的対象にならない。したがって、この場合、女性は強制猥褻罪に問われるが強姦罪は成立しない。一五歳に満たない義理の息子と性交した女性が強姦罪で起訴され、いったんは有罪判決が出たが、一九九八年一〇月二一日付け破毀院判決は以上の理由から強姦罪の適用を斥けた。

一九七〇年代までは性犯罪の軽重を判断する上で、フランスでも日本と同様に性交の有無が大きな意味を持っていた。しかし社会規範が変遷し、行為内容よりも強制の事実が処罰根拠として重視されるようになる。そこで性交の有無も強姦の定義から除外し、強姦罪と強制猥褻罪の区別を撤廃する案が議会に出された。だが、すべての性犯罪に同じ刑期を科するのは妥当でないと判断され、陰茎・指・異物を肛門か膣へ挿入したか、あるいは口腔内へ陰茎を挿入したかどうかを基準に強制猥褻罪と強姦罪の区別を維持した（M. Iacub, *Le crime était presque sexuel, et autres essais de casuistique juridique*, Flammarion, 2002, p. 51–52.）。

強制猥褻罪は職業裁判官が司る軽罪裁判所で裁き、強姦罪は素人参審員が中心になって裁く重罪院に委ねられる。強制猥褻罪は最高五年、強姦は最高一五年の懲役である。挿入行為がなくとも、一五歳未満の男児・女児が被害者の場合は刑期が一〇年に引き上げられる。それ以上の刑期の犯罪は軽罪裁判所で裁けない。重罪は職業裁判官という役人・技術者でなく、国民の代表が裁かねばならない。一五歳未満の男女児への強姦は二〇年の懲役に処され、重罪院で裁く。

[註6]　法務省「性犯罪の罰則に関する検討会」が平成二七年（二〇一五年）八月六日付けで発表した「取りまとめ報告書」はフランスと日本を対比し、こう述べる。

フランス法においては、婚姻関係に性交渉の同意を含むとされていたため、配偶者間における強姦罪の成立について明文規定を置く必要があったとの指摘があるが、日本においても、婚姻関係に性交渉の同意を含むというような明文の規定はないものの、実質的にはそれと同じ理解がされてきており、配偶者間では強姦罪が成立しないという取扱いがなされてきたのであるから、配偶者間において強姦罪が成立することを明文で規定する必要性は、フランスの場合と同じであるという意見が出された。それに対して委員の大多数はフランス法において、わざわざ、配偶者間であっても強姦罪が成立するということを書いているのは、フランスでは、一八一〇年から一九八〇年頃まで、婚姻関係には性交渉の同意を含むとされていたためであり、日本では、初めからこのような問題がないのであるから、この点に関してフランス法を参考にする必要はないと結論づけた。

この理解は正確でない。確かにフランスでは従来、夫婦間に性交権が認められていた。そして、その規定が批判され、一九八〇年の法改正に至ったのは事実である。だが、フランス現行法を導いた精神をこの検討会は理解していない。何よりもまず暴力として性犯罪を捉えるフランスにとって、自由の侵害が生ずる可能性の高い支配関係、例えば教師と学生、神父と信徒、親子、上司と部下の間で生じた性犯罪を加重事由としてより厳罰に処するのは論理的である。同じ理由から夫婦間の強姦も最高二〇年の刑に処される。夫婦間でも強姦罪が成立するというのではない。婚姻関係があれば、より重く罰せられるのである。日本の法改正の背景に、この考え方は見られない。

誤解は単なる知識や研究の不足に起因するのでない。第五回「「べき論」の正体」註12で示した、フロイト理論を誤解しながら受容したプロセスと同じであり、社会心理学や法社会学の見地から興味深い。常識が理解を妨げる例をもう一つ出そう。裁判員制度導入に際して、職業裁判官と市民が合議体を作る参審制にするか、市民だけの陪審制にするか議論された。二〇〇〇年に司法制度改革審議会が提出した「国民の司法参加に関する裁判所の意見」は、陪審制は「誤判の危険性が強く、[……]フランス及びドイツでは順次参審制に移行」したと述べる。だが、この説明は誤りだ。

ヴィシー傀儡政権が陪審制に代えて参審制を導入した目的は厳罰化だった（第四回「普遍的価値と相対主義」註7ですでに述べた）。無罪に流れやすい市民の判決に裁判官が介入し、有罪率を高める意図でなされた移行である。ナチス占領下で成立したこの改革によって、日本の裁判員制度と同様、裁判官三人が有罪を支持すれば、市民のうち二人（三分の一）が賛成するだけで有罪が下されるようになった。こうして有罪率が飛躍的に上昇する。一九四五年にナチス・ドイツが降伏し、ドゴール新政権が誕生すると素人参審員の数が六人から七人に増やされる。さらに一九五八年に九人に増やされ、有罪判決のためには過半数でなく、合議体三分の二以上の賛成が必要になる。この改正により、裁判官三人全員が有罪を支持しても市民過半数が賛成しない限り、被告人は無罪放免される制度になった。

司法への市民参加が、日本では義務として認識され、欧米では逆に、国家権力から勝ち取った市民の権利として理解される。素人の判断力を危ぶむ日本。だが、欧米では裁判官よりも市民の判断に重きをおく。何故、日本では市民を信用しないのか。英米では数百年にわたって市民だけで重罪裁判の事実認定を行ってきた。日本人の教育水準は高い。英米人だけでなく、フランス人・デンマーク人・ロシア人・スペイン人・ベルギー人・ブラジル人などに判断できて、日本人に無理なはずがない。仕事を休んでまで裁判に関わりたくないとか、死刑判決を下す勇気がないとかの理由で裁判員を辞退するのなら、賛否は別にして理解はできる。だが、事実認定する知的能力が日本人にないから職業裁判官に任せよという主張は説得力がない。

正しい判決は誰が下せるかという技術論に終始する日本。対して、誰の判断を正しいと決めるかという形而上学を重要視し、人民の下す判断を真実の定義とする西洋。日本の文脈で理解しようとして改革審議会は、フランスが陪審制から参審制へ移行した経緯を曲解したのだろう。

[註7]　正常な性行為と異常な性行為とが最近まで区別され、後者は刑罰の対象になっていた。例えば一五歳以上の未成年と同性の成人の性行為が刑法で禁止されていた。つまり異性間であれば、同意の下での一五歳以上の未成年との性行為は合法なのに、同性の場合だけ禁止されていた（刑法第三三一条二項）。フランス革命以降、成人間の同性愛は合法であった。だが、未成年の場合に同性と異性を区別した事実は、正常な性行為の定義への国家の介入を意味する。この条項は一九八二年八月四日付けの法律（八二-六八三号）に

より撤廃された。
日本では戦前、「夫のある女子で姦通したときは二年以下の懲役に処する。その女子と相姦した者も同じ刑に処す」(旧刑法第一八三条)として姦通罪が刑法に規定されていた。夫は妻以外の未婚女性と性交しても罪に問われなかった。処罰されるのは妻とその相手男性だけである。男女平等を定める現憲法が一九四七年に施行されたため、この条項は撤廃された。この姦通罪の目的も個人の自由の保護でなく、男性優位の家族制度擁護であり、正しい性関係を国家が規定した例である。
[註8] I. Berlin, "Two concepts of liberty", in *Liberty*, Oxford University Press, 2008, p. 166-217.
[註9] 一九世紀のフランス思想家アレクシ・ド・トクヴィルの著作をテーマにパリ社会科学高等研究院で行われたセミナーに参加した時、自由概念が議論に挙がった。当時、消極的自由しか知らなかった私は、「人を殺す自由も強姦する自由も概念としては可能だ。その上で、これらの自由は他者の自由を侵害するから認められないと考えるべきでないか」と発言したところ、「そんなものは自由でも何でもない」と参加者の多くから反論が起きた。彼らはカントやルソーの積極的自由を念頭に置いて、「正しいことをする能力が自由だ」と主張する。そのような考え方があること自体知らない私は、この反応に驚いた。
[註10] 中学二年生の時、秋の遠足をめぐって教師と争ったほどである。「一台のバスには六〇人乗

れるから四〇人のクラスを二つに分けて、それぞれ他の組のバスに乗る。分乗を希望するクラスがなければ、クジ引きで決める」と生徒会から通知があった。分かれようと私が提案したところ、担任教師が叱る。「ここまで学級がまとまってきたのに、自ら結束を壊そうとは何事か」。「いつも一緒にいるのだから、遠足ぐらいは他の組の生徒と知り合いになるのも悪くないでしょう」という私の反論には、「遠足も授業の一環だ。自分が何をしたいかでなく、皆のために何が一番良いかを考えよ」と教師は応戦する。そして、「先生の考えが正しいかも知れないけど、いつも真面目に考える必要ないでしょう」という私の食い下がりに、「お前はふざけて学校に来ているのか」と教師は怒鳴り、私の頬を撲った。

教師を論破する力は当時の私に備わっていなかった。だが、「いつも真面目に考えてばかりいなくてもよい」という素朴な表現で私が言いたかったのは、権威主義への異議だ。個々の生徒の望みよりも学級全体の利害を優先せよ。これは全体主義でないか。具体的な人間の願望と別に全体の利益が存在するのか（積極的自由の孕む危険性は『答えのない世界を生きる』第三章で議論した。プラトン思想の閉鎖性についてはPopper, *The Open Society and Its Enemies, op. cit.*, Vol. 1.）。

［註11］ 最終回「真理という虚構」で詳しく論じる。

［註12］ 近代になって奴隷制が廃止され、人間の平等が認められるようになった、まさしくその時に人種差別イデオロギーが台頭する。フランスの文化人類学者ルイ・デュモンの警告を聞こう（L. Dumont, *Homo æqualis, op. cit.*, p. 21.）。

これこそ平等主義が意図しなかった結果の恐らく最も劇的な例だろう。[……] イデオロギーが世界を変革する可能性には必ず限界がある。そして、その限界に無知なゆえに、我々が求めるところと正反対の結果が生じてしまう危険をこの事実が示唆している。

[註13] 犯罪とは何か。悪いことをするから罰を受けるという常識がすでに誤りだ。まず、そこから考えよう。デュルケムは説く (E. Durkheim, *Sociologie et philosophie*, *op. cit.*, p. 60-62. 強調デュルケム)。

殺すなかれという命令を破る時、私の行為をいくら分析しても、それ自体の中に非難や罰を生む要因は見つけられない。行為とその結果 [非難や罰] は無関係である。殺人という観念から非難や辱めを演繹的に [analytiquement 分析的に、あるいは内的関係として] 取り出すことはできない。[……] 処罰は行為内容から結果するのでなく、既存の規則を遵守しないことの帰結だ。つまり過去にすでに定められた規則が存在し、行為がこの規則に対する反逆であるために処罰が引き起こされるのである。[……] 禁止行為をしないよう我々が余儀なくされるのは、単に規則が当該行為を我々に禁ずるからにすぎない。

行為の内在的性質――殺人はAという理由で悪である――によって犯罪性は決まらない。美人の基準と同様に、行為の是非も社会的・歴史的に決まる（第四回「普遍的価値と相対主義」で取り上げた）。共同体が成立すれば、規範が生まれる。社会全員が同じ価値観を持つのでない以上、必ず逸脱が感知される。逸脱の一部は独創性として肯定的評価を受け、他の一部は悪と映る。何が正しいかは結果論である。

自らが生きる時代の価値観を超えようと夢見る理想主義者の創造的個性が出現するためには、その時代にとって価値のない犯罪者の個性も発露可能でなければならない。前者は後者なしにありえない。（E. Durkheim, *Les règles de la méthode sociologique*, PUF, 1981 [1ère édition: 1937], p. 70.）

同じ規範を全員が守るならば、社会は変化せず停滞する。同じ価値観が続く、歴史のない社会だ。犯罪の起きない社会は原理的にありえない。どんなに市民が努力しても、どのような政策や法体系を採用しても、どれだけ警察力を強化しても犯罪はなくならない。悪の存在しない社会とは、すべての構成員が同じ価値観に染まって同じ行動をとる全体主義社会である。

共同体の新陳代謝で必然的に生ずる廃棄物、これが犯罪だ。社会が成立し、維持される上で規範ができると同時に、そこから逸脱つまり多様性が生まれる。そして肯定的評価を受ける逸脱要素は創造的価値として受け入れる一方で、否定的烙印を押された要素は悪として排除する。生物が食物摂取後に栄養分だけ体内にとどめ、無駄な要素を排泄し、新陳代謝過程で生成される有毒物を体外放出する仕組みに似ている。

性犯罪を例に取ろう。強姦被害者はなぜ苦しむのか。心に受けた傷は長期にわたって、あるいは一生かかっても癒えない。それは性という、人間にとって特別な意味を持つ世界での造反行為だからだ。問題は肉体上の被害でない。確かに、妊娠し堕胎を余儀なくされ、二度と子を産めなくなったり、性病を移されるなど、身体に傷跡が残る場合もある。それでも出刃包丁で腹を刺されたり、鉄パイプで頭を殴られれば、それ以上に酷い障害が生ずる。問題は心だ。

人間の性が完全に解放された社会を想像しよう。猿のボノボは挨拶として性行動をする。人間がそんな存在になったら、性犯罪は消失するか、今よりずっと数が減るにちがいない。誰とでも性関係を持つ社会では強制の必要がない。他者を支配する手段や、相手に認められるシンボルとしても性行動は用をなさなくなる。被害者の側も同様だ。性行為を強要されても、そこに特別な意味はない。喧嘩で殴られるのと同様に単なる暴力・傷害である。握手したり、一緒に食事したりする以上の意味が性から失われる社会では、強姦被害者が受ける精神的苦悩は同時に消える。

事件の後遺症として、その後、性的関係を持てなくなる人がいる。しかしそれも、性が特別な意味を持つ限りでのことであり、性が完全解放された世界では、精神的後遺症が生じなくなるか、少なくとも今よりもずっと軽減される。つまり、社会が機能不全に陥るから性犯罪が生ずるのではない。性犯罪は、性タブーを持つ社会に必然的に起こる正常な現象である。デュルケムは言う（*Ibid.*, p. 66-70.）。

正常な社会学現象として犯罪を把握するとはどういう意味か。犯罪は遺憾だが、人間の性質が度し難く邪悪なために必ず生ずる現象だと言うだけでない。それは犯罪が社会の健全さを保証するバロメータであり、健全な社会に欠かせない要素だという主張でもある。

［……］集団規範からの逸脱者がいない社会はありえない。そこで生ずる多様な行為の中には犯罪も当然含まれる。なぜなら行為に犯罪性が看取されるのは、その内在的性質によるのでなく、共同意識によって行為に意味が付与されるからだ。だから共同意識がより強ければ、すなわち逸脱程度を減少するための十分な力が共同意識にあればあるほど、同時に共同意識はより敏感に、より気むずかしくなる。他の社会であればずっと大きな逸脱に対してしか現れない激しい勢いで、ほんの小さな逸脱にさえ反発する。小さな逸脱にも同じ深刻さを感じ取り、犯罪の烙印を押す。

したがって犯罪は避けようがない。犯罪は社会生活すべての本質的条件に連なる。しかしまさにそのことが犯罪の有益性を表す。なぜならば犯罪と密接な関係を持つこれらの条件こそ、道徳と正義が正常に変遷するために欠かせないからである。

性犯罪の責任を被害者に転嫁するのではない。性タブーをなくせと無理を言うのでもない。常識の論理構造に光を当てるのが、この思考実験の目的だ。性道徳・禁忌は必要で正しい社会規範・制度として理解されている。だが、そこから性犯罪が必然的に生じ、被害者が苦しむ。

性の完全解放など、現実にはできない。第一、意識的に消去できるぐらいなら最初からタブーでない。人間が人間である限り、性道徳が必ず生まれ、維持される。したがって性犯罪は人間社会の原罪だ。その意味で我々全員が、そして被害者自身でさえもが悪の共犯者なのである。社会の機能不全が原因で悪が生ずるのではない。その逆だ。悪は、正常な社会構造・機能によって必然的に生み出される。だから、時代が変わっても、どんなに努力しても悪はなくならない。

どうして犯罪が生ずるのかと嘆く時、悪い結果は悪い原因によって引き起こされるという暗黙の了解がある。社会の機能がどこか狂っているから犯罪が生ずるのだと我々は考えやすい。しかしこの常識は発想の出発点からまちがっている。犯罪のない社会は原理的にありえないのである。

[註14] R. Hood, *The Death Penalty. A World-Wide Perspective*, Clarendon Press, 1996, p. 187. 死刑の抑止力の検討は複雑である。廃止前後の統計を比べるだけでは正確な結論は出ない。死刑が廃止されれば、陪審員は有罪判決を出す躊躇が減り、重罪の有罪件数が増えやすいからである。フランスでは一九二〇年の法律において堕胎が重罪（crime、刑

期一〇年以上の犯罪）として規定され、市民が裁く重罪院が司っていた。ところが、中絶女性の事情に市民が同情を寄せ、無罪にする傾向が強かった。そこで一九二三年に法改正され、重罪ではなく、軽罪（délit、一〇年以下の懲役）に規定変更された。その意図は罰則の軽減ではない。職業裁判官のみで判決が下される軽罪裁判所に担当させ、無罪判決を少なくするためであった。

ちなみに有罪を増やすための同じ操作は現在も行われている。強姦は重罪であり、参審制を布く重罪院で裁かねばならない。ところが市民が介入すると無罪判決が増える。検察はそれを嫌い、強姦ではなく、強制猥褻罪として起訴する。そうすれば、職業裁判官だけで構成される軽罪裁判所に委ねられる。司法理念を骨抜きにするこの操作は法曹界で批判されている。

死刑が廃止されると市民が有罪判決を出しやすくなるため、死刑に抑止力がなくとも、死刑廃止後に重罪が増える可能性がある。この場合、死刑の抑止力が証明されたのではなく、見かけの増加にすぎない。複数の要素が同時に変化するので、死刑の抑止力を測るのは難しい。

[註15] 犯人を見つけ、責任が確定した後に罰が決定される。この常識的見方によると責任と罰は二つの別概念をなす。だが、フランスの社会学者ポール・フォーコネは違う解釈をする。犯罪は共同体に対する侮辱であり、反逆だ。秩序が破られると社会の感情的反応が現れる。民衆の怒りや悲しみを鎮め、秩序回復のために犯罪を無きものにしなければな

らない。ところが犯罪はすでに起きてしまったので、犯罪がなかったことにはできない。殺された人は生き返らない。そこで犯罪を象徴する対象が選ばれ、この犯罪シンボルの破壊を通して共同体の秩序が回復される。

> 犯罪の結果を――感情の波及を――破棄する必要がある。駆りたてられた激情が鎮まらなければならない。〔……〕法に反する出来事を取り除き、以前の秩序を回復するだけではすまない。犯罪を処罰して再び新風を吹き込み、傷ついた感情を癒さねばならない。〔……〕犯罪から生じた動揺を鎮め、侵された戒律を回復するために社会が見つけた唯一の手段は、犯罪によって社会が受けた冒瀆のシンボルに感情を爆発させ、シンボルを想像の上で破壊することだった。この破壊的激怒が処罰の源泉をなす。処罰が完了するのは、犯罪が取り除かれたと社会が信ずるに至った時であり、その前ではありえない。〔……〕
>
> 　犯罪の代替物として適切だと判断され、この犯罪に対する罰を引き受ける存在が責任者として認められる。（Fauconnet, *op. cit.*, p. 232-234. 強調フォーコネ）

小浜逸郎も同様の指摘をする（『「責任」はだれにあるのか』ＰＨＰ新書、二〇〇五年、二一一頁）。

責任をめぐる正しい洞察からすれば、「意図↓行為↓損害の事態↓責任の発生」という時間的な順序があるのではなくて、「起きてしまった事態↓収まらない感情↓責任を問う意識↓意図から行為へというフィクションの作成」という論理的な（事実の時間的流れに逆行する）順序になっているのですね。

処罰は犯罪事件のシンボルに対して科せられる。ところでシンボルとして何が選ばれるかは時代・文化により異なる。犯罪行為者が責任者として選定され、罰を受ける場合が確かに多い。だが、それは行為者が事件の原因だからではない。犯罪が把握される過程において行為者が一番目立つからである。

犯罪場面が心に浮かぶ。この劇場で主役を演ずる登場人物つまり行為者［auteur］がいる。しかし実は役者［acteur］という言葉の方が適切だろう。［……］罰を受ける者［patient］として犯人が最も頻繁に選ばれるのは、犯人のイメージが犯罪と特に密接に結びつくからだ。犯罪により生じた動揺が最初に波及し、強く結合するのが犯人のイメージだからだ。犯罪事件から生じる不安を前に犯人のイメージだけが喚起されるからである。（Fauconnet, *op. cit.*, p. 273. 強調フォーコネ）

責任があるから罰せられるのではない。罰せられることが責任の本質をなす。犯人＝責任者は常に、スケープ・ゴートである。ただし、その意味を勘違いしてはいけない。スケープ・ゴートという言葉は普通、真犯人の代わりに無実の人が罰せられる時に使う。だが、フォーコネ理論においてスケープ・ゴートは犯罪自体の代替物であり、犯罪者の代替物ではない。犯罪原因を究明するために責任者を同定するのではない。けじめをつける目的で犯罪のシンボルとして破壊するための対象を選ぶことである。ゆえに、スケープ・ゴートとして選ばれたシンボルがまさしく犯人であり、責任者に他ならない。したがってスケープ・ゴート以外に真犯人はいない。

フォーコネの説は、スケープ・ゴートを罰せよという規範的主張ではない。人間の意識を離れて、過去から現在そして未来までずっと責任はこのように機能するという意味である。「犯罪の代わりになりうるシンボルを社会は誠実に［de bonne foi］生み出す」（*Ibid.*, p. 233. 強調小坂井）とフォーコネが明示するように、責任が問われる時、逮捕された者が身代わりであり、無実の人だという認知は起きない。身代わりだと判明すれば、他のシンボルを社会は再び求め、これが真の責任者だと信じられる者が罰せられる。社会秩序はその恣意性が隠蔽されるおかげで成立するのである。フォーコネ説に対して、責任現象の客観的分析として誤りだと反論することは可能だ。だが、正義に悖ると非難するのは的外れである。全体の利益を最大化する功利主義は規範論であり、フォーコネの社会学分析はそれと異なる。自由意志の下に行為を行うから責任を負うという常識の批判は第一一回「主体と内部神話」で行う。より詳しくは『責任という虚構』を参照。

［註16］　進化は目的なき変化であり、進歩や改善ではない。第五回「『べき論』の正体」ですでに言及したが、第一一回および最終回「真理という虚構」でさらに議論する。

［註17］　攪乱要素に晒されると生物は元の均衡状態に戻ろうとする。新しい情報や物質の侵入によって生体のバランスが崩れると、均衡状態を取り戻すために負のフィードバックが生じる。気温が下がれば、毛穴が収縮して体温低下を防ぐ。逆に気温が上昇すれば、毛穴が拡がり、発汗が促進されて体温が下がる。血液中のカリウムや糖の濃度も一定に保たれる。心理状態も平衡が維持され、変化が生じると反作用が起こり、元の状態に戻ろうとする。ホメオスタシス・モデルあるいは機能主義パラダイムと呼ばれ、社会心理学のほとんどの理論はこのタイプである。

ところが一九七〇年代に入るとフランスのセルジュ・モスコヴィッシが、このアプローチの欠陥を指摘する（S. Moscovici, *Social Influence and Social Change*, Academic Press, 1976.）。社会秩序の維持は今までの理論で理解できる。だが、変化をどう説明するのか。誰もが多数派の意見を受け容れて社会規範に従うか、さもなくば社会から排除されるのであれば、既存の規範は変化しない。

集団や社会の変化を説明するための努力は機能主義パラダイムの枠組みでもなされた。尊敬され、権威を帯びるリーダーなら規範から逸脱しても集団のメンバーは信頼して付いてくる。急激な変革は抵抗を呼び起こす。だが、許容範囲を超えない限り、集団は変化を容認する。リーダー主導の「上からの改革」によって集団を変える。こう考えれば、機能主義パラダイムを踏襲しながら歴史変化を説明できる。米国の社会心理学者エドゥイン・ホランダーは、このように問題解決を図った（E. P. Hollander, "Conformity, status, and idiosyncrasy credit", *Psychological Review*, 65, 1958, 117-127.）。

だが、この発想には少なくとも三つ問題があるとモスコヴィッシは反論する。歴史事実をまず見よう。革新的思想は常に社会規範に逆らって伝播する。数の上で少数派であるだけでなく、威信にも権力にも欠ける少数派が非難や虐待を受けながら、自らの信念を説く。ジャズも元は黒人奴隷が作り出し伝えた音楽だ。一九六〇年代から吹き荒れた黒人意識運動の嵐や女性解放運動、そして性革命が社会規範を根底から揺るがした事実をどう説明するのか。根本的な社会変動は上からの改革では起こせない。革新は上からでなく、下から起こる。

次に変革の動機を考えよう。自らの権威・権力の依って立つ基盤を脅かしてまで、既存秩序を崩す動機を社会の上位者がなぜ持つのか。自分の地位を守るために上位者は現状維持に努めるのが普通だ。この問いにホランダーは答えられない。

さらに、上からの改革では同じ者が上位に居続ける。だが、それは現実と違う。変動が激しいほど、上位を占める者は変革前と後で異なる。政治革命による支配階級の交代がそうだ。科学や芸術の変遷における主役交代もそうだ。ホランダー説はこの事実と矛盾する。

社会を分析する上で、現状を維持する力に注目するだけでは不十分だ。斬新的変化や革命を推し進める力も同様に重要である。〔……〕人間にとって最も大切な目標が、社会の安定や個人の平穏と満足にない事実はすでに明らかだ。〔……〕正義・真実・自由・尊厳の理想のために人間は生き、あるいはそれを求めて死ぬ。生と死のあるべき姿を人間はこれら価値の中に見いだす。革命や革新、そして対立が人間集団の変遷には不可避だ。今日の社会心理学者は、この明白な事実にどうして気づかないのだろうか。(S. Moscovici, "Society and theory in social psychology", *in* J. Israel & H. Tajfel (Eds.), *The Context of Social Psychology. A Critical Assessment*, Academic Press, 1972, p. 63-64.)

少数派影響の特徴とメカニズムは『社会心理学講義』第一〇章を参照。

[註18] 逸脱者の役割については、『答えのない世界を生きる』第三章で詳しく論じた。

■第九回

堕胎に反対する本当の理由

国民のほとんどをカトリック信者が占めるアイルランドでは、胎児の生命への権利が憲法に明記されるほど強固な堕胎禁止制度が布かれていた。ところが一九九二年になって、一四歳の少女が妊娠中絶許可を求めて最高裁に提訴する。認められなければ自殺するという少女の叫びに押されて、国外での堕胎を例外的に許可した。この事件をきっかけに同年一一月、法改正される。禁止自体は変わらないものの、イギリスやオランダなど外国に出て手術を受けるならば、罪に問われない規定になった。イギリス統計局の発表によると二〇一二年度、約四〇〇〇人のアイルランド女性（そのうち一八歳未満が一二四人）が英国で中絶手術を受けた。二〇一三年に再び法改正され、母親の生命に危険がある場合に限り、アイルランド国内でも堕胎が可能になる。それまで終身刑が科せられていた人工妊娠中絶は、これ以降、一四年の刑に引き下げられた。カトリックの影響が強いポーランド・マルタ・モナコでも堕胎禁止だ[註1]。どうして堕胎が断罪されるのか。

西洋は脳死を容認する。対して日本では反対が強い。ところが妊娠中絶に関しては逆に日本の方が寛容だ。両方とも命に関わる事なのに、なぜ反対の態度が現れるのだろう。

こんな仮説を立ててみた。キリスト教は精神と肉体を峻別する。精神を本質視し称揚する一方で、醜い付属物・汚物として肉体を忌み嫌う。聖書は諭す（「ガラテヤ人への手紙」第五章）。

わたしは命じる。御霊によって歩きなさい。そうすれば、決して肉欲を満たすことはない。なぜなら、肉の欲するところは御霊に反し、また御霊の欲するところは肉に反するからである。［……］肉の働きは明白だ。すなわち、淫行・汚れ・好色・偶像礼拝・まじない・敵意・争い・嫉妬・怒り・党派心・分裂・分派・ねたみ・泥酔・宴楽、そのような類だ。［……］キリスト・イエスに属する者は、自分の肉を、その情と欲と共に十字架にはりつけたのである。

魂と肉体が切り離されれば、脳死に反対する理由がなくなる。フランス語では死体を「死んだ抜け殻（dépouille mortelle）」とか「肉の衣（enveloppe charnelle）」と呼ぶ。身体はただの容器であり、実体である魂がその中に宿るという思想である。対して、仏教・神道・儒教の影響が強い日本では精神と肉体の区別がはっきりしないから拒否反応が起きる。

堕胎に関しても同じ説明ができよう。受精の瞬間から生命が始まるとキリスト教は説く。胎児は母親と別の独立した魂だ。だから他者が勝手に破壊してはならない。対するに日本において胎児は母親の肉体の一部である。したがって妊婦が望めば、堕胎が許される。盲腸を切り取るようなものか。過去に行われていた間引きも同じ論理で把握できるかも知れない。

❖

ところが歴史事実を確認したら、この解釈に綻びがいくつも見つかった。一般に西洋よりも日本の方が妊娠中絶に寛容だという前提がすでに誤りだった。

日本では一九四八年の優生保護法により堕胎が認められた。さらに翌年、中絶手術を許可する条件に母親の貧困が追加された。経済状況による堕胎の正当化は世界でも珍しい。フランスで堕胎が合法化されたのが一九七五年のヴェイユ法によってだから、日本の法整備はずいぶんと早い。

だが、人工妊娠中絶を日本以前に制度化した国も少なくない。ソ連ではレーニンの下、一九二〇年に許可された。一九三六年にスターリンが禁止するが、一九五五年に再び合法化される。アイスランドが一九三五年、スウェーデンが一九三八年、デンマークが一九三九年、スイスが一九四二年、どれも日本より早い。そして日本に少し遅れて一九五〇年にフィンランド、一九五六年にハンガリー、一九五七年にルーマニアとチェコスロヴァキアが堕胎を許した。

他方、比較的最近まで妊娠中絶を禁止してきた国もある。一部の州を除いて米国では一九七三年まで禁じられた。オーストリアは一九七四年、すでに述べたようにフランスは一九七五年、イタリアは一九七六年、さらに遅れてオランダとギリシアは一九八四年、ベルギーは一九九〇年に合法化された。

ナチスによる優生政策の暗い過去を持つドイツの事情は複雑だ。一九七二年に東ドイツで禁が解かれる一方、西ドイツでは中絶が長くタブー視された。統一後の一九九三年、堕胎を容認する法が成立するが、三年後に連邦裁判所が違憲判断を出すなど紆余曲折を経て現在の合法化に至っている。

❖

各国固有の事情や偶然の要因に左右されて歴史は動く。兵士一四〇〇万人に加えて三〇〇万の民間人をフランスは第一次世界大戦で失った。人口回復を狙って一九二〇年に発布された法令は、避妊のための薬品・用具の販売・頒布・宣伝を行った者に六ヶ月の懲役を科した。堕胎は処置の場所を提供したり、医師を紹介するだけで六ヶ月から三年の懲役である。だが、厳しい政策にもかかわらず、出生率は上昇しなかった。第二次世界大戦が迫ると罰則がさらに厳格になる。堕胎した女性は五年から一〇年の懲役、施術した医師は最低五年間の資格停止あるいは免許剝奪という重い処分が一九三九年の法律で定められた。

ナチス・ドイツに北部を占領され、ヴィシー傀儡政権が成立すると、さらに苛酷な法令が布かれる。一九四二年に堕胎は国家反逆罪に格上げされ、国家破壊活動として強制労働が科せられた。死刑判決を受け、ギロチンにかけられた助産婦もいる[註2]。戦後すぐにヴィシー法は破棄されるが、中絶禁止は解けず、堕胎した女性、および手術した医師が懲役に服した[註3]。

日本では戦前の人口増加政策の下、避妊や堕胎が制限されたが、終戦後に事情が変わる。経済困難に加え、海外からの引き揚げ者を多く抱え、食料不足が深刻になった。そのため人口抑制政策に転換し、妊娠中絶合法化への道が開かれる。その際、収入増加を目論んだ産婦人科医たちのロビー活動が優生保護法成立に大きく貢献した。法制化まもなく、中絶の公式件数が年間一〇〇万を超え、産婦人科医の重要な収入源となる[註4]。

❖

アイルランドの根強い禁止や米国の狂信的な中絶反対運動を念頭に置くと、日本の寛容さの原因を宗教事情に求めたくなる。だが、法制度変遷には様々な条件が絡む。西洋は一枚岩でない。私が思いついた仮説は誤りだった。

問題は歴史事実との整合性だけでない。考えれば考えるほど、矛盾が出てくる。命は神のものであり、胎児の生死を親が勝手に決めてはならない。キリスト教はこう断じる。自殺や安楽死を禁じる理由も同じだ。当人の命であっても神の所有物である以上、自由にできない。

では、なぜ脳死が受け入れられるのか。プロテスタントもカトリックも脳死概念を是認し、臓器移植を公式に容認する。心臓はまだ動いている。体温が保たれ、爪も毛髪も伸び続け、臓器は新陳代謝を継続する。神は死をまだ与えていない。まもなく死が訪れるとしても、神の決定前に人間が見越して死期を早めてよいのか。脳死は臓器移植推進のために捻り出された、死の新しい定義である。生命が終焉する瞬間を人間が決めて良ければ、生命開始時の判断も人間に委ねられるはずだ。だが、キリスト教は肯んじない。どうしてなのか。

同じ論理により、死刑も許されない。だが中世では異を唱えるどころか、宗教裁判を通して死刑を積極的に主宰し、魔女狩りという名の拷問・殺人を先導した。魔女は人間にあらず、神の創造物でないから殺して良いのか。今日でも処刑直前、聖職者が死刑囚に最後の言葉をかける。どうして、そんなことができるのか。殺人の片棒担ぎを拒否すべきだろう。命は神が所有するというドグマと矛盾する。悪い魂は罰し、抹殺するべきだからか。しかし、それを人間が判断するのはおかしい。

❖

カトリック教会の公式見解は本音だろうか。受精卵はすでに生命であり、その破壊は殺人だと言う。ならば、避妊も同様に禁止するのは何故か。堕胎を避けるために避妊が奨励されても良いはずだ。だが、今日でもカトリック教会は避妊を禁止する。エイズ蔓延に苦しむアフリカに対しても、コンドーム使用を教会は許さない。精子に魂が宿るという思想はユダヤ・ギリシア・ローマの伝統にない。キリスト教も同様だ。生命の尊重というドグマから避妊禁止は導けない[註5]。

そこで、自然に反する行為ゆえに避妊してはいけないという理屈が持ち出される。しかし本来、性行為は子を作るために行うのではない。他の動物においては交尾と妊娠が重なり、人間だけが両者を切り離したと普通信じられている。だが、それは誤解だ。子を産もう、家族を作ろうと意図して交尾するイヌやネコはいない。交尾は性行為だ。繁殖のためではない。人間もたいていの場合は同じである。性交と生殖の因果関係に原始人は気づかなかっただろう。現代人だって、性交により妊娠すると教えられ、その知識を信じているだけだ。性交してから妊娠が発覚するまでに数ヶ月が経過する。その上、発情期を持たないヒトは季節にかかわらず、性行為を一年中繰り返す。因果関係の把握は容易でない。性欲を断罪するから、他の動物と同じ生き方を不自然だと錯覚するのである。

禁止を正当化するための根拠として自然を持ち出す考えが、そもそもおかしい。文化は自然に反する。裸を隠す習慣も死者を弔うしきたりも、そして医療も不自然な行為だ。人間の多様な性行動もそうだ。それどころか、キリスト教の戒律自体が不自然な要求である。人間として生きるとは、不自然に生きることに他ならない。

❖

カトリック教会の弁明に惑わされてはならない。制度を正当化するために人間が持ち出す理屈と、制度が維持される本当の理由は違う。

実は胎児の命が問題なのでない。堕胎禁止の根にあるのは性への罪悪感である。避妊と堕胎以外にも、自慰・膣外射精・獣姦・同性愛・肛門性交・口腔性交、妊娠中および月経中の性行為を中世キリスト教は禁じた。夫婦のどちらかが不妊症の場合や、生殖可能年齢に達しない男女、逆に生殖年齢を過ぎた者の性行為も許されない［註6］。

生殖に結びつかない性には確かに後ろめたさがつきまとう。妊婦が街を平気で歩けるのは何故か。数ヶ月前に性交した事実を世間に公表しているわけだが、おめでとうございます、と祝う人はいても、恥知らずな淫乱女と罵る者はいない。だが、自慰するとは言いにくい。相手のある性行為は愛の結果だという理屈が立つが、自慰は愛と無関係であり、性欲が剝き出しになるからだ。自慰の習慣を男よりも女が隠す理由も、女の性がより抑圧されているからだろう。

カトリックでは羞恥心が強迫観念に変貌する。どんな性行為も淫らであり、悪でしかない。それはイエスの独身生活とマリアの処女懐胎にも象徴されている。できることならば、神父と同様に人類全員に性行為を止めさせたい。その理想の姿がバチカン市国である。しかし、そんな理念を掲げても普通の人間には従えない。それに、その通りにしたら人類が死に絶えてしまう。人口の再生産を外部で行い、新しいメンバーを輸入し続ける特殊な構造がなければ、バチカンは存続できない。

そこで、一夫一婦の結婚制度に性欲を閉じ込めた上で、出産に結びつく性交だけ仕方なしに免罪する。罪悪感や羞恥心も、ここまで来ると集団ヒステリーだ。洗礼・告解・聖体拝領などにずっと遅れ、婚姻が秘蹟に加えられたのは一二世紀である。キリスト教会にとって本来、結婚は祝福される行事でなく、必要悪にすぎなかった［註7］。

脳死と堕胎に関して日本と西洋とで相反する態度が現れるのは何故か。出発点はこの疑問だった。長らく不思議に思っていた謎だ。ところが、問題設定自体がまちがいだった。脳死と堕胎への異なる反応は固有の社会条件に左右されるだけでなく、生命と性タブーという別の問題である。

人間行動を律する信仰の力に驚く。墓・仏壇・神棚などの社会装置、冠婚葬祭の儀式、割礼と女性器切除の風習、七五三・元服・洗礼・入学式・卒業式などの通過儀礼、豚・牛・犬・猫・蛇を始めとする食物禁忌、抑止力を持たない死刑や復讐の制度、信頼や赦しの慣習、自由・平等・正義・人権などの概念……。文化を共有しない異星人の目には不可解な無駄と映るに違いない。

宗教・迷信・イデオロギーは合理的思考の敵なのか。あるいは逆に、集団性こそが真善美の源泉をなすのか。合理性とは何か。意味とは何か。神の亡霊は今も人間に憑依し続ける。

❖

［註1］　中絶が許される期間は国によって開きがある。フランス・ベルギー・ドイツ・ノルウェー・スペインは最終月経開始から数えて一四週間である。ただしスペインでは二〇一〇年まで妊娠中絶が禁止され、強姦されて妊娠した場合は一二週間、胎児に異常が見つかった場合は二二週間という例外だけ認められていた。スウェーデンは一八週間、イギリ

スとオランダは二四週間であり、受精卵がヒトの形を取っても堕胎手術が受けられる。

［註2］ 二七件の堕胎を行った咎でマリ＝ルイーズ・ジロは一九四三年七月、断頭台に上った。堕胎を三件実施した男性も同じ年にギロチンで処刑された。

［註3］ 以上の記述は J. Mossuz-Lavau, *Les lois de l'amour. Les politiques de la sexualité en France*（*1950-2002*）, Payot & Rivages, 2002. による。第一章は避妊、第二章は堕胎の歴史分析。

［註4］ T. Norgen, *Abortion before Birth Control: The Politics of Reproduction in Post-war Japan*, Princeton University Press, 2001, p. 5–10, 36–52.

［註5］ J.-L. Flandrin, *L'Eglise et la contraception*, Imago, 2006.

［註6］ G. Bedouelle, J.-F., Bruguès & P. Becquart, *L'Eglise et la sexualité. Repères historiques et regards actuels*, Cerf, 2006.

［註7］ A. Godefroy, *Les religions, le sexe et nous*, Calmann-Lévy, 2012. p. 87.

■第一〇回■

自由・平等・友愛

パリ西北郊外に位置するナンテール大学（パリ第一〇大学）で、女子の部屋に一緒に泊まる権利を要求して男子学生が女子寮を占拠した。フランス全土を吹き荒れ、あわや政治体制を覆すかと思われた一九六八年「五月革命」は、こんな些細な事件から始まった。共和国の理念としてフランスが掲げる公式標語、自由・平等・友愛（Liberté, Egalité, Fraternité）をもじって、Liberté, Egalité, Sexualité というスローガンが学生の間に広がった。フランス語と同じようにリズムを合わせるならば、自由・平等・性生活とでも訳すべきか。自由と平等は手付かずなのに、友愛だけが代えられたのは何故だろう[註1]。

「すべての人間は生れながらにして自由であり、かつ尊厳と権利とについて平等である。人間には理性と良心が授けられており、互いに友愛の精神をもって行動しなければならない」と、国連が採択した一九四八年の世界人権宣言（第一条）にも同じトリオが顔を出す。とはいえ、自由・平等・友愛の三項は登場する歴史経緯も違えば、政治哲学における位置づけも異なる。一七八九年のフランス革命当初から自由と平等は掲げられていた。ところが、友愛が現れるのは一八四八年の二月革命においてである。現在の組合せで定着するのは一八七〇年樹立の第三共和制を待たねばならない[註2]。友愛が遅れて登場したのは偶然だろうか。

自由と平等は相反しうる。経済の自由を完全に認めれば、能力の高い者や資力の豊富な企業がますます富む一方で、能力の劣る者は貧窮し、零細企業は倒産する。そこで独占を禁止したり、累進課税のような格差是正措置を導入して、貧富の差があまり広がらないようにする。一七八九年に革命が勃発してしばらくは矛盾が露呈しなかった。しかし革命の激化とともに、相反する概念として自由と平等を把握する思想家が現れる。例えば「平等主義者の陰謀」で知られる革命家グラキュス・バブーフは法の前の平等や機会均等を不十分とし、結果の平等を主張した。このような平等観は自由と相容れない。

相互矛盾を内包しながらも、自由と平等はどちらも民主主義の基本条件と考えられてきた。では友愛はどうか。「自由と平等は原理だが、友愛は感情にすぎない。どんなに強く、深く、また広く受け入れられても感情は権利でない。したがって正義の原理になり得ない」。一九世紀の哲学者エチエンヌ・ヴァシュロはこう述べた[註3]。個人の権利である自由・平等と異なり、友愛は道徳だ。理性に基づく醒めた契約ではなく、感情に訴え、共同体の調和を呼びかける。自らを愛するように隣人を愛せという聖書の言葉が背景に透けて見える。異質な要素が、なぜ標語に挿入されたのか。

❖

社会契約論は、論理的に完結する公共空間として共同体を把握する。友愛という宗教的戒律を排除し、時間を経て沈殿する権威・慣習という虚構も斥けながら、正しい世界を構想する。

米国の法哲学者ロナルド・ドゥオーキンは、家庭環境や遺伝など偶然の外因が生み出す富と、当人の意志決定がもたらす結果とを峻別する[註4]。所与と行為を区分して、自己制御の利かない前者から生ずる格差を不当とする一方、自己責任を問うべき後者から派生する格差は正当と認める。

強硬な労働組合幹部でも完全な平等は望まない。勤続三〇年の熟練従業員と同じ待遇を新人に与え、社長も部長も平社員もすべて同じ給料にすべきだと考える者はいない。平等（equality, égalité）と公平（fairness, équité）とを区別し、正当な平等概念を析出する。自由と平等の矛盾をこうして止揚すれば、友愛のような宗教概念に頼らず、二項だけで論理体系を閉じられる[註5]。そう考えて良いのだろうか。

『正義論』を著したジョン・ロールズも、単なる道徳や感情でない、明確な権利の形に友愛を翻訳する。彼が構想する公正な世界は生産物を平等に分配する社会でもなければ、かつて共産主義が夢想したように各自の能力に従って労働し、必要に応じて生産物を受け取る社会でもない。累進課税や社会保障制度などにより貧富差を是正せよとロールズは説く。だが収入を均等化しすぎると、能力の高い者の労働意欲をそいだり、彼らの学習に割く時間や資源が乏しくなる。すると社会全体の生産性が低下し、貧困者の生活がかえって悪化する。したがって、底辺にいる者の生活水準を少しでも高く保つための貧富差は正当化される。この格差原理が、まさしく友愛に相当するとロールズは主張する[註6]。

ただし、ドゥオーキンとロールズの哲学は異なる。ドゥオーキンにとって正当な平等は各自の権利を意味する。才能は遺伝条件・家庭環境・偶然の相互作用が決定する。したがって、最初に受ける資源を平等化して出発点を揃える必要がある。だが、同じスタートラインから人生を始めても、各自の選択により到達点は異なる。それは自己責任の範囲であり、社会の責任ではない。こうしてドゥオーキンは才能の形成に社会の影響を認めながらも、最終的に自己責任論の立場を採る。

だが、選択の方向や好み、意志の強さ、努力する能力も外的条件が育む。外因をいくつ掛け合わせても内因には変化しない。内因は神話であり、デウス・エクス・マキナだ[註7]。ロールズは、彼を批判した多くの学者たちよりも問題の本質を摑んでいた。だから、すべての生産物をいったん没収して社会の共同所有にし、その後にはじめて共有財産を適切な方法で再分配する論法を採った[註8]。能力の高い者がより多い収入を得るのは、その権利があるからではない。社会全体の富を増やすための便宜的手段だ[註9]。

とはいえ、権利を適切に規定すれば、公正な社会を構築できると信じる点はロールズもドウォーキンと変わらない[註10]。だが、権利概念だけに依拠する着想には原理的な無理がある。契約とは何か。権利を有する者はその履行を要求でき、相手は権利に答える義務がある。ならば、感謝する必要もなければ、恩を感ずる理由もない。そして権利が行使される瞬間に互いの関係が終了する。契約は人間の絆を排除しながらも同時に、必要な物資・労力・情報の交換を可能にする社会装置である。権利と義務が明示された合理的な社会関係とは、実は人間無関係に他ならない。正しさを権利に還元する志向はすべての社会契約論を貫く原罪であり、取り返しのつかない過ちを最初から犯している。

❖

「市民宗教」という章がルソー『社会契約論』の最後に唐突に顔を出す。印刷直前に挿入された結部だ[註11]。人民主権を突き詰めたルソーの歩みを検討すれば、自由と平等に加えて、宗教の雰囲気をまとった友愛が添えられた理由が明らかになる。

法を守らない人間は必ず出る。そして規則を破る者には強制力が働く。この強制は民主主義の原理により正当化されるとルソーは説く。言っても聞かなければ、最後に待つのは暴力だ。警察の実力行使がなければ、裁判所の判決は効力を失う。ヤミ金融の借金を返済しなければ、精神および身体への威嚇や暴行を通して債権が回収される。それと本質は同じである。社会秩序を維持する上で合理性だけに頼ると暴力を呼ぶ。集団が及ぼす力は、外部の強制力でなく、内面化された規範として自然に服従が促されるのが好ましい[註12]。ここに宗教や教育の役割がある。

ところで道徳は幼少時に育まれなければ、身につかない。裸で街を歩くな、所かまわず排泄するな、犬や猫は食用でない……。これら禁止は各自が理性的に決めた規律でなく、外から押しつけられた慣習である。しかし、それが今では人格の深部に浸透している。食事に招待され、「とても美味しい。材料は何ですか」と尋ねる。「うちで飼っていた猫です。先ほど一匹潰しました」と聞いて平気な者はまずいない。吐き気を催すのが普通だろう。社会由来の価値観でも、激しい生理的反応を引き起こす。合理的対処だけでは人間の葛藤や紛争を解決できない。道徳教育は、共同体の価値観を子どもに強いる精神的暴力だ。だが、それなくして共同体の絆は保てない。抵抗なく、法を受け入れさせるために宗教が不可欠だとルソーは気づいた。友愛という、曖昧で異質な要素が『社会契約論』に突然現れたのは、こういう事情による。

❖

社会契約論は個人主義に基づく。主人公は市民であり、社会はその集まりにすぎない。ルソーは社会唯名論の立場から出発した[註13]。だが、彼の思想は図らずも全体主義へと向かう。孤立する自由な個人群を結合する原理として一般意志を導入し、個人を超越する全体存在を想定するからだ[註14]。ホッブズとルソーの思想を比較しよう。近代合理主義の根源的な欠陥が見えてくる。

神に依拠しない市民社会の構築をホッブズは試みた。均等な力を持っていれば、人々が好き勝手な振る舞いをして紛争が絶えない。したがって平和共存のためには絶大な権力を君主に委ねるか、あるいは少数の人間が構成する会議に与え、その意志に市民全員が絶対服従する状態を作り出せばよい。

ホッブズの社会契約は主権者と市民との間に結ばれるのではない。市民どうしで契約を締結する際、全市民から権利が完全に剝奪されるとともに、主権者に選定される者が共同体の外部にはじき出される[註15]。つまり中世の神と同じ機能を主権者が果たす。共同体の法を外部が根拠づける論理形式は依然として踏襲されている。

自らの運命を主権者に委ねる以上、市民の自由は制限される。しかしホッブズの思想において、それは必要悪にすぎない。個人の利益と全体の利益は相反しうる別の概念である。国家に対する市民の反乱はありうるし、抵抗権を認める論理的余地も残されている。

だが、このやり方では市民と主権者とが一致しない。それでは真の意味での人民主権と言えない。神なる外部に根拠を求める道を放棄し、個人の権利から出発したホッブズを高く評価しつつもルソーは彼の不徹底を批判する。そして共同体から一歩も出ることなく、公正な社会秩序を根拠づける方法を発見する。どの市民をも超越する一般意志の案出である。

ルソーの立論において各人の真の利益は、一般意志が導く社会全体の利益に一致する。したがって正当な手続きに則り社会契約が批准されれば、国家に対する市民の抵抗権は論理上引き出せない。法の逸脱者は八方ふさがりの状況に追い込まれる[註16]。『社会契約論』に出てくる言葉を記そう[註17]。

自由でありながら同時に、自分以外の意志に服す事態が何故起こるのかと問われるかも知れない。法律に反対するにもかかわらず、その法律に服従させられる者がどうして自由だと言えるのかと。

それは問題の立て方が悪いのだと私は答えよう。市民はすべての法律に対して、つまり彼が反対したにもかかわらず通過した法律、そしてまた違反したとき彼自身を罰する法律にさえ同意したのである。国家のすべての構成員がもつ不変の意志が一般意志であり、この一般意志によってこそ、彼らは市民となり、自由になるのだ。[強調小坂井]

私的な欲望ではなく、一般意志こそが各人の心の奥から出て来る本当の意志である。したがって、一般意志に背く市民に服従を強要しても自由は侵害されない。人間は強制的に自由にさせられるとルソーは同著で断言する[註18]。ひとは自らの真の欲望を発見し、ついに解放される。人間革命だ。ヒトラーかスターリンの言説と見紛う論理がこうして成立する。

❖

論理が明確になるにつれ、新たに生じる問題にルソーは苦しむ。契約主義を貫徹して全体主義に行き着くか、それとも内部矛盾を残す代わりに全体主義と袂を分かつか、二つの選択肢しか残されていない。そして賢明にも彼は後者の道を選び、宗教や教育という虚構装置に助けを求めた。

ルソーを高く評価すべき理由は、社会契約論の確立に成功したからではない。逆だ。近代個人主義を極限まで突き進める試みが失敗し、宗教的虚構の排除は原理的に不可能である事実が、当人の意図に反して露わになったからである。外部を消し去る企ては必ず敗北する[註19]。人間自身が生み出した規則にすぎないと知りながら、どうしたら道徳や法の絶対性を信じられるのか。人間が決めた規則でありながら、人間自身に手の届かない存在に変換する術を見つけなければならない[註20]。外部を屠る試みをルソーは円積問題になぞらえた[註21]。答えの存在しない問いである。

友愛は宗教概念であり、権利に翻訳できない。共同体の外部に投影されるブラック・ボックスを援用せずに、社会秩序は根拠づけられない。それは人類の考察が未熟だからではない。問題設定が出発点ですでに躓いているからだ。

神の亡霊は人間に問う。システムを閉じる欲求はどこから来るのか。世界を合理的に把握し尽くそうとする野望の正体は何なのか。

[註1] fraternité（友愛）が sexualité（性生活）に代えられた理由は、両者ともに四音節で語呂が良いからだけではないだろう。liberté（自由）と égalité（平等）がどちらも近代を代表する合理主義的な権利概念であるのに対し、fraternité と sexualité の両者はより感情的な対人関係を表し、道徳に直接結びつく言葉だからではないか。

[註2] フランス革命歴Ⅱ年（一七九三－九四）から一八〇四年までに印刷された公式文

書三六五通の頭書に「自由」が三〇〇回、「平等」が二九八回現れるが、「友愛」が使われたのは一三回にすぎない。「自由の時代（Ere de la Liberté）」や「平等の時代（Ere de l'Egalité）」はあっても、「友愛の時代（Ere de la Fraternité）」は使われなかった（E. Liris, « De la République officieuse aux Républiques officielles », *in* M. Vovelle (Ed.), *Révolution et République. L'exception française. Actes du colloque de Paris I-Sorbonne, 21-26 septembre 1992, pour le bicentenaire de la naissance de la Première République*, Ed. Kimé, 1994, cité *in* B. Richard, *Les emblèmes de la République*, CNRS Editions, 2012, p. 146.）。革命歴Ⅱ年鍛造の硬貨に「自由、平等」と刻まれた。そこにも「友愛」はない。

[註3] E. Vacherot, *La démocratie: Essai sur les sciences politiques*, Van Meenen et Cie, 1860, p. 37.

[註4] R. Dworkin, *Sovereign Virtue. The Theory and Practice of Equality*, Harvard University Press, 2002. 自己責任論の表明は p. 1-7; 285-303.

[註5] ロバート・ノジックのようなリバタリアン（R. Nozick, *Anarchy, State and Utopia*, Basic Books, 1974.）と異なり、ドウォーキンは生まれつきの不運を補償する。スタートラインを平等にすれば、あとは各自の選択により人生の行方に違いが現れても、それは自己責任でしかないと主張する（Dworkin, *op. cit.*, p. 65-183.）。こうして公正な平等概念を抽出し、自由と平等の矛盾を止揚する。これはロールズの立場と根本的に違う。自由と平等に関するドウォーキンの考察は R. Dworkin, *Justice for Hedgehogs*, Harvard University

Press, 2011, p. 351-378.
[註6] J. Rawls, *A Theory of Justice*, Revised Edition [1st edition: 1971], The Belknap Press of Harvard University Press, 1999, p. 90-91.
[註7] ドウォーキンの責任・平等主義の批判的検討は盛山和夫『リベラリズムとは何か——ロールズと正義の論理』勁草書房、二〇〇六年、一五四–一八三頁。
[註8] 格差原理を説明する一二章と一三章(Rawls, *op. cit.*, p. 57-73)。格差原理とメリトクラシーの違いに関するマイケル・サンデルの考察も参照せよ(M. J. Sandel, *Liberalism and Limits of Justice*, Cambridge University Press, 1982, p. 70-75)。
「すべての生産物をいったん没収して社会の共同所有にし、その後にはじめて共有財産を適切な方法で再分配する論法」と本文に書いたのは論理構造の分析であり、実際に財産を没収した後に再配分するという意味ではない。家庭環境と同様に、遺伝による生得的素質、努力する能力も当人に選べない。才能は外因の産物である(Rawls, *op. cit.*, p. 64)。渡辺幹雄の解説を参照しよう(『ロールズ正義論の行方 増補版』春秋社、二〇一二年、二八八–二八九頁)。

例えばこう言う人がいるかもしれない。すなわち、確かに上に挙げた一切の属性は偶然であるかもしれないが、決して偶然に還元されない経験的属性もあるであろう。例えば、個人の自発的な努力がそれだ。強靭な肉体を持っていても、精進しなければ偉大な力士になることはできないのだから、その人の自発的な努力とその成果に関しては、その人に道徳的な請求権、すなわち道徳的資格を認めるべきなのではないか、と。しかし、ロールズの解答は断じてノーだ。［……］

ここで語られているのは、徹底した「自然＝環境決定論」である。個人が為しうることは何もない。ロールズのメタ倫理学では、個人はすべて、自然と社会の環境（偶然）によって規定され尽くしている。個人がそれに対して道徳的な資格を主張できる経験的属性は、何一つ存在しない。個人が何をしようとも、それはすでに自然や社会の環境によって決定されていたことなのだ。そこにはいかなる自発性の契機も存在しない。あたかもロールズは、スピノザも驚く厳格な決定論者のようだ。［……］はたしてロールズのメタ倫理学には、「責任」の概念を入れる余地があるのだろうか。何もかもが自然や社会の偶然によって規定され尽くしているのだとすれば、個人の自発的な意志が働く余地、すなわち自由意志と道徳の領域はどこにあるのだろうか。

だからといって、すべての市民に同じ所得を配分する政策を採ると労働意欲をそいだり、教育資源を奪ったりして社会の生産性が低くなる。そこで各人の能力に見合った労働を引き出す誘因を与え、社会全体の富を増やす。そうすれば、最も能力が低く、したがって最も恵まれない者も結果として、より良い生活を享受できる。

ただし、より質が高く、より多い労働を高能力者がなした事実から、より多くの富を得る権利は発生しない。あくまでも社会の総生産を増すための手段にすぎない。各自の能力は外因の沈殿物だから、遺伝であれ、家庭環境であれ、あるいは偶然の結果であれ、外因による生産物の請求権は誰にもない。この考え方は個々の生産者から生産物を切り離し、社会全体の富として共有財産化した後に再配分するのと同じである。

［註9］　応報正義すなわち処罰原則に関して、分配正義での主張と異なる立場をロールズは提示する。私の能力や性格は家庭環境・遺伝・偶然の作用であるから、そこから私の権利は生まれないと主張するならば、私が犯罪を犯した原因も、行為が生じた状況や家庭環境・遺伝・偶然など外因群の相互作用の結果だと認めなければならない。したがって私の処罰はできないはずだ。ところが、私の悪い性格が犯罪行為の原因だから、私を罰するべきだとロールズは言う（Rawls, *op. cit.*, p. 226–227.）。社会防衛のために処罰を正当化することは可能だが、それならば何故、他の人でなく私が罰せられるのか。冤罪であっても、その事実が隠蔽されれば、見せしめによる社会防衛の効果は変わらない。だが、そのような解決をロールズは採らない。犯罪行為をなした私が処罰されるという常識が踏襲されている。つまり分配正義においては自己をその属性から切り離しておきながら、応報正義に関しては自己の属性が外因の産物である事実を認めない。これでは整合性に欠ける。サンデルの批判を参照（Sandel, *op. cit.*, p. 89–95.）。なぜ、これほど明白な論理誤謬をロールズが犯すのだろうか。

　ロールズは決定論者であり、彼にとって自由意志は存在しないと渡辺幹雄は解説する

（「ハイエクとロールズ――自生的秩序と社会正義」、桂木隆夫編『ハイエクを読む』ナカニシヤ出版、二〇一四年所収、二八〇－三〇三頁。引用は二九六－二九七頁から）。

彼［ロールズ］は、もしも自由な意志決定なるものがあるならば、人はその結果に責任を負うべきことを暗に認めている。しかるに彼は、そもそも自由な意志決定なるものは存在しないのであって、われわれすべての行動は環境によって決定し尽くされていると強弁するのである。この点に関して、ロールズは徹底的な決定論者である。

［……］

大衆道徳の責任論は伝統的かつ形而上学的なアポリアに陥る。つまり、自由意志論と決定論との対立である。ロールズは前者を捨てて後者を徹底化したが、ドゥオーキンらは前者の管轄を見極めることによって責任の概念を救済しようと試みた。

そうだろうか。カント的な純粋主体から出発したロールズは「負荷なき自己（unencumbered Self）」あるいは「脱身体化された自己（disembodied Self）」を想定する（Sandel, *op. cit.*, p. 6-16.）。したがって、外因が生み出す属性を剝ぎ取っても自律的な主体が残ると考えたに違いない。ハリー・フランクファートやダニエル・デネットなど決定論と自由意志が両立すると考える哲学者は少なくない。各人属性の外因説をロールズが採るからといって、自由意志を否定するとは限らない。

意志による選択を鍵概念として理論に組み込むドウォーキンにとって自由意志の存在は当然だが（Dworkin, *op. cit.*, p. 219-252.）、自己の属性が遺伝・環境・偶然から成り立つと立論するロールズや、サンデルやマッキンタイアなどの共同体主義者も自由や主体性を保持する。だから処罰に議論が触れると、主体が顔を出し、自由意志による行為に対する責任という常識的構図が維持されるのではないか。

第五回「『べき論』の正体」で示したように、主体と普遍という原理的に矛盾する二つのエートスを近代は標榜する。近代のエピステーメーに正義論の根がある。規範論を本質とする政治哲学にとって主体の否定は、神の存在を神学が否認するに等しい暴挙なのだろう。

[註10] カントとルソーの思想を発展させて新たな社会契約論を打ち立てたロールズが、このような義務論的自由主義（deontological liberalism）の方向を採るのは当然である。サンデルの分析を参照（Sandel, *op. cit.*, ch. 1.）。

[註11] « La religion civile de Jean-Jacques Rousseau », Conférence de Ghislain Waterlot (Université de Genève) donnée aux Charmettes, le 20 juin 2009.

[註12] ルイ・デュモンは指摘する（L. Dumont, *Essais sur l'individualisme*, Seuil, 1983, p. 95.）。

もし個人から出発するならば、社会生活は意識と力（あるいは「権力」）の生産物としてしか理解できない。まず、個人の単なる集合が集団へと移行するためには、「契約」すなわち意識的な取引や人工的な意図が要請される。そしてその後は「力」の問題となる。何故なら、この取引に個人がもたらすことの出来るものは暴力しか残っていないからだ。暴力の反対に位置するものはヒエラルキー、つまり権威であり、社会秩序である。［……］結局、意識と合意に重きをおくことは、同時に暴力と権力を前面に押し出すことを意味する。

［註13］ルソー思想の骨格を確認しよう。自己愛（amour de soi）と自尊心（amour-propre）という二つの対立原理をめぐって『人間不平等起源論』は論じる。誰でも自己保存欲を持つ。その限りで欲望は自然であり、正当である。真の欲望は自己愛から発生する。他者の視線を気にせず、自らに必要なものしか欲しがらない。

ところが、隣人が持つというだけの理由から、必要でないのに同じものを人間は欲しがるようになる。それは自尊心が原因だ。価値や必要性が他者に依存する模倣状況では人間の主体性と自由が失われる。諸悪の根元は、必要でないものを欲しがったり、必要以上の量を欲しがる悪癖にある。そこから嫉妬心が生まれ、奪い合いの闘争が始まる。自由かつ平等な理想社会を建設するために、他律的な自尊心を社会から根絶すべきだ。ルソーはこう立論する。

この対立構図は用語を変えて『社会契約論』に受け継がれる。自己愛と自尊心という個人心理的表現の代わりに、一般意志と特殊意志という社会学的な道具立てが導入される。他者との比較から自尊心が生まれる。よって、それを克服する最良かつ唯一の方法は、市民が比較し合わないように関係を断ち切ることだ。このような自然状態（『人間不平等起源論』で理想状態として想定されている）に戻した上で、心の底から湧く純粋な欲望こそ本物である。したがって人間を孤立状態に戻して規則をうち立てれば、自由と平等を重んじる理想社会を建設できるだろう。各人に固有な特殊意志を斥け、一般意志を析出しなければならない。ルソーは言う（J.-J. Rousseau, « Du contrat social », in *Œuvre complète III. Du contrat social. Ecrits politiques*, Gallimard, 1964, p. 347-471. 引用は p. 371.）。

人民が十分な情報をもって審議する時に、もし市民間に意志の疎通がなければ、各人の間のわずかな相違を総合して一般意志が生まれてくる。そうして出てくる決議は常に良いものだろう。

隔離された孤独な個人の群を前にルソーは考える。互いの自由を保ちながら社会を有機的に組織する方法はあるか。せっかく分離した個人を再び直接結んでは意味がない。水平的相互関係に代えて、各市民を国家に垂直的に直接かつ個別に結びつけるならば、各市民の自由を守りつつ、他者と健全な関係が育めるはずだ。市民をお互い完全に隔離した上で見定められる一般意志に従う限り、そこから派生する社会政策は真の意味で正しい。ルソーはこう考えた。

ところで、平和な自然状態が崩れ、嫉妬や諍いが生まれるのは何故か。孤立した状態での自己愛が不安定だからである。他者と関係を持つやいなや比較し合い、自尊心が現れる。どうすべきか。一般意志に基づいて結ばれた社会契約が守られる保証はあるのか。社会契約を維持する方法が二つある（次註参照）。一つは処罰による強制力である。ルソー思想は潜在的に全体主義と連なっている。つまり社会システムを安定させるためには、力尽くで変化を押しとどめるか、虚構を信じさせるかのどちらかしかない（第六回「近代の原罪」で言及したヴェーバー支配論を参照）。もう一つの方法が宗教あるいは教育である。

［註14］ ヒトラー指導のナチズムやスターリン支配下のソ連全体主義は歴史的にも論理的にも個人主義と深い関係にある。家族・村・教会・ギルドなどの中間組織から個人を引き剝がし、いったん孤立・原子化させた上で、個人の群を垂直的に国家と直結させて全体主義社会が実現した。スターリンが推進した一九二八年の第一次五カ年計画についてアレントはこう分析する。

その上、階級の大衆への変質、そして同時に行われたすべての集団的結束の破壊が完全支配のための絶対不可欠な条件である事実は、党をほぼ完全に掌握したスターリンが一九二八年の第一次五カ年計画で採った政策が証明している。（H. Arendt, *The Origins of Totalitarianism*, Vol. 3, Harcourt, Brace & World, Inc., 1951 [tr. fr., *Le système totalitaire*,

Seuil, 1972, p. 17.〕)

またデュモンも、ナチス・ドイツを支える思想構造の根幹を個人主義と規定した(Dumont, *Homo æqualis*, *op. cit.*, p. 21-22. 強調デュモン)。

> 全体主義は市民に及ぼす強い制約ゆえに、個人主義と通常呼ばれる社会形態の反対項に位置するように見える。〔……〕全体主義が近代世界、そして近代イデオロギーの内部に属す事実を想起する必要がある。私の仮説はこうだ。個人主義がすでに深く浸透した社会において、社会という全体に個人を従属させる試みが全体主義を生み出した。

アレントやデュモンの分析よりも一世紀以上早く、一八四〇年に著した『アメリカの民主政治』において、トクヴィルは専制政治と民主主義の構造的近接性を指摘していた(Tocqueville, *op. cit.*, Vol. 2.)。

> 専制政治は本質的に臆病であり、人々の孤立こそが自らの継続を最も確実にする保証だと知っている。だから習性として、人々を引き離すべく常に気を配る。〔……〕
> 専制政治が生む欠陥は、まさに平等が促進する欠陥でもある。両者は相補的であり、互いを強化しながら致命的なものを生む。

平等は、共通の繋がりのない人々を並列に置く。専制政治は人々の間に障壁を築き上げ、人々を引き離す。平等によって、人々は同胞に見向きもしなくなる。専制政治は無関心という一種の公徳を生む。

どんな時代にも危険な専制政治は、それ故に、民主主義時代にこそ懸念すべきである。(p. 150.)

平等になればなるほど、人々は個人的に弱くなり、群衆の潮流に一層容易に巻き込まれる。群衆の世論の中で唯独り自らの立場を保つのがますます難しくなる。(p. 165.)

個人の繋がりを切断し、中間組織を解体し、権力を国家に集中する。こうして全体主義が成立する。ルソーの社会契約論は、その純粋な形である。渡辺幹雄『ハイエクと現代自由主義』(春秋社、一九九六年、二五六–二五七頁)が指摘する。

このような極端な個人主義——「原子論的個人主義」(atomist individualism)——は、容易に極端な全体主義へと転化するという病理を内包している。タルモンは前掲書において、ルソーの説く原子論的個人主義が、全体主義的国家主義へと通じてゆく歴史を詳細に論じている。社会契約説と啓蒙主義の理想からすれば、存在しうるのは個人と国家だけのはずであった。それ以外の中間団体(諸党派や利益団体など)の存在は、たんに不合理性の現れ以外のなにものでもなかった。合理的な個人から合理的な仕方で構成される国家は、そこにおいて一切の価値が調和し、個人の人格の全面的な発展が約束されるはずであった。だとすれば、つまり利害の対立がもはや存在しなくなった状態（国家）においては、各種の中間団体が存在する余地はないのである。そこでは個人と国家が直接的に対峙する。国家の調和を乱す個人の存在は端的に不合理なものの存在であり、即刻取り除かれなければならない。タルモンはつぎのように述べている（J. L. Talmon, *The Origins of Totalitarian Democracy. Political Theory and Practice during the French Revolution and beyond*, Penguin Books, 1952. 渡辺訳）。

ジャコバン主義の逆説と同様に、バブーフ主義の逆説は、その集団主義的哲学の基盤が個人主義的である点に存する。（p. 180.）

［……］

当時のロベスピエールの国民に関する観念には、団体を入れる余地はなかった。ルソーならびにシエイエスが教えたように、国民のなかには個人以外の構成要素は認められなかった。このような構成をもつ国民は、一つの集合的でしかも一枚岩の人格であり、一個の利益と一個の一般意志とをもつものであった。部分意志と同一視される団体は、「国民に属する」ものではなかった。これらの団体は一般善に対立し、少なくともそれと一致しないものであった。（p. 93.）

個人主義と全体主義の絡みは、ナチスの推進した優生学政策にも現れている。ドイツ民族の純化・向上を図るためにヒトラーは、ユダヤ人やロマ人ら「劣等民族」に加え、精神障害者や同性愛者を殺害した。このような政策では個人の絶対性が否定される。共同体に組み込まれて各人が固有の役割を持っていた中世から、相互交換可能な個人の群に変質する近代になって初めて、ナチスのようなイデオロギーが現実の力を振るうようになった。ダーウィン進化論において種の変化を担う実際の単位は個体だ。種という実体は存在しない。環境に適した個体がそれ以外の個体に比べて子孫を残す確率が高いという仕組みを通して集合としての種が進化する。社会進化論やナチスの優生学も同様である。

ちなみに優生学と社会進化論は、社会にとって有害な個体を排除する点は共通するが、そのための手段は正反対である。前者は、劣等要素を消滅させるべく積極的に人工的介入を行う。後者は、国家による弱者救済政策などの人工的介入を廃止し、弱者すなわち劣等な個体の遺伝要素を自然に絶滅させる。歴史的にみると、ダーウィン『種の起源』(一八七一年)が発表されてまもなく社会進化論が提唱されるが、優生学は少し遅れて一八八〇年代になって現れる(A. Pichot, *La société pure. De Darwin à Hitler*, Flammarion, 2000, p. 159.)。

個人主義と全体主義の相補性に関して疑問もある。法的には犯罪でなくとも、学校・企業・役所などの組織やマスコミが逸脱行為を処罰する日本では中間組織がかなりの自律性を保つ。それは全体を一括管理するシステムがないという意味である。すると、集団主義的な日本社会は全体主義に遠く、個人主義的なフランスの方がより全体主義的だという、常識に反する帰結が導かれる。

「ナチの如くアトマイズされた個人を単位とするのでなくて共同体をレジメンテイションの単位とするファッシズムの天皇制的形態が成立」したと藤田省三は指摘した（『〈新編〉天皇制国家の支配原理』、飯田泰三・宮村治雄編、影書房、一九九六年［初版は未來社、一九六六年］、五二頁）。これはどういうことか。近代の個人主義化を全体主義の根本に見据えたアレントやデュモンの見解と矛盾するのだろうか。藤田の指摘を見つけた一九八〇年代からずっと気になっている問いだが、未だに糸口が見つからない。日本には中間組織が残っていたのに、なぜ全体主義が可能だったのか。あるいはドイツやソ連の全体主義と日本の戦前の政治状況は性質が異なるのか。

［註15］

ある人間に対して、汝も同様に自らの権利をすべて放棄し、彼がなす如何なる行為をも汝が受け入れるという条件の下に、我自身を統治する権利を我も彼に与えよう。［……］偉大なリヴァイアサン［……］はこうして生み出される。

T. Hobbes, *Leviathan*, edited by Richard Tuck, Cambridge University Press, 1991, ch. 17 [tr. fr., *Léviathan*, Gallimard, 2000, p. 288].

［註16］　第八回「開かれた社会の条件」で消極的自由と積極的自由の区別に言及した。ホッブズはあくまでも個人の関係から社会を考えた。他者の自由を侵害しない限り、無制限の自由が誰にも保証される。どんな生き方をすれば、自由であるかという問いは必要ない。対するにルソーは個人主義から出発しながらも、個人を超越する全体存在の定立によって正しさを保証する方針を採った。そのため、自由の内容を積極的に規定する。それが一般意志である。

ホッブズの論理構成においても、すべての市民の権利を主権者に移譲する以上、主権者の決定に市民が従わなければならない。とはいえ、フランスの政治哲学者ピエール・マナンが指摘するように（P. Manent, *Histoire intellectuelle du libéralisme*, Calmann-Lévy, 1987, p. 66-70, 163-165.）、各市民の意志と主権者が抱く意志は別であり、権力を独占する主権者が横暴を働く可能性がある。その場合は全市民が契約破棄すればよい。ところがルソーの論理では、市民当人の私的な意志は偽物であり、一般意志こそが各人の心の奥底から湧き出る本当の意志である。したがって主権者＝市民の一般意志が各人を裏切る可能性は論理的に排除される。

ホッブズの場合は主権者の意志と各市民の意志が一致しても、それは必然でなく、一致しない状態も考えられる。だがルソーの論理構成では各市民の真の意志が一般意志であり、両者は必然的に同一である。ゆえに、国家に対する抵抗権を認める余地がまったくない。

〔註17〕 J.-J. Rousseau, « Du contrat social », Livre IV, ch. II, in *Œuvre complete*, III, *op. cit.*, p. 440.

〔註18〕 « Du contrat social », Livre I, ch. VII, in *op. cit.*, p. 363-364.

実際のところ、人間として各人が抱く個別意志は市民としての一般意志と異なる場合もある。各人に特有な利益は、公共利益と違うことを彼に語るかもしれない。〔……〕したがって社会契約を空虚な言葉の羅列としないためには、何びとにせよ一般意志への服従を拒む者は一般意志に服従するように社会全体から強制されるという暗黙の約束が社会契約に含まれていなければならない。この約束なしには規則に実際の効力が与えられない。このことはまさに各人が強制的に自由な状態におかれることを意味する。〔強調小坂井〕

〔註19〕 正しさを神が保証していた中世共同体が解体し、個人の群れに還元された近代で正義をどう保証するのか。ホッブズ・ルソー・ロックは、この難問にそれぞれ異なる答えを用意した。

ホッブズは悲観的な人間観から出発する。より高い地位やより豊かな経済生活を享受しようと人間は争う。「万人の万人に対する闘争」を避けるため、市民の権力すべてを奪い、共同体からはじき出された主権者に移譲する。絶対的権力を独占する主権者が政策を決定し、それに市民が文句なく従う状態を作り出せば、平和がもたらされる。強大な覇権のおかげで争いが抑えられるパクス・ロマーナやパクス・アメリカーナと同じ仕組みである。ホッブズの解決では、共同体の外部を生み出し、それを正しさの源泉と定義する。こうして自由と服従、個人と全体の矛盾を乗り越えようとした。外部は人工的に生み出され、主権者が行う施策の正しさは手続き上の正統性にすぎない。主権者の決定が内容として正しいかどうかという問いは迂回され、主権者がなした決定だから正しい、主権者の決定が正しさの定義であるという論法を採る。

ルソーはこのような外部を認めず、共同体内部に留まりながら正しさを根拠付けようとする。それが一般意志である。この方式では市民がそのまま主権者として位置づけられ、ホッブズ契約説と同じ構造の外部を必要としない。

ところで一般意志とは何か。単なる市民の総意とは違う。多数決による決議内容が多数派の横暴でない保証はない。形こそ違え、結局は強者の論理と変わらない。したがって市民全員が賛意を表明する決議でなければならない。ところが、それでも十分でない。怒り狂ってリンチに走る群衆のように、全員一致であっても正しいとは限らない。

市民の総意と一般意志の間にはしばしば相違がある。後者は全体の利益にしか関心がない。前者は私的利益の方を向いており、各市民が抱く個別意志の総和にすぎない。（« Du Contrat social », Livre I, ch. V, in *Œuvre complète* III., *op. cit.*, p. 371.）

市民の総意と質的に異なる一般意志は、他者と比較しないように相互関係を断ち切られた孤独な市民の心の奥底からわき出る。

これらの条項はもちろんすべて、最終的にたった一つの条項に要約される。すなわち各構成員の権利すべてを共同体に完全に譲渡することである。〔……〕自らを全員に捧げる〔se donnant à tous〕者は誰にも服従しない〔ne se donnent à personne〕。〔……〕一般意志という最高原理の下に我々は皆、自らの存在とすべての権利を共用にふす。そして我々は一団となって、全体存在の不可分なる部分〔partie indivisible du tout〕として各構成員を迎える。（*Ibid*., p. 360–361.）

ルソーは社会唯名論の立場から出発した。ところが、孤立する個人群を結合する原理として一般意志を導入する必要から、個人を超越する全体存在を必然的に要請する。「人間の手の届かないところに法を位置づける」と言う（« Considérations sur le gouvernement de Pologne », art. cit., p. 955.）。ルソー社会契約論においても、市民から遊離する外部が結局導入されている。

市民の総意と一般意志の区別は何を含意するのか。ある時点の共同体構成員の総意を超える一般意志は各共同体に固有な規範ではなく、普遍的射程を持つ。つまりルソーの一般意志は超歴史的な自然法として提示される。他者の状態を羨望することなく、自らの心に問いかける時、時代や社会の制約を受けない普遍的に正しい人間のあり方が発見されるのである。

神の権威に頼れなければ、正義をどう決めるのか。これが近代に課せられた最大の問いである。正しさを定義するのは主権者であるという手続き問題に解消することで、ホッブズはこの難問を迂回した。ルソーはその方向をさらに進め、一般意志という形で最初から人間は正しさを知っていたという虚構を採用した。こうして正しさの内容の吟味を迂回しながらも、主権を外部に立てる必要をルソーは回避した。だが、これは見かけだけだ。市民の私的欲望の背後に隠れる真の意志として一般意志を構想するため、市民自身の具体的願望から独立する、論理的な意味での外部が共同体の内部に捏造される。論理は必ず出発点を必要とする。幾何学の公理のように、最初の大前提は信仰であり、虚構である。外部は絶対に消去できない。

正しさの根拠を主権に移転したホッブズやルソーとは別種の解決をロックは求めた（Manent, *op. cit.*, p. 89-117）。正しさの根拠を人間関係にではなく、個人に内在する権利として把握することで、正義の定義問題を解こうとした。他者との争いを避け、自己を守る権利から出発したホッブズに対して、飢えを逃れる必要からロックは考察を始める。人間は生きるために食料などの物資を必要とする。その保証が権利の根本をなす。そして各人は自分自身の所有者であるゆえ、自らの労働が生む成果も自分の所有物になる。こうしてロックは個人に内在する権利の定立により、主権者という外部を立てる必要をなくした。

正義を内容として定めれば、国家は正義の根拠をなす公理の地位を失い、市民の権利を守るための単なる道具になる。

　ホッブズもルソーも個人の権利を自説の中心に据える。しかし両者にとって権利はあくまでも社会的権利として構想され、対人関係において初めて意味を持つ。彼らにとって所有権は対人概念であり、モノ自体との直接的関係とは違う。AとBという人間がいて、どちらが対象Oを所有するかという枠組みで初めて意味を持つ概念であり、Aしかいなければ、所有権は意味をなさない。

　対するにロックは各人の内部に権利の根拠を封じ込めた。近代以前、人間はモノと直接の関係を結ばず、他の人間を媒介してモノと接してきた。贈与現象はその典型である（Godbout, *op. cit.*）。他者を迂回して人間とモノが直接結ばれるようになるのは、個人主義が浸透し、経済が政治や倫理と切り離される近代からである（Dumont, *op. cit.*, 1977; 1983.）。ロックの着想は、この歴史変遷に対応している。

[註20]　この点に関する検討は P. Manent, *op. cit.*,; L. Scubla, « Est-il possible de mettre la loi au-dessus de l'Homme? Sur la philosophie politique de Jean-Jacques Rousseau. », *in* J.-P. Dupuy, *Introduction aux sciences sociales. Logique des phénomènes collectifs*, Édition Marketing, 1992, p. 105–143. が優れている。

[註21]　定規とコンパスだけを有限回使って円と面積の等しい正方形を作図する円積問題は、円周率 π が超越数だから解けない。

■第一一回■

主体と内部神話

遺伝と環境のどちらが人間の性格や能力の発達を決定づけるのか。この問いをめぐって心理学は長年論争してきた。能力や性格は先天的に決まるのか、あるいは後天的原因によって形成されるのか。環境の影響が大きければ、教育は重要な役割を果たす。逆に、遺伝によって人格や才能が完全に定まれば、教育は意義を失う。

ところで遺伝と環境のどちらが重いにせよ、両方とも当人に制御不可能な外因であることに変わりない。そして偶然も外因だ。外因以外の要素はどこにもない。この事実を真正面から見据えよう。

米国の風刺画家シドニー・ハリスの作品に物理学者とおぼしき二人が議論する場面がある[註1]。新理論の証明が記された黒板の前で年配の学者が若い同僚に指摘する。「この第二段階だが、もっと明確に示すべきじゃないか」。見ると、「ここで奇跡が起こる」と書いてある。どうして外因から主体が生まれるのか。このデッサンと同じように論理的飛躍、つまり奇跡が起きている。受精の瞬間に神が命を吹き込むという一神教の物語も、神という外因が我々の存在を規定する。したがって問題の根は同じだ。内因はどこにもない。

心理現象とは何か、精神とは何か、主体とは何か。これが心理学の究極的問いだ。精神は空間的広がりを持たず、その位置を同定できない。対して身体は空間を占め、どこかに位置づけられる存在である。異質な両者がどう結ばれるのか。遺伝と環境をめぐる議論は、この肝心の問いから逃げている。外因が生み出すプロセスはあくまでもメカニズムである。したがって、そこから自律性は生成されても、主体という内部は出現しない。自律性や学習能力と主体性は違う。生物はすべて自律的存在であり、学習も人間だけの特性ではない。自律も学習も外から見た概念だ。他方、主体は内側から見た観念である。心理学に研究できるのは自律性の発達過程や学習プロセスであり、主体性ではない[註2]。

科学が発展し、人間行動が法則の網に捉えられるにしたがい、人間の生は因果関係に翻訳され、決定論的に理解される。したがって主体性が必然的に消えてゆく。主体性とは、法則通りに行動しないという意味だからだ。よって、主体性を解明すべき心理学が目指す究極の目標は主体の消失であり、心理学自体の終焉であるというパラドクスに陥る。もし心理現象を法則で完全に把握できる日が来たら、心理学者が失業するだけでなく、主体性自体が人間の世界から失われる。自分たちの学問が原理的に不完全であり、心理現象の解明は永久に不可能だと信じるおかげで心理学者は日夜研究しているのではないか。自分たちの企てが必ず失敗すると実は知っているからこそ、自己破壊の営みを安心して続けるのではないか[註3]。

❖

遺伝か環境か、氏か育ちか。このテーマに科学が関心を寄せた元々の理由は、人種・階級・性別間などに見られる差異を説明するためだった。どうして能力の違いがあるのか。差は最初からあったのか、あるいは社会で生活するうちに生まれるのか[註4]。

三種類の説明がある。一つ目は、各人の属性が神の摂理により最初から定められているという創造論(creationism)。二つ目は、遺伝子プログラムを通して先天的に決まると主張する生得論(nativism)[註5]。神が遺伝子に代わったが、初期条件の自動展開によって個体差が生まれるのだから、創造論と同様、結果は最初にすべて決まっている。そして三つ目が、環境の偶有的作用により人格や能力が左右されるという立場である。

進化論も同様に、生物界の多様性を説明する動機から出発した。生物学者・池田清彦の解説を見よう。

いまでこそ、進化論は、進化という現象の説明原理でなければならないような按配ですが、ラマルクもダーウィンもウォレスも、もともとは進化論を進化の説明原理として構想したのではないのです。多様性の説明原理として進化を構想したのです。進化というのは仮説であって、その結果、生物は多様化したという理屈を立てたわけです[註6]。

そして、先に見た個人の発達と同じ三つの論理に依拠して、生物一般の進化も解釈される。

ラマルク進化論の基本構想はデカルト的な機械論である。[……]統一法則という同一性を構想する。[……]ダーウィンの進化論の基本構想はラマルクとは全く違っている。ダーウィンはすべての生物に当てはまる発展法則といったものを排除した。［……］同じ形質がある状況では有利になり、別の状況では不利になる。有利・不利を決める決定論的な法則は存在しない。［……］生物が徐々に高等になったのは、生物に秩序を増大させる何らかの法則が内在しているからではなく、自然選択の結果たまたまそうなったにすぎないのである[註7]。

この引用には出ていないが、生物多様性を理解する第一の方法は神の摂理を持ち出す聖書の創造論だ。そして先に挙げた遺伝子決定論と同じく、ラマルク理論は内在的変化の説明形式である[註8]。遺伝子に依拠する心理学の解釈では各人の出発点がすでに異なる。対してラマルク説においては初期条件も進化法則もすべての生物に共通だが、大昔に発生した有機体は経時変化により複雑な高等生物に発達し、最近発生した有機体は単純な構造の下等生物に留まる。そこは考え方が違う。だが、初期条件が自動展開して多様性が生ずると理解する以上、差異を内在的変化に帰す点は変わらない[註9]。突然変異と自然淘汰に基づくダーウィン理論だけが、心理学の環境決定論と同様、後天的要因で変化を説明する。

内在的変化を提唱する仮説は結局どれも、神を引っ張り出す創造論と同様に、変化の原因を迷宮に追い込む[註10]。生物が内在的に変化するとは、どういうことか。生物の内部構造に変化の原因が組み込まれ、自動的に変化するという意味である。毛虫が蛹に変態し、さらに蝶へと成長する。ところで、毛虫が蛹の原因であり、蛹が蝶の原因だとは言わない。毛虫も蛹も蝶も同じ個体であり、同一性を保つ実体の形態だけが変化するという了解があるからだ[註11]。つまり内在性を持ち出すと、実体はどう生まれ、どう変化するのかという、発達をめぐる謎が棚上げになる。
対するに、外因が起こす変化だと解釈すれば、科学の因果律的思考に馴染む。だから内在的変化のアポリアを回避するために発達心理学の遺伝子説も、突然変異と自然淘汰という外因に生成プロセスを最終的に送り出す。科学はブラック・ボックスを次々に潰してゆく営為である[註12]。

❖

遺伝と環境をめぐる心理学の問いは、人間の属性を外部の力によって変化可能かどうかであり、当人が自主的に人格や能力を形成できるかどうかではない。遺伝も環境も外因であり、内因はどこにもない。ところが、いつしか遺伝が内因と誤解され、不変／可変の構図が内因／外因というパラダイムにすり替わる。それは偶然でない。近代のエピステーメーがここに隠れている[註13]。

主体という内部はどこにあるのか。空間軸に投影された内部／外部という二項対立がすでに勘違いの元だ。こう考えてみよう。人に噛みついた野犬を殺処分する。犬に責任は問わないが、危険だから殺すのである。対して人間の場合は犯罪に関わっても責任が認められなければ、罰しない。壊れた機械を修理したりスクラップにして破棄処分するように、社会にとって有害な人物を再教育したり、刑務所や精神病院に閉じこめたり、あるいは死刑に処する、つまり正常に機能しない機械は修理するか壊すという発想ならば、責任は無駄な概念になる。このように、単なる自律性とは区別して、我々は人間の主体性を理解する。では主体はどこにあるのか。

行動・性格・能力の原因が環境条件であれば、その環境を作った原因がまた考えられる。したがって因果関係は無限遡及し、最終原因は定まらない。遺伝も同じだ。親が原因ならば、その親がいる。原因の連鎖はどこまでも続く。つまり身体および知的能力・人格・美醜など我々の属性は外来要素の沈殿物であり、これらを生成した原因は我々自身をすり抜ける。

能力や人格を両親や外界から授かったとしても、他の誰でもない、まさに自分の属性である以上、責任が発生するという意見もある。人格形成の自己責任を問う立場だ。ところで、人格を作り出した責任を定立するためには、その人格形成の時点で自由な行為者を想定する必要がある。だが、その論拠たる自由な行為者も、過去に育まれた人格が生む以上、論理が無限背進する[註14]。つまり内部はどこにもない。

責任を問うためには原因を同定し、根拠を見つけなければならない。だが、原因や根拠には必ずその原因と根拠があり、その連鎖はいつまでも続く。そこで人間社会は二種類の最終原因・根拠を捏造する。一つは外部に投影される神や天である。この世界観によると、人間の生は摂理や運命の定めに従う。環境や遺伝は当人にとって単なる偶然だ。最終原因としての外部は偶然と違う。意図的に人間が操作できない点は変わらない。だが、責任を最終的に引き受ける外部は根拠として、主体として我々の前に現れなければならない[註15]。

そして近代が創出した、もう一つの最終原因・根拠が内部に投影される自由意志である。絶対者に根拠を求めるキリスト教世界において、行為・性格・能力が外因に決定されるかどうかは切実な問題でなかった。神が定める真理に適しない人間は存在自体が悪であり、不良品である[註16]。ところが近代は神を殺し、袋小路に迷い込む。神という外部に依拠できなければ、根拠は個人に内在化されざるをえない[註17]。最終原因・根拠を外部に見失った近代は、こうして自由意志[註18]と称する別の主体を内部に捏造する。

世界のどこかに神を同定できないように、個人のどこを探しても主体は見つからない。主体はモノでもプロセスでもない。個人の心理状態でもなければ、脳あるいは身体のどこかに位置づけられる実体でもない。自由意志が発動される内部はどこにもない[註19]。時間軸上に置かれた行為の因果律と主体は無関係だ[註20]。主体とは、責任を問うための論理であり、認識形式である[註21]。犯罪や不平等など不都合な事態に際して、誰かに責任を押しつけて収拾を図る社会規範であり、イデオロギーである[註22]。

❖

人格や能力は外部の力で変化可能かと心理学は問いかけた。だが、内因／外因という思考枠に当てはめられ、意味がすり替えられる。人間の属性が先天的に決まり、どんな教育を施しても不変ならば、劣った人間がいても社会が悪いせいでないし、劣悪な人間にはそれに見合った生活を強いてかまわない。「劣等人種」に対する植民地支配も正当化される。内因ならば、自己責任だからだ。

政治哲学の事情も変わらない。人格や能力は当人自身に制御可能か。貧富の違いを個人の資質に帰する社会では、社会構造の変革を目指す集団行動は起きにくい。顕著な格差にかかわらず、米国社会で革命が起きない主な理由は、各自の能力が公平に評価され、努力次第で社会上昇が可能だと市民の大半が信じるからだ。アメリカン・ドリームの神話は今も健在である。階層上昇が可能であるか、あるいは実際にはそうでなくとも、可能だという幻想がある時、社会構造の正否は問われない[註23]。メリトクラシーは不平等を正当化するイデオロギーである。

『正義論』の著者ジョン・ロールズはメリトクラシーの欺瞞性をよく知っていた。出生時に親から受けた先天的性質に加え、家庭教育および社会環境という外因から各自の能力差が生ずる。したがって当人の責任ではない。能力の高さゆえに上位者が下位者より恵まれた生活を享受する権利を持つのではない。格差をつけないと優秀な者の意欲をそぐため、社会の総生産力が低下し、最下層にいる人々の生活がかえって悪化するからだ。だから、劣等感を抱く必要はないと説く。

だが、このような理屈や慰めは空疎に響く。ロールズの想定する公正な社会では底辺に生きる人間に、もはや逃げ道はない。分配が正しい以上、貧困は誰のせいでもない。貧富の差は正当であり、恨むなら自分の無能を恨むしかない[註24]。序列が不当だと信ずるからこそ、人間は劣等感に苛まれないですむ。公正な社会とは、人間心理を無視した砂上の楼閣である。正義は原理的に成就不可能だ。出口はどこにもない。宗教の虚構を斥け、合理的な解答を求める正義論は最初から無理なのだ。

神の亡霊が嗤う。お前たちは神を殺した。だが、人間がしたことは結局、その陰画として自由意志という化け物を生み出しただけではないか、と。

[註1] S. Harris, *Chalk Up Another One. The Best of Sidney Harris*, Rutgers University Press, 1992, p. 1.

[註2] 意志が行動の原因をなすという常識にそもそも問題がある。心身問題が解けない

以上、意志が行動を起こすか、あるいは逆に行動が意志を誘導するかわからない。それどころか、そもそも意志が行動に関係があるかどうかも不明である。心理学が苦戦した軌跡を概括しよう。

一九世紀の心理学では、自分の心に問いかけて心理過程を探る内観アプローチが主だった。だが、それでは主観的解釈を免れない。心理学を科学に高めるためには、どうすべきか。心理状態の客観的観察は原理的に不可能である。脳科学が進歩しても客観的に観察できるのは脳の生理的状態であり、心理自体は外から覗けない。絶対に観察できない要素に依存する限り、心理学は科学として発達しえない。そこで心理を研究領域から除外し、物理的刺激と生理的反応の関係だけに注目するべきだと米国の心理学者ジョン・ワトソンが説いた。一九一九年に提唱された行動主義の始まりである。外からやってくる刺激に反応する法則を発見して客観的科学としての心理学をうち立てる。

行動主義は長い間、心理学の主流をなしていた。だが、一九五〇年代に入ると様々な観点から批判にさらされる。問題は三つあった。第一に、言語の発生や哲学的考察など高度な知的活動は刺激–反応という単純な条件づけの構図で説明しがたい。語彙や文法を覚えるだけでなく、メタレベルでの規則が身につかなければ、言語は習得できない。第二に、反応の個人差を説明するのが難しい。行動主義が正しければ、同じ学習には同じ反応が生じるはずである。ところが実際は個人差が大きく、同じ環境で育っても同じ判断や行動をしない。兄弟姉妹が正反対の性格に育つこともある。この問題をどう考えるか。第三に、行動主義的学習理論に反する実験データが蓄積されてゆく。これら難点に行動主義は答えられず、その後に発展する認知心理学に席を譲った。

第二の問題に注目しよう。個人差がどうして生じるのか、行動主義は上手く説明できない。そこで刺激がそのまま反応を起こすのでなく、各人固有の濾過機構を通して解釈された後に反応が生ずると考えればどうか。そうならば、同じ刺激への反応に個人差が現れてもおかしくない。行動主義はブラック・ボックスとして個人を扱ったが、以降は個人の内部メカニズムに注目するようになる。この内部機構の役を果たすのが態度概念である。刺激と反応を媒介する変数として導入された。

態度概念の定義は学者により多様だが、各人に固有な内的属性であり、行動への準備状態として理解する点は共通する。したがい、定義からして態度と行動は因果関係で結ばれている。以上の理論的検討と実証研究の積み重ねを通して態度は社会心理学の重要な概念になった（総括は W. J. McGuire, "Attitudes and attitude change", *in* G. Lindzey & E. Aronson (Eds.), *Handbook of Social Psychology*, Random House, 1985 (3rd edition), p. 233-346; McGuire, "The vicissitudes of attitudes and similar representational constructs in twentieth century psychology", *European Journal of Social Psychology*, *16*, 1986, 89-130.）。公害に反対する人は環境を汚染する行動を取らない。男尊女卑の考えを持つ社長は女性を管理職に抜擢しない。差別思想に囚われた者は外国人に意地悪にちがいない。このような発想は常識的であり、わかりやすい。

態度概念が人気を博したのは、行動主義の欠点を補うという理論的理由からだけでない。行動が実際に起きるのを待たずとも態度測定で行動を推測できれば、選挙動向や消費傾向などの予測に役立つ。態度を変更すれば、それに応じて行動も変化するはずだから、犯罪防止や教育分野での効果が期待できる。実用的効果が見込めなければ、態度の研究はそれほど学者の関心を引かなかったに違いない。

態度概念が心理学者に期待を持って迎えられた理由は他にもある。態度概念を注意深く検討しよう。遺伝要素に環境条件が作用して態度が形成される。それは人格という概念も同じである。態度は各人に固有な形質ではあっても、遺伝形質と環境という外来要素の沈殿物にすぎない。偶然が働いても、それも外因である。したがって、外からの刺激を解釈するこの濾過装置はメカニズムであり、自ら判断し行動を決定する主体ではない。私が取る行動の原因分析を突き詰めれば、行動の最終原因や根拠は私の内部に定立できない。ところが、いつの間にか態度は主体の位置に高められ、各人の行動を決定する原因・根拠として理解されるようになる。何故、このような意味のすり替えが起きるのか。

当時の心理学を席巻していた理論は精神分析と行動主義である。ところで、これらの学説はどちらも人間の主体性を否定する。行動主義にとって行動を根本で規定する要因は条件づけであり、性衝動を学説の中心に据える精神分析も、隠された無意識の動機によって行為が生起すると考える以上、行動を自由に選択し、自らの行為に責任を負う、近代が生み出した主体的人間像は浮かんでこない。

何気なくタバコを取り出して口にくわえる。そんな無意識の行動もあるが、意志と関係なく、身体が勝手に動く感覚は通常起きない。重要な行為に及ぶ場合は特に、自由意志を通して行為が主体的に決定されると我々は信じる。ところが、精神分析や行動主義という当時の心理学はこの常識を否定する。科学は現象を外から捉え、客観法則に絡め取る営みである。ところが客観法則から自由になり、従わない可能性こそが、まさしく主体性の定義である。したがって科学的心理学の成立を目指すならば、意志が行為を導く自律的人間像を支持する理論は考えにくい。

このような学説状況の中、人間の主体性を回復する願いが心理学者の潜在意識のどこかにあったのだろう。学者も人間だ。日常感覚からかけ離れた理論を頭では理解しても、違和感がどこか残る。こうしてルネサンスや啓蒙主義の時代に発達した近代的人間像との齟齬を埋めるために、態度は次第に主体の位置を占める。

一九六〇年代に入ると態度研究に大きな障害が現れる。態度が行動とあまり関係ない事実がわかり、態度概念自体が疑問視される。学習の実験だと偽って、見知らぬ人を拷問させる通称「アイヒマン実験」を挙げよう。社会心理学の最も有名な研究である。暗記問題を与え、生徒役が答を誤る度に電気ショックで罰するよう指示すると、先生役を務める被験者の三分の二が、痛みで絶叫する生徒を四五〇ボルトの高圧電流で苦しめる。ところで、ほとんどの被験者は実験遂行に強い困惑を感じる。大粒の汗を拭いながら興奮のあまりヒステリーのような笑いを繰り返す者、苛立って机をたたきながら実験が一刻も早く終わるのを祈る者などの姿が、実験場面を撮影した映画に記録されている。
生徒役が実はサクラであり、電気ショックを受けなかったと実験後に説明すると、「えっ、本当ですか。そりゃあよかった。安心しました。私は人権問題に敏感ですから心配していました」と言う被験者さえいる（S. Milgram, *Obedience*, New York University Film Library, 1965.）。自らが取った行動と信条との間の乖離に気づいていない。被験者は拷問したくなかった、できればやめたかった。それでも拒否できなかった。だから汗びっしょりで、ヒステリーのような笑いを止められなかったのである。他の被験者の例も挙げよう（S. Milgram, *Obedience to Authority. An Experimental View*, Pinter and Martin Ltd., 2005［1st edition: 1974］, p. 55.）。

私の反応は自分自身驚くべきものでした。私の様子を見ましたか。引きつった笑いが次から次へと起こり、止めようと努めても無理でした。こんな症状が起きたのは初めてです。常軌を外れた状況に遭遇して現れた反応でしょう。抵抗できない人を苦しめながら、拷問の命令を拒否したり、被害者を助けたりする力が私にはありませんでした。ヒステリーのような失笑の原因はこの辺りにあると思います。

大学卒業後、主婦になった女性の反応も引こう。彼女はＰＴＡの代表を務め、ボランティアとして週に一度、非行少年の面倒をみている（*Ibid.*, p. 81-86.）。

私は続けたくなかったんです。私がどんなに苦しんだかわからないでしょう。感受性が強く、他人の痛みに敏感な私のような人間が拷問するなんて想像できますか。本当に私の意志に逆らってやったんです。虫一匹殺せない私に、こんなことができるなんて信じられない。[……]「許して、こんなこと続けられない、これ以上先に進めない」って、実験をどんなに放棄したかったかわかりません。「できない、できない」って、ずっと自分自身に繰り返していたんです。

嫌で仕方がないのに拷問してしまう。意識と行動の乖離がここに劇的に現れている。態度や意識が変化しても、それにともなって行動も変化するとは限らない。この事実は今では社会心理学の常識である。特に一九六九年に発表された総括研究が態度概念に決定的な打撃を与えた(A. W. Wicker, "Attitudes *vs* actions. The relationship of verbal and overt behavicr responses to attitude objects", *Journal of Social Issues*, 25, 1969, 41-78.)。態度と行動との関係を研究した四二本の論文を詳細に検討した結果、行動と態度との間には弱い関係しかないか、あるいはまったく関係ないと結論された。こうして態度概念が根幹から崩れる。

パラダイム危機は実用面でも研究者を落胆させる。態度測定により行動が予測できる、態度を変化させれば行動を矯正できると期待がかけられていた。教育効果を上げ、人種差別を減らし、犯罪防止を図れる、販売戦略をより有効に展開できると見込んでいたのに、あてがはずれてしまった。態度概念を救う試みもなされたが、ことごとく失敗する（『社会心理学講義』第五講を参照）。人格や意志が行動を決定するという、西洋近代が生み出した人間観が実情にあわないからである。

そこで二つの解釈が提案される。一つはレオン・フェスティンガーの認知不協和理論（L. Festinger, *Theory of Cognitive Dissonance*, Stanford University Press, 1962.）、もう一つはダリル・ベムの自己知覚理論（D. J. Bem, "Self-perception theory", *in* L. Berkowitz (Ed.), *Advances in Experimental Social Psychology*, Vol. 6, Academic Press, 1972, p. 1-62.）である。

人間は簡単に影響される。しかし同時に、自分自身で考え、行動を選び取ると感じる。意識と行動のずれに、なぜ気づかないのか。意志に応じた行動を取る主体感覚が維持されるのは、どうしてか。

実は因果関係が逆である。外界の力により行動が引き起こされ、行動に合致する意志がその後に形成される。そのため意志と行動の隔たりに気づかない。つまり人間は合理的動物ではなく、合理化する動物だ。これがフェスティンガーの答えである。

我々は日常生活の中で様々な情報にさらされ、それらはしばしば互いに矛盾する。喫煙は健康に悪い、しかしタバコはやめられない。「喫煙が健康を害する」という認識と、「私はタバコを吸い続ける」という、もう一つの認識とが拮抗する。このような対立は緊張を孕み、不快感をともなうので、情報のどれかを修正するか、他の情報をつけ加えて矛盾の軽減が図られる。例えば「タバコを吸うと癌になると言うが、現代生活は危険だらけだから、タバコだけやめても意味がない」とか、「私の父は相当な愛煙家だったが九〇歳すぎまで生きた。うちは長寿の家系だから心配ない」などという理由を持ち出せばよい。このような常識的な前提から認知不協和理論は出発する。だが、その論理を忠実に追ってゆくと、慣れ親しんだ人間像が覆される。例を出そう。

一九六〇年代初め、アメリカ合衆国で大学紛争が起こり、鎮圧のために警察が介入する。この事件が契機となり、警察権力から大学自治を守ろうという雰囲気が学生に広がる。そんな状況の中、次の実験が実施された。

「今回の事件に対する学生の考えをよく理解して、大学生活をより充実させるために調査している。それには警察介入に賛成と反対、両方の意見を広く求める必要がある」という口実の下に、「警察介入賛成の人たちの理由を想像して、できるだけ説得力ある文章を書いて欲しい」と被験者に依頼する。参加の手間賃の支払いを約束をした後、警察介入奨励の文章を書いてもらい、最後に被験者自身の意見を尋ねた。

実験条件によって手間賃の金額が異なる。どの条件の被験者も警察介入に反対であり、したがって自分自身の信条と相いれない意見を支持した事実(警察介入を求める声明文の作成)にはかわりない。だが、そのために受けとる報酬が条件によって異なる設定である。

常識で考えれば、多額の報酬を受け取った被験者の方が、警察介入を認める方向に影響されやすいだろう。これは行動主義(アメとムチの学習理論)の予測だ。ところが、先に述べた整合性の観点からみると、反対の結果が現れなければならない。すなわち、自分は警察介入に反対だという認識と、警察介入を擁護する文章を書いた事実は矛盾する。ところで、そのためにたくさんの報酬をもらったのなら理解できる。嫌なことや自分の信条に反することも、生活に必要ならば、仕方ないと割り切る。したがって報酬が高くなるほど、自分の本心にそぐわない意見を述べた事実から生ずる葛藤（認知不協和）は小さい。逆にほんの少額しかもらわなかったのに嫌なことをした場合は葛藤が大きい。そこで、「警察介入はいけないと思っていたが、よく考えると紛争の取り締りも必要だし、民主主義を守るためにも秩序維持装置は必要だ」などと、報酬額が高い場合に比べて低い場合の方が警察介入を正当化しやすい（J. W. Brehm & A. R. Cohen, *Explorations in Cognitive Dissonance*, Wiley, 1962.）。

意識が行動を司るという主体的人間像をフェスティンガーは覆した。社会の圧力によって行動が引き起こされ、その後に、自らの行動を正当化するために意識内容を適応させる。「人間の意識が存在を規定するのではない。逆に人間の社会的存在が意識を規定する」というマルクス『経済学批判』「序言」の有名なテーゼとフェスティンガーの立場は同じだ。置かれた社会状況に応じた思考を人間は抱く。

フェスティンガーと異なるアプローチでベムは意識と行動の乖離に挑んだ。行動主義心理学の創始者ジョン・ワトソンは、直接観察できない精神活動を研究対象から除外した。バラス・スキナーはこの立場を徹底し、意識・感情・判断などの精神現象も行動の一種として条件づけの枠組みで理解した。意志や意識は広義の行動であり、身体運動と同じように刺激対象への反応だと考えた。

他人の心の中は覗けない。したがって行動から心理を推測するしかない。犬を連れて散歩する隣人を毎日見かける。その行動から推察して、この人は犬が好きなのだなと思う。ところでベムによると、覗き込めないのは他人の心だけでなく、自分の心も同じだ。自分の行動を見て心理状態を推測するにすぎない。飼い犬を連れて毎日散歩に出る、その自分の姿から、私は犬を好きに違いない、そうでなければ、高い餌代を払って犬を飼うはずもなければ、仕事が忙しいのに毎朝散歩に連れて行くはずもないと推測する。自分の感情・意見・行動を理解したり説明する際、心理情報に我々は頼るのではない。行為・判断が形成される心理過程は当人にも知ることができない。自らの行為・判断であっても、あたかも他人のなす行為・判断であるかのごとくに推測する他ない。ベムはこう説く。

では自分の心の動きをどう理解するのか。常識と呼ばれる知識を我々は持ち、社会・文化に流布する世界観を分かち合う。どのような原因で行為が生ずるのかという因果律も、この知識に含まれる。窓を開けるのは部屋の空気を入れ替えたり、外を眺めるためであり、空腹を覚えたので窓を開けたという説明は非常識である。すなわち自らの行動を誘発した本当の原因は別にあっても、他のもっともらしい「理由」が常識の中から選ばれる。この「理由」は社会で学習する因果関係のパタンである。つまり行為や判断の説明は、所属社会に流布する世界観の投影を意味する（R. E. Nisbett & T. D. Wilson, "Telling more than we can know: Verbal reports on mental processes", *Psychological Review*, 84, 1977, 231-259.)。以上のように社会心理学は主体的人間像を否認する。

[註3] 心理状態の客観的観察は原理的に不可能だから、物理的刺激と生理的反応の関係だけに注目するべきだと行動主義は説いた。つまり心理現象の考察を放棄し、心理学たることをやめることで科学的心理学が成立するという矛盾に陥った。

だが、それは行動主義に限らない。研究が発展して人間行動を法則の網に捉える試みが成功すればするほど、人間の生が決定論的に理解される。科学が進むほど、主観性が消えてゆく。外からの客観的分析と、内から見る主観的理解の間には超えられない溝がある。

科学は未知の事象を既知の知見に取り込む営みである。物理現象がすべて解明されれば、物理学に残された仕事はなくなる。自然科学においては、それでかまわない。科学者が失業するだけだ。人間の生活は困らない。ところが心理学の事情は違う。心理現象が完全に法の網に捉えられる日が来たら、心理学者が失業するだけでなく、主観性が人間の世界から失われる。

[註4] 能力を決定するのは遺伝か環境かという問いに関しては R. J. Herrnstein & C. Murray, *The Bell Curve. Intelligence and Class Structure in American Life*, The Free Press, 1994 が遺伝重視の立場を表明し、大論争を巻き起こした。日本では安藤寿康『遺伝子の不都合な真実――すべての能力は遺伝である』(ちくま新書、二〇一二年)、橘玲『言ってはいけない残酷すぎる真実』(新潮選書、二〇一六年)、池田清彦編『遺伝子「不平

等』社会』（岩波書店、二〇〇六年）が同様の主張をする。批判的検討はR. Jacoby & N. Glauberman (Eds.), *The Bell Curve Debate. History, Documents, Opinions*, Times Books, 1995; C. S. Fischer, M. Hout, M. Sanchez Jankowski, S. R. Lucas, A. Swidler & K. Voss, *Inequality by Design. Cracking the Bell Curve Myth*, Princeton University Press, 1996.

[註5] 社会生物学や行動生態学が遺伝子をしばしば擬人法で描く（例えばR. Dawkins, *The Selfish Gene*, Oxford University Press, 2006 [1st edition: 1976].）。この詭弁に惑わされやすい理由の一つは、DNAの意味が誤解されるからである。デオキシリボ核酸は単なる無生命物質だ。ところがDNAと表記されると、神秘的雰囲気をまとう生命の本質や魂のような錯覚を与える。デオキシリボ核酸は不活性な分子であり、生命という言葉が喚起する動的なイメージとは、かけ離れた物質である。

DNAは死んでいる。DNAは反応に欠き、化学的に最も不活性な分子の一つである。[……]DNAには自己を再生産する能力などまったくない。それどころか、細胞内のタンパク質が持つ複雑な機制を通して作り出される物質によってDNAは生産されている。DNAがタンパク質を生成するとしばしば言われる。だが、事実はその反対で、タンパク質（酵素）がDNAを作り出す。[……]DNAには自己再生能力がないどころか、そもそもDNAは何も作り出せないのである。（R. Lewontin, "The dream of the human genome", *New York Review of Books*, 28/05/1992, 31-40, cité *in* H. Atlan, *La fin du « tout génétique »?*, INRA, 1999, p. 54.）

社会生物学や行動生態学において遺伝子は主体の位置を与えられる。そして、この主体は他者である。内なる他者、体内に宿るエイリアンだ。主体は存在せず、無意識の脳メカニズムが主体虚構を生むと主張する私が、この種の実体論に抱く違和感の根がここにある。

無意識という概念も実体化されれば、内なる他者になる。我々を内側から支配するホムンクルスだ。フロイトのエスとは何なのか。

第二局所論を初めて公にした『自我とエス』（一九二三年）では、「エスとの関係における自我は、馬の圧倒的な力を手綱を引いて止めねばならない騎手と同じである」と言われている。自我を衝き動かし、自我に行動させて、みずからの意志を実現する心的なエネルギーとしてのエス。行動がなされたあと、人はこう言うことになる――「なぜか分からないがそうしてしまった」、「まるで自分ではない何かにやらされているようだった」［……］

みずからの行動の原動力だったことは明らかなのに、それが何なのかは明言できないもの。その得体の知れない力を示すために着目されたのが、ドイツ語の代名詞「es（エス)」だった。英語の「it」に相当するこの語は、他の名詞を受ける代名詞として用いられるほか、「雨が降る(ドイツ語:es regnet/英語:it rains)」あるいは「一時だ(ドイツ語:es ist ein Uhr/英語:it is one o'clock)」のように、天候や時間を示す表現の主語としても使われる。明示できない何か、「それ」と呼ぶほかない何かを示すこの語は、他の事物のようには存在しておらず、それゆえ言語では表せないものの名称である。[……]そんな特異な語であるからこそ、フロイトは暴れ馬のように自我をふりまわす無意識的なものの名称として、この代名詞から造語された普通名詞「Es(エス)」を採ったのだ。(互盛央『エスの系譜』講談社、二〇一〇年、二一-二三頁)

フロイト理論における無意識やエスは自我とは別の存在者であり、我々の知らないところで我々を操る他者だ。これは脳科学が依拠する、メカニズムとしての無意識とは似て非なるものである。

[註6] 中村雄二郎・池田清彦『生命』哲学書房、一九九八年、一二二頁。話者池田。

[註7] 池田清彦『生命の形式——同一性と時間』哲学書房、二〇〇二年、一二九-一三二頁。

[註8] 用不用説は付帯仮説にすぎず、ラマルクは普遍的内因説を想定した(池田前掲『生命の形式』、一三〇-一三一頁)。

さらに、この統一進化法則には困った点もあった。すべての生物がこの統一法則の支配下にあるならば、下等から高等までの系列上に生物を順番に並べることができるはずだ。しかし実際には、カブトムシとクワガタムシはどちらが高等なのか。あるいはウナギとコイはどちらが高等なのかまったくわからないではないか。そこでラマルクは同一性から逸脱するアド・ホックな要因を考えざるを得なくなる。用不用の説とは、生存のために繁殖に用いられる器官は発達し、使われず不用な器官は衰退するという仮説である。これらの発達したり衰退したりした器官が子孫に遺伝されなければ、進化にとっては無意味であるから、この仮説は獲得形質の遺伝とセットになっている。巷間、ラマルクの説といわれるこの二つの仮説は、ラマルクの主仮説である進化時空間斉一説の破綻を救うための補助仮説なのである。

［註9］　遺伝子決定論は内在的成長を意味するのか、あるいは外因が起こす変化として理解すべきか。個人内部の固有な要素が成長過程を決定すると考える限りでは内在論だが、その要素は両親からの所与である故に実は外因説である。つまり各人の身体的・精神的属性は外部の沈殿物にすぎない。この外発的所与を内因と取り違えることで、遺伝／環境の対立構図が内部／外部の二元論にすり替えられる。

［註10］　変化は難しい概念である。AがBに変化すると言う時、何が起きているのか。AがBに変化すると言うからには、AとBは同じモノであるはずだ。それなのに、どうして

変化したと言えるのか。逆にAとBが同じでなければ、置換されただけでA自体の変化ではない。ウィットゲンシュタインは言う（『論理哲学論考』5.5303 [L. Wittgenstein, *Tractatus logico-philosophicus, suivi de Investigations philosophiques*, Gallimard, 1961, p. 81.]）。

一つのモノが同じだと言うのは馬鹿げている。一つのモノがそれ自体と同じだと言うのは、何も言わないのと同じである。

私は隣人と同じ車を持っているという表現を考えよう。同じ製造元の同じ機種、同じ排気量、同じ色で塗装された二台の自動車を隣人と私とがそれぞれ持つ。二台は酷似し、判別できないかも知れない。だが、二台の車があることは確かだ。この同一性は質的同一性と呼ばれる。車の修理をしたら、新品同様になって返ってきたので見違えたと述べる時、異なる了解をする。ここにはただ一台の車しかない。修理前と修理後の車は似ていない。それでも一台の車しか存在しない。時間を経て見かけが変化しても、そのモノ自体は変わらない。これは数的同一性と呼ばれる。変化は数的同一性をめぐる問いである。

変化するモノは存在するのか。この問いに関してカント（『純粋理性批判』、I. Kant, *Kritik der reinen Vernunft*, 1781, [tr. fr., *Critique de la raison pure*, Gallimard, 1980]）とベルクソン（『思考と運動』、H. Bergson, *La pensée et le mouvement*, PUF, 1993 [1ère édition: 1938]）の立場が知られている。カントにとって変化は偶有的現象であり、恒常的実体の存在が背後

に前提される。変化を受けずに存在し続けるモノがなければ、何の変化なのかさえわからない。対してベルクソンによると変化が生ずるだけであり、変化現象の背景に実体は存在しない。

変化の一形態である運動を例に取ろう。視覚的場面を我々は思い浮かべやすい。そのため、空間の一部を占める物体がまずあり、それが空間内を移動すると理解する。しかし視覚でなく、聴覚を考えると変化の異なる相に気づく。ショパンのエチュードが流れる。時間の経過につれてメロディーが進行する。音の動きを分析しても恒常的実体は見つからない。

変化とは何かという難問をほとんどの理論は迂回し、漸進的置換として解読する。突然変異と自然淘汰という二つの原理に依拠するネオ・ダーウィニズムが、その典型である。突然変異、つまり再生産の失敗が多様性を生む。そして、従来から生息する多数派よりも、新たに発生した少数派の方が生き残る率が高ければ、次第に置換されて種が変遷する。種という全体の変化を部分の置換によって説明する。

封建制から資本主義への移行を研究した経済史家・大塚久雄も変化を捉える難しさを承知し、変化を置換で説明した（大塚久雄・高橋幸八郎・松田智雄編著『西洋経済学史講座』I、岩波書店、一九六〇年、一〇頁、強調大塚）。

一定の生産様式が支配的な地位を占めているような構造の社会構成の内部で、まった

> く新しい別種の生産様式が発生し、古い生産様式を掘りくずしながら発達をとげ、ついに旧来の社会構成を解体せしめて、みずからが支配的地位を占めるような構造の新しい社会構成をうちたてるにいたる［……］そこには、古い生産様式から新しい生産様式への生産様式の移行と、それを内包しかつそれとさまざまな仕方で不可離に結びつきつつ進行する、古い社会構成から新しい社会構成への社会構成の移行、つまりそうした二つの側面が同時に含まれていることを、われわれはたえず念頭においていなければならない。

大塚史学の枠組みは周辺革命論である。支配的生産様式の地域から離れた辺境で新しい経済構造が生まれる。そして十分発展した後に新システムが旧来の支配的構造を凌駕する。スペイン・ポルトガルに興った重商主義がオランダ中継貿易に取って代わられた後、イギリスやフランスで誕生する資本主義へとヨーロッパの経済基盤が進展する。ダーウィン進化論との相似は次の章句に現れている（前掲書、一六－一七頁、強調大塚）。

> 一つの社会構成の内部にあって、地理的なまた歴史的な諸条件に深く規定された生産諸力の不均等な発展事情を土台に、さまざまな度合と形態で、より古い生産諸関係が従属物として内包されていることがしばしば見られるのみでなく、さらに、段階的移行期であれば、支配的な生産関係に入り交じって、新しい、別種の生産関係の成長の開始を

> さえ見るようになる［……］。このように一つの社会構成の内部に質的並びに量的に発展の度合をさまざまに異にした生産様式が、しかも同時に存在しているという事実は、［……］社会構成の内部に、また社会構成の相互のあいだに、独自な緊張関係をつくりだし、そしてそれが特定の社会構成の構造とそれの次の段階への移行過程に、特殊歴史的な、きわめて個性的な相貌をあたえることになるのである。

同一性と変化の矛盾はギリシア時代から議論されてきた。漁師が木の舟を漕いで毎朝、魚を捕りに行く。木の舟はだんだん傷んでくる。ときどき新しい木材で修理しなければならない。漁師はしだいに年をとり、引退し、息子に舟を引き継がせる。息子も同じように毎日漁に出る。舟はどんどん悪くなり、修復される。そして孫の代になる……。木の舟は修理の度に部品が替る。したがって、いつかはすべての部分が交換される。そこで疑問がおこる。この船は祖父の舟なのか。毎日使ってきた舟だから同じ舟のような気がする。だが、祖父の舟の材料はもう残っていない。それでも同じ舟と言えるのか。これが「テセウスの舟」の謎である。

　舟を構成する木材、つまり質料《ヒュレー》は変化しても、この舟をこの舟たらしめる形相《エイドス》は維持されている。したがって、すべての部品が交換された舟も同じ舟である。アリストテレスはこう考えた（『形而上学』［Aristote, *Métaphysique*, Vrin, 1991, Livre VIII, Vol. 2, p. 1-21.］）。では目前で舟を破壊しよう。そして前の舟と同じ構造になるように新しい材料で舟をその場で建造する。この場合、新しい舟は復元コピーにすぎず、連続性が感じられない。一〇〇年かけて徐々に材料を替えようが一瞬で替えようが、すべての材料が新しくなる事実は同じだ。だが、部品交換に必要な期間が十分長ければ、同じ舟だと感知される。同一性は対象自体に備わる性質ではなく、観察者に現れる心理現象である。

ホッブズに倣って敷衍しよう（S. Ferret, *Le bateau de Thésée. Le problème de l'identité à travers le temps*, Minuit, 1996, p. 107–119.）。古くなった舟板を今度は捨てずに保存する。そして材料がすべて交換された後で、保存してあった元の板を使って再び設計図通りに組み立てる。すると初めの舟テセウスⅠ、新しい材料で少しずつ修復したテセウスⅡ、そして元の板で再度組み立てたテセウスⅢという三つの舟が概念上考えられる。古い材料をそのつど捨ててテセウスⅢが出現する可能性がなければ、テセウスⅠとテセウスⅡの連続性は自然に納得できる。だが、残っていた材料を組み立ててテセウスⅢが出現した瞬間に確信が揺ぐ。古びて傷んだテセウスⅢを目の当たりにするや否や、それまでテセウスⅠと同一視されていたテセウスⅡが途端に複製の位に格下げされるとともに、傷だらけのテセウスⅢが実は祖父の本当の船だったのだという感慨が浮かぶ。

a＝b、かつ、b＝cであれば、a＝cという等式の推移律が必ず成り立つ。だが、この例ではテセウスⅠ＝テセウスⅡ、かつ、テセウスⅠ＝テセウスⅢでありながら、テセウスⅡ≠テセウスⅢである。テセウスⅡはテセウスⅠと空間および時間的に形が連続する。テセウスⅢはテセウスⅠと同じ板で構成されている。だが、同じ空間に同時に存在するテセウスⅡとテセウスⅢとの間には明らかに数的同一性を認められない。二つのモノは一つでありえない。どうして、そんなことになるのか。

テセウスⅠ＝テセウスⅡという等式がそもそも成立しないのである。形相の連続性を根拠に同一性は保証できない。それ以外の何かが必要になる。だが、その何かは舟自体にない。同一性の根拠は当該対象の外部に隠れている。目前に一つの塊がある。どの部分も時間の経過を通して変化せず、同じ状態を維持すれば、塊は同一性を保つ。さて、塊から極少量の部分を削り取るか、あるいは他の材料を微少な量だけ加える。これで塊全体の同一性が破棄された。だが、変化が極小さければ、同一性が維持されていると我々は認識する。探知されない変化が徐々に生じれば、時間が経過して変化の総量がかなりの程度に達しても、同一性が中断された事実に気づかない。

奇術師が白いハンカチを丸めると純白の鳩に変わる。実際にはそんなこと無理だから、ハンカチを鳩とすり替えるしかない。ハンカチが消失して鳩が出現するのであり、モノの次元で変化は起きていない。すり替えでなく、ハンカチが鳩に変化したと感知されるためには、観客によって両者が同一化される必要がある。ハンカチが消えて数分後に鳩が現れても変化が起きたと思わない。あるいは奇術師の手からハンカチが消えた直後に舞台の袖から虎が現れても、ハンカチが虎に変身したと思う観客はいない。白いハンカチが同じくらいの大きさの白い鳩に同じ場所で瞬時にすり替えられるから変化を感じるのである。空間と時間の連続性が錯覚としての同一性と変化を両立させる。

変化が起きれば、同一性は崩れる。異なる状態を観察者が不断に同一化する、これが同一性の正体である。時間の経過を超越して継続する本質が対象の同一性を保証するのではない。対象の不変を信じる外部の観察者が対象の同一性を錯覚する。同一性の根拠は対象の内在的状態ではない。同一化という運動が同一性虚構を生み出すのである。

[註11] 水素と酸素の結合による水の生成と同様に、毛虫から蝶への変態も新特性の誕生である。新特性がなぜ出現するのか。温度が変化すると水は個体・液体・気体と質的に異なる相を示す。だが、この質的変化は日常生活の巨視的次元にだけ現れるのであり、電子顕微鏡が映し出す微視的次元においては、この劇的な変化も水分子群の結合状態の変化、すなわち量的変化にすぎない。水分子自体が他の性質を帯びるわけではない。質と量の変化は単に観察次元の違いによるのか。質的変化は範疇化が起こす錯覚なのか。

さらなる謎もある。Aという特性がBなる特性へと質的に変わる。その時、なぜAとBはそれぞれ、その特性であり、他の特性でないのか。これはクオリア問題である。水蒸気や氷の分子状態を観測すれば、構造の客観的違いがわかる。だがそれぞれの構造はどうして、その物理化学的性質を持つのか。化学反応が起き、溶液の色が赤く変わる。溶液を構成する分子群の結びつきを調べれば、他の波長の色は吸収されるのに、赤だけが反射して網膜に達する理由がわかる。だが、その構造がなぜ赤の感覚に対応するのか。

[註12] 外的因果関係に翻訳不可能な内在的関係は科学に扱えない。アリストテレスの内因説とガリレイの外因説の対比がよく知られている。アリストテレスによると物体は固有

の性質を持つ。重い石が落下するのは、その本来の場所に戻ろうとするからだ。同じ重さの石を落としても空中と水中とでは落下速度が異なるように、当該の物体を囲む環境も物体運動に影響を及ぼす。だが、落下速度の違いを物体と環境との相互作用の結果だとアリストテレスは考えず、あくまでも物体固有の性質を攪乱する副次的要因として環境を把握した。反してガリレイは物体を環境から切り離さない。物体がおかれている環境との相互作用として物理現象を分析する。社会心理学者クルト・レヴィンの論文から引用しよう（K. Lewin, "The conflict between Aristotelian and Galileian modes of thought in contemporary psychology", *Journal of General Psycholgy*, *5*, 1931, 141–177.）。

アリストテレス的理解においては、当該の物体が本来持つ性質から生ずるプロセスを無理に変更し、「攪乱」するという意味でのみ環境が考慮される。物体運動を起こすベクトルは物体固有の特性によって完全に決定される。つまりベクトルの状態は物体と環境との関係に依存しない。どの時間における環境条件にも無関係な、物体だけに固有な性質として把握される。軽い物体が上方に向かう傾向は、その物体自体の性質に由来する。〔……〕しかし近代物理学においては、軽い物体の上方への移動を、この物体とそれを取り巻く環境との関係から引き起こされる現象だと考える。それだけでない。物体の重量自体が環境との関係に依存する概念なのである。

重量とは物体に作用する重力の大きさである。したがって同じ物体でも地上と月面では重量が異なる。月の重力は地球の六分の一しかない。よって重量も六分の一になる。物体の重量自体が環境との関係に依存する概念であるとは、こういう意味である。運動の原因が物体に内在すると考えるアリストテレスと、運動の原因を物体と切り離し、運動をプロセスとして把握するガリレイ。前者はブラック・ボックスに原因を閉じ込める。後者は外因の関係態として物理現象を理解し、ブラック・ボックスを開けて中に踏み込む。ラマルク内因説とダーウィン外因説の違いは、ケプラーの包括的アプローチとニュートンの局所的アプローチの対比にも似ている。アインシュタインは指摘する（A. Einstein, « La mécanique de Newton et son influence sur la formation de la physique théorique », in *Œuvres choisies, Vol. 5, Sciences, Éthiques, Philosophie*, Seuil/CNRS, 1991, p. 235–241.）。

惑星が太陽の周りをどのように移動するかという問いに対しては確かに、これらの法則［ケプラーの法則］によって完全な答えが与えられている。すなわち軌道が楕円形を描くこと、均等な時間内に同じ面積が通過されること、楕円の長軸と公転周期との関係などについてである。だが、これらの法則は因果関係の必然性には答えない。［……］これらの法則は包括的に捉えた運動を問題にするのであり、システムの運動状態が直後の状態に至る機制は検討されない。今日の言葉で語るならば、これらは積分的法則であり、微分的法則ではない。

積分的・微分的という表現は数学的意味で使用されている。だが、それぞれ包括的・局所的と読み換えれば、どうだろう。アインシュタインが積分的と規定するケプラーの法則は現象描写にすぎない。ニュートンの法則が初めてプロセスに光を当てる。ケプラーの記述において、なぜ太陽と惑星は一定の関係を維持するのか、なぜ無関係でないのかという疑問は浮かばない。太陽と各惑星をまとめて一つのシステムとして包括的に捉え、システム全体を記述するからだ。対してニュートンの分析では太陽や惑星の関係がア・プリオリに与えられない。それぞれの天体を一つの独立した個体（より正確には質点）に還元した上で、万有引力という概念を媒介にして、いったん切り離された天体群を再び結びつける論理構成が採られている。

ケプラーの認識論と同様、ラマルク説は変化の現象描写にすぎず、プロセス自体の分析がない。内在的とは、そういう意味である。どのような法則に従うにせよ、すべての生物の進化が同じ道のりを辿って複雑化し、その状態に至る時間の長さで進化の度合いが決まるとラマルク説は考える。そのため、神を引っ張り出す創造論と同様に、変化の原因がブラック・ボックスに閉じ込められる。対してダーウィン理論は自然淘汰という外的要因で変化を説明する。生命を把握する上で、生気論（vitalism）が物理化学プロセスに還元された理由も同じである。

ただし、内因を解体し、外因に還元すれば、世界を把握できると考える科学パラダイムにも限界はある。どんなにブラック・ボックスの内部に入り、その機構を分析しても、またその先に他のブラック・ボックスが待ち受けているからだ。科学は自己同一性を保つ要素に分解し、その要素の関係として世界を描く試みである。時間経過の影響を受けず、特性が永久に変化しない要素（同一性）を想定し、そのような実体的要素の組み合わせで世界を理解する。原子が究極的要素と看做され、原子の関係が例えばH_2Oという現象を構成すると考えた。その後、原子がより基礎的な素粒子に分解されたが、原子がそうであったように、それら素粒子が今度はブラック・ボックスの位置を占める。さらに分解されない保証はない。

　ニュートンの例に戻ろう。万有引力の法則はブラック・ボックスの内部に一歩踏み込むことで、より満足な分析に成功する。だが、同時に他の難問を生み出してしまう。ベントレーに宛てた書簡でニュートンが語る（A. Koestler, *The Sleepwalkers*, Macmillan, 1959 [tr. fr., *Les somnambules*, Calmann-Lévy, 1960, p. 323.]）。

> 　他の非物質的媒介を経ずして、また相互接触なしに、生命を持たない単なる物質が他の物質に作用を及ぼすとは考えられない。［……］だからア・プリオリな引力概念を私が提唱したとは絶対に思わないで欲しい。物質に本質的かつ内在的な引力が存在し、真空中で媒介なしに物体が他の物体に作用するなどとは、あまりにも馬鹿げている。何らの媒介もなく、離れた物体が瞬間的に相互作用する遠隔作用の概念は不条理であ

る。万有引力はまさしく、その不思議な魔法の力だ。理論の不条理を繕うためにニュートンが頼みの綱にしたのは万能の神と偏在するエーテルだった。要素の相互関係として全体を把握する試みは、最終根拠として神という外部を想定する。

どこまで行っても何かが残る。その何かが時に神と呼ばれ、時に運命や偶然と呼ばれ、あるいは主体性や自由意志と呼ばれる。どれもブラック・ボックスであり、デウス・エクス・マキナである。だが、人間はその奥が覗きたくなる。無限遡及の欲求は止められない。

[註13] 註2で言及した、態度を主体と誤解した事例も、近代個人主義が外因を内因にすり替える現象である。第五回「『べき論』の正体」の註12で触れた、精神分析学の普及で生じた理論の歪曲も参照。

[註14] 人格形成責任論は、人格により行為が決定論的に発生する事実を認めながらも、その人格を形成した自己責任を問う。だが、この論理は自己矛盾に陥る。瀧川裕英『責任の意味と制度　負担から応答へ』（勁草書房、二〇〇三年、一〇五―一〇六頁）が解説する。

［……］人格形成責任論は様々な批判を浴びているが、最大の問題点は人格形成責任論が「時間的な」理論であろうという点にある。すなわち、人格形成責任論は、ある行為に対して責任を問うことは、たとえ当該行為が決定されていたとしても、行為を決定した人格を形成した責任があるならば可能であると主張するが、その主張が妥当である

ためには、当該行為以前の人格形成過程自体が自由であり、その人格形成過程に対して行為者が責任があると主張できることが必要である。しかし、行為者がその人格生成過程自体に責任があると主張するためには、その人格形成過程自体がさらにそれ以前の人格形成過程の所産であると主張できることが必要である。そのため、人格形成責任論は無限背進に陥ることになり、結局生後間もない乳児が最も自由であり、その自由によってその後の全ての行為の責任が基礎づけされるという奇妙な理論に陥ってしまう。人格形成責任論がこのような問題を抱えてしまうのは、人格形成責任論が時間的な理論であり、時間的な遡行を理論的に内在させているからである。

時間を内包する理論では責任を説明できない。言い換えるならば、責任は因果律と違う原理に依拠するという意味である。註18から22で詳しく扱う。

[註15] J.-P. Dupuy, *Avions-nous oublié le mal?*, *op. cit.*, p. 108–111.

[註16] 行為(do, faire)と存在(be, être)の区別は近代固有の発想である。我々は自由と決定論を相反する概念として捉え、自由と責任を結びつける。だが、行為が決定論的に生ずるかどうかは責任と関係ない。

[註17] 決定論と自由意志の関係は序「近代という社会装置」を参照。

[註18] 一九八〇年代にベンジャミン・リベットが行った実験を参照しよう(B. Libet, "Unconscious cerebral initiative and the role of conscious will in voluntary action", *Behavioral and Brain Sciences*, 8, 1985, 529-566.)。手首を持ち上げるよう指示する。いつ手首を動かすかは被験者に任せる。①運動の指令が脳に発生する瞬間、②手が動く瞬間、③意志が生まれる瞬間を測定する。意志の生ずる瞬間は、一周三秒弱で回る時計の針を見せ、どの位置に針が来た時に手首を挙げようとしたのかを各試行後に尋ねた。

常識では、手首を挙げる意志がまず起こり、次に手首を動かすための脳内信号が関係器官に送られ、また少し後に実際に手首が動くはずだ。ところが実験をすると、手首の運動を起こす指令が脳波に現れ、しばらく時間が経過した後で意志が生じ、そのまた少し経ってから手首が動くという不思議な結果になった。

手首を動かす指令が無意識に生じると、運動を起こすための神経過程と、手首を動かそうという意志を生成する心理過程とが同時に作動する。自由に行為すると言っても、行為を開始するのは無意識過程であり、行為実行命令がすでに出された後で「私は何々がしたい」という感覚が生まれる。身体の運動が何気なしに生じ、それに後から気づくという事態ではない。自由にかつ意識的に行為する場合でも、意志が生じる前にすでに行為の指令が出ている。

意志生成に必要な時間は、運動が起きるための時間より少し短い。行為と意志を生み出す無意識信号が脳内で発火してから運動までに約五五〇ミリ秒（〇・五五秒）かかるのに対し、意志の発露には三五〇ミリ秒ほどしかかからない。つまり手首が挙がる約二〇〇ミリ秒前に意志が形成される。行為遂行のほんの少し前に意志が意識されるので、意志が行為に先立つという感覚のごまかしに気づかない。

行為を起こす過程と、意志を作る過程はそれぞれ別に生じるので、行為完了後に意志が現れたとしても理屈上はおかしくない。人を殴ってしばらくしてから、「気に食わない奴だ。殴ってやろう」という意志が現れる。殴ろうと思う時に相手はすでに足下に倒れている。こんな異様な光景だ。もしそのようにヒトの神経が配線されていたら、自由や責任という概念もデカルトやカントの哲学も生まれなかっただけでなく、人類社会が今のような形を取ることさえなかっただろう。

だからこそ、リベットの研究は自由を脅かす実験結果として発表当時、哲学や心理学の世界に激しい衝撃を与え、方法論上の批判や実験結果の解釈に異論が出た（"Open peer commentary", *Behavioral and Brain Sciences*, *8*, 1985, 539-566; "Commentary on Benjamin Libet (1985) Unconscious cerebral initiative and the role of conscious will in voluntary action", *Behavioral and Brain Sciences*, *10*, 1987, 781-786; "Continuing commentary", *Behavioral and Brain Sciences*, *12*, 1989, 181-185.）。

リベット実験は今なお頻繁に参照されると共に反論も尽きない。だが、考えてみれば、この実験結果は当然でないか。身体運動と同様に言語・感情・思考なども脳が司る。脳が精神活動を生む以上、その生成は瞬時に行われえず、ある一定の時間が経過する。したがって、その間、脳の生成物は意識に上らない。どんな情報も伝達には時間がかかる。秒速三〇万キロメートルで進行する、最も速い伝達媒体である光さえ、太陽から約一億五〇〇〇万キロメートル離れた地球まで到達するのに八分二〇秒近くかかる。仮に今、太陽が消失したとしても八分以上、地球はその事実を知らず、同じ軌道を回り続ける。伝達媒体が何であろうと情報や力は瞬時に伝わらない。どんなスーパー・コンピュータでも演算に時間がかかるように、脳が意志を生成するまでに〇・三秒ほど必要である。意志や意識は行為の出発点ではない。統一された精神や自己は存在しない。脳では多くの認知過程が同時進行しながら情報処理される。意志や意識は行動を起こす出発点ではなく、逆に、脳で行われる認知処理の到達点の一つである。

何かを知ったと我々が思う意識経験以前に、脳はすでに自分の仕事をすませている。〈我々〉にとっては新鮮な情報でも、脳にとってはすでに古い情報にすぎない。脳内に構築されたシステムは我々の意識外で自動的に仕事を遂行する。脳が処理する情報が意識に上る〇・五秒前には、その作業を終えている。(M. S. Gazzaniga, *The Mind's Past*, University of California Press, 2000, p. 63.)

リベット研究をめぐって論争が続くのは、魂の存在という古典的議論を捨てていないからである。西洋の学者は未だに一神教の影響下にいるのだろう。魂や精神の論理構造は生命概念とよく似ている。生命というモノが存在すると数十年前まで信じられていた。だが今や、DNA(デオキシリボ核酸)という無生命物質に生命は還元された。生命とは現象であり、機能であり、プロセスである。生命というモノがないのと同様に、魂とか精神とかいうモノもない。心はモノではなく、プロセス・機能・現象である。現代科学はこう考える。

要は脳と独立する精神機能が存在するかどうかであり、心身二元論か唯心論を採るのでない限り、思考・感情などの精神活動は脳が司る。そうすれば、自由意志という概念も責任の近代的了解も吹っ飛ぶのではないか。私の関心はそこにある。

社会という拡散する方向に探し続けても、逆に脳という収斂する方向に探し続けても、主体というモノは見つからない。社会学者や心理学者の多くは主体の危うさを認める。だが、その論理を最後まで突き詰めずに、主体を保障する場所がどこかにあるだろうと高をくくっている。砂漠に現れる、オアシスの蜃気楼のように、そこに着きさえすれば飲み水があり、命拾いすると考えるようなものだ。近づけば、蜃気楼は遠のき、ついには消え去る。出口を本気になって探さないから、実はそこに出口がないことに気づかないだけだ。リベット実験の正否によって意志や自由の行方が決まると考えるのはカテゴリー錯誤を犯すからである。意志は心理状態でさえない。意志の正体は以下の註で詳しく検討する。

[註19] 意志ではなく、脳の無意識信号によって行為が起きるならば、自由と責任の根拠を失う。それは困る。そこで、行動が生ずる直前に、その生成プロセスを意志が停止できるとリベットは主張する。意志が生まれてから行動が起きるまでに約二〇〇ミリ秒の余裕がある。最後の五〇ミリ秒に至れば筋肉の動きを止められない。だが、それ以前ならば、脳の指令を停止できる。つまり行為は無意識に準備されるが、実際に運動が起きる前に意

志が生じるので指令を意志が検閲し、信号却下あるいは進行許可を判断する。こうして free will（自由意志）は存在しないが、free won't（自由拒否）は可能だと主張する。

指令却下の際は意志が直接の引き金となり、拒否意志の発現以前に無意識過程が存在しない。だが、この解釈は無理だ。どんな意志も脳内の無意識過程によって生じ、行動と並列に現れる事実をリベットの研究は証明している。脳に生ずる物理化学プロセスを媒介せず、身体運動に意志が直接介入する可能性はない。行為却下の意志も無意識信号に導かれる。したがって結局、意志と行動の順序をめぐる困難は解決しない。

リベットの解釈は奇妙な二元論をなす。意志の起源を脳信号に還元する一方で、脳活動を伴わない却下意志を他方で要請する。したがって論理一貫性に欠けるだけでなく、脳機能と独立する意志の存在を仮定する。酒を飲んだり、覚醒剤や抗鬱剤を摂取すると知的能力や感情に変化が現れる。脳が精神を司るのでなければ、何故このような変化が起きるのだろう。

大澤真幸『生きるための自由論』（河出書房選書、二〇一〇年、四三頁）は別の解決を提案する。

> 野球では、投手がボールをリリースしてから、そのボールが打者のところに到着するまで、〇・五秒程度の時間しかかからない。打者は、たとえば「シュートだとわかったので、腕をうまくたたんで、はじき返した」等と報告するが、意識的な自覚に関してい

> えば、はじき返した後にシュートだったと気づいていたはずだ。しかし、身体は、シュートであることを即座に検出して、適切に反応しているのだから、この説明は、まったくの虚偽ではない。というより、意識は、実際に起きたことを、事後的に報告していると解すべきではないか。このとき、この打者の打撃は、自由な行為、自由意志の発動と見なすことはできないのだろうか。［強調小坂井］

まず意識運動と無意識反応の違いを確認しておく。熱いフライパンに触って思わず指を引っ込めるような反射運動は二五〇ミリ秒ほどしかかかない。まず指を引っ込めてから「熱い！」と感じるのであり、その逆ではない。意識的に分析していては投手のボールを打ち返せない。しかし打者は長年の訓練のおかげで反射的に対応する。楽器演奏者も同様である。どの音を出そうと意識していては速い楽節を演奏できない。

ボタンを押す単純な反射運動に要する時間を測定し、次に反応を少しずつ遅くするよう被験者に指示すると反応時間が急に増加し、五〇〇ミリ秒から一〇〇〇ミリ秒かかる。二五〇ミリ秒から五〇〇ミリ秒の間では運動できない。無意識反応なら速いが、もう少しゆっくり反応せよと指示すると意識的な運動プロセスが生じるからである（Nørretranders, *op. cit.*, p. 225.）。

ところで、「無意識の意志」という着想は解決にならない。大澤は述べる（四二頁）。

運転している車の前に、誰かが突然飛び出してきたとき、運転手は、咄嗟にブレーキを踏む。このとき実際には、ブレーキを踏んだ後に、他人が車道に飛び出したことに気づくのだが、運転手本人は、順番を逆転させて、「誰かが飛び出したことに気づいたので、ブレーキを踏んだ」と意識する、リベットの論に従って、このように述べた。ここで、問うてみよう。運転手の「急ブレーキをかけた」という行為は、運転手による自由な行為と見なすことができるかどうか、と。［……］リベットの議論に従えば、この行為は、自由な行為とは見なしえない。「ブレーキをかけよう」という意志の自覚が現れるのは、実際にブレーキをかけた時点よりも後であり、自覚が生じたときには、すべてが——意識されることなく——終わっているからである。しかし、人が車の前に突然飛び出してきたときにブレーキを踏んだことが、そしてそれによって交通事故が回避できたということが、自由な行為ではない、という認定は、非情に奇妙ではないか。少なくとも、運転手の反応は、選択的であり、かつ適切だったと見なすべきではないか。［強調小坂井］

だが自律的決定はイヌやネコにも当てはまる。自由意志は自律性と違う。無意識を自由意志と呼べば、主体と責任が空洞化する。無意識の意志は定義からして意識的に制御できない。したがって、主体的行為だから責任を負うという表現が意味を持つためには、自律性以上の意味が主体性に含まれなければならない。リベットも言う（B. Libet, *Mind Time.*

The Temporal Factor in Consciousness, Harvard University Press, 2004, p. 145-146.）。

拒否選択が無意識に起こっても、それは各人が行う本当の選択であり、自由意志のプロセスと考えて良いという提案もなされている。だが、自由意志に関するこの提案を私は許容できない。自分の行為を人間が制御できないことをこの考えは含意する。無意識に生じた選択に後ほど気づくだけだ。無意識に進行するプロセスのどれについても、直接的で意識的な制御が不可能になる。だが、自由意志のプロセスとは、行為を遂行するか否かという自らの選択に対して意識的に責任を負うことを意味する。意識的な制御可能性がなければ、無意識に行われる行為に対して責任を我々は問わない。

例えば癲癇発作を起こし意識や運動が麻痺している人や、口汚い悪口を叫ぶトゥーレット症候群の患者の行為を、自由意志による行為とは呼ばない。ならば、健常者に無意識に生ずる出来事も我々に制御不可能なのに、何故それが自由意志の結果であり、責任を負わねばならないと考えるのか。

そうではなく、意識的拒否は無意識プロセスによって引きおこされるのでない、あるいはその直接の結果でないと私は主張する。

河野哲也『意識は実在しない』（講談社選書メチエ、二〇一一年）はエリザベス・アンスコム『インテンション』（E. Anscombe, *Intention*, Blackwell, 1957.）に依拠して意志の意味を再解釈する。意志あるいは意図はリベットが考えたような瞬間的原因でなく、主体による解釈である。食事を取るという行為は様々な身体運動で構成され、食事という意味の文脈で全体を捉えて初めて意志あるいは意図になる。だから行為が無意識に起動するかどうかは問題にならない。要素から成り立つにもかかわらず、それを超える主体が生まれる。したがって創発性によって生成される主体は自由だと結論する（一七三‐一七五頁）。

先に目的論的行為に関して述べたように、まったく他の選択がなく行われる機械的な反射行動には自由はない。機械的な反射しかできない生物には自由はない。それに対して、高等な動物は、ある目的を達成するのにさまざまな手段をとれる。

［……］

結論すれば、自由の本質とは、創造的かつ合理的に振る舞うことであると思われる。すなわち、私たちの自己を拘束している身体内外の諸条件を超克するような新しい自己のあり方を見いだすこと、そして、その振る舞いやあり方が非合理的で、根拠や一貫性のないものに陥らないでいること。これが自由であることの条件であろう。

創発性からは自律性が導き出される。人間行動は身体要素の相互作用に還元できない。しかし繰り返すが自律性は人間に限らず、すべての生物に共通する性質である。それどころか、無生物の世界にも創発性は見受けられる。世界は複雑系をなし、構成要素の単なる集合以上の性質を持つ。創発性・自律性・自己言及性は免疫系や神経系あるいは内分泌系などにも当てはまる。水素原子にも酸素原子にもない性質を水が持つように、無生命の化合物も創発性を示す。創発性・自律性・自己言及性とは別の概念として自由や主体は理解されるべきである。

意志が行為を生むと我々は信じる。つまり意志を原因、行為をその結果として時間の流れの中に位置づける。ここに問題の根が潜む。行為の原因として自由や主体を捉える考えがそもそも的外れだ。構成要素に還元できないと創発性を主張しても無駄である。

[註20] 量子力学に依拠して自由を救う試みがある。素粒子の軌道は確率的にしか予測できない。同様に人間の行為も、多くの人々を観察すれば、社会・心理条件と犯罪率の関係を推測できるかも知れない。しかし、どんなに詳しいデータを集めても、ある特定の個人が犯罪に及ぶかどうかはわからない。だから人間行動は決定論に従わず、責任を負う必要がある。こういう主張である。

だが、この類推は的外れだ。素粒子は自分の軌道を主体的に変更できない。したがって、人間は自らの行為を制御できるかという肝心な点の考察に、この類推は役立たない。

決定論に拘束されない意志概念は責任や刑罰の論理になじまない。外的攪乱要因が起こす行動に対しては責任を問えない。私と無関係な偶然により殺人が生ずるならば、処罰の苦痛を通じて私の人格を矯正しても今後の犯罪抑止は望めない。それに偶然が原因なら、私は悪くないはずだ。どうして罰を受ける必要があるのか。決定論と非決定論のどちらの立場であれ、責任を因果関係で捉える点は変わらない。生物学者ハンス・モールは言う（「人間の自由と生物学的本性」、P・コスロフスキ／Ph・クロイツァー／R・レーヴ編『進化と自由』山脇直司／朝広謙次郎訳、産業図書、一九九一年所収、四五－七二頁。引用は四七頁）。

［……］「自由な」決断は、物理的には非因果的な、したがって偶然な微視的プロセスによって支配され、この微視的プロセスが生物の巨視的領域でも増幅するとされる。しかしながら、「自由」や「責任原理」や倫理学のためにそこから得られるものはなにもない。むしろすべてが失われてしまう。［……］われわれを因果性から救ってくれるが、それによってわれわれは偶然的な非因果性に委ねられてしまう。

自由や主体は因果論の枠組みに馴染まない。自由意志はどこから来るのかと問うてみよう。①自由意志は他の原因によって生ずる、②自由意志に原因はなく、偶然生ずる、③自由意志は他の原因によるのでなく、自らを原因として生ずる。これら三つの解釈が可能だが、どれをとっても袋小路に陥る。

まず自由意志は外因によって決定されるか、されないかのどちらかである。ところで外因によって生ずるならば、つまり過去に沈殿した記憶と新たな外部刺激とを材料として脳が出す演算結果によって意志が生ずるならば、自由意志でありえない（選択肢①の否定）。次に自由意志が外因によって決定されない場合は、さらに二通りの可能性に分かれる。すなわち自由意志は偶然生ずるか、それ自身を原因とするかである。もし自由意志が偶然生ずるなら、やはりこれは自由意志でありえない。理由なく不意に覚える殺意や制御できない身体運動を自由意志の産物とは呼ばない。またそのような意志は私と無関係だから、私の意志でない（選択肢②の否定）。偶然でもなく、外因によるのでもない自由意志はそれ自身を原因として生ずるしかない。だが、そのような存在は神以外にない。すでに述べたように遺伝子は外因である。ところで神によって私の意志が生ずるなら、それは私の自由意志でない。それどころか自由意志が自らを原因として生ずるなら、神が私の自由意志を生むのでなく、私の自由意志がすなわち神であるという結論が導かれる。つまり私は神になってしまう（選択肢③の否定）。

世界は決定されているのか、そうでないのかという決定論問題と主体・自由・責任は無関係である。私が生まれる前に私はいなかった。したがって、今の私の原因は私ではありえない。因果律で考える限り、私の行為・存在の責任は私に負えない。

醜い姿に生まれたり、身体に障害を持って生を受ける。それは遺伝かも知れないし、枯れ葉剤やサリドマイドのような異物が原因かも知れない。あるいは偶然によるのかも知れない。だが、どちらにせよ、当人の責任ではありえない。精神も同じだ。唯心論や二元論を採って、身体と独立する魂を定立しても、この問題は回避できない。私の魂を作るのは私でないからだ。したがって因果律に依拠する限り、私の魂の責任は私に課すことができない。

［註21］『責任という虚構』第一章でホロコーストを扱った。そこでクリストファー・ブラウニングの機能主義解釈とダニエル・ゴールドハーゲンの意志説を比較検討した（機能主義解釈 functionalist interpretation と意志説 intentionalist interpretation の対立については I. Kershaw, *The Nazi Dictatorship. Problems and Perspectives of Interpretation*, Edward Arnold, 1985, preface & ch. 1.）。まず両者の見解を確認しよう。

虐殺政策を立てるだけでは数百万の人々を殺せない。狙いを定めて銃の撃鉄を引く、あるいは強制収容所に移送してガス室に押し込め、毒ガスを流す。殺人に実際に手を下す者がいなければ、人間は死なない。殺人に手を染めた警察官や役人は選別を経て担当部署に就いたのではない。官僚機構のどの位置にいる者でも銃殺隊に加えられたり、絶滅収容所の看守に命じられたりした。

今まで分析してきたのは、自らの道徳観念に則り行為する個人でない。その点を理解しなければ、これら人間の犯した行為が意味する射程をつかめない。殺人機構に絡められた官僚たちは他のドイツ人と精神上何ら変わらない。犯罪者は特殊なタイプのドイツ人ではない。以下に述べる見解は殺人者だけでなく、ドイツ人全員に当てはまる。

［……］

行政計画・司法構造・予算体系の性質からして、人員の特別な選別・養成はありえなかった。どの警察官がゲットーの見張りに回されるかもわからなかったし、列車の護送に充てられるかも知れなかった。第三帝国中央保安局の行政官に移動式虐殺装置の管理が命じられる可能性もあった。中央経済行政局の金融専門家は誰でも絶滅収容所に勤務する可能性があった。言い換えるならば、たまたま該当部署に就いていた人間が、その時その時必要とされる任務に動員されたのだ。(Hilberg [tr. fr., *op. cit.*, p. 1869–1870.])

米国の歴史家クリストファー・ブラウニングは『普通の人々』(C. R. Browning, *Ordinary Men. Reserve Police Battalion 101 and the Final Solution in Poland*, HarperCollins Publishers Inc., 1992.) で、第二次大戦中にポーランドに駐留したドイツ警察予備隊の活動を、元隊員二一〇名による証言資料の分析を通して明らかにした。予備隊に配属された警察官のほとんどは年をとりすぎ、前線に送っても使いものにならない、家庭の平凡な父親だった。徴兵を受けて警察予備隊に配属されるまで工員・商人・手工芸者・事務員だった普通の人たちだ。ヒトラーが政権を奪う以前に思春期を過ごし、人格形成を終えていた彼らはナチス・エリートのような反ユダヤ主義者でなかった。

ところが、合計五〇〇人に満たない部隊でありながら、わずか一年四ヶ月の間に三万八〇〇〇人のユダヤ人を銃殺し、四万五〇〇〇人をトレブリンカ絶滅収容所のガス室に送り殺害した。誰でも虐殺に加担するなら、責任を課す根拠はどこにあるのか。これがタイトル『普通の人々』の意味であり、ハンナ・アレント『イェルサレムのアイヒマン』に付けられた副題「悪の陳腐さ」の含意でもある(Arendt, *Eichmann in Jerusalem. A Report on the Banality of Evil, op. cit.*)。

他方、ハーバード大学で教鞭を執った政治学者ダニエル・ゴールドハーゲンは『ヒトラーの自発的死刑執行人たち——普通のドイツ人とホロコースト』（D. J. Goldhagen, *Hitler's Willing Executioners. Ordinary Germans and the Holocaust*, Knopf, 1996.）において、アレント・ヒルバーグ・ブラウニングなどの機能主義解釈に異議を唱えた。ブラウニング『普通の人々』と同じ資料を用いながらも、ゴールドハーゲンは正反対の立場を主張する。

ナチスの殺戮を担った者は精神面も出身階層も当時ドイツの一般市民と変わらず、ドイツ社会の縮図に過ぎなかったとどちらの論者も認める。ユダヤ人殺害の命令を拒んでも殺される危惧などなかった事実に関しても両者は合意する。

だが、だから人格や教育・イデオロギー背景にかかわらず、犯罪を犯す可能性は誰にでもあると結論するブラウニングと対照的に、ナチスだけに限らずドイツ人すべてに共通する反ユダヤ主義がホロコーストを生んだとゴールドハーゲンは主張した。虐殺の原因をブラウニングは社会状況に求め、ドイツ人に限定しない。対してゴールドハーゲンはドイツ人固有の精神的性質に帰した。この違いは彼らの著書のタイトルに明示されている。ブラウニングが「普通の人々」としたのを受けて、ゴールドハーゲンは「普通のドイツ人」と命名した。

次は責任の論理に光を当てよう。因果律で責任を捉える限り、どんな立場も袋小路に閉じ込められる。ブラウニングによると組織形態や社会状況が人間行動を決定する。したがって当時のドイツの状況に置かれ、上から命令されれば誰でも殺害に加担する。ならば、ナチスの責任を問えない。

では、ホロコーストの原因を一九世紀に培われたドイツ特有の反ユダヤ主義だとするゴールドハーゲンの解釈ならどうか。『ヒトラーを解釈する』を著したロン・ローゼンバウムが説く（R. Rosenbaum, *Explaining Hitler: The Search for the Origins of his Evil*, Random House, 1999, p. 362.）。

もしドイツ人に固有だとされる絶滅志向的反ユダヤ主義［eliminationist anti-Semitism］によって冷厳かつ情け容赦なしに彼らが動かされるのなら、他の行為を選択する可能性がドイツ人にないことを意味する。選択の余地がなければ責任も発生しない。抵抗を許さない強い力で頭の中に響く、殺せと命令ずる幻覚の声に突き動かされる精神分裂病者に責任がないのと同じだ。［……］自らの決定論的説明モデル［ホロコーストの原因はドイツ人特有の反ユダヤ主義だというテーゼ］にゴールドハーゲンが執着すればするほど、ドイツ人を免罪するという彼自身望まない結果が導かれる。ドイツ人は抵抗不可能な力によって踊らされる単なる駒になる。抵抗する可能性がなく、他の選択を取りえなかった存在としか映らなくなる。これがおそらく、彼の本——少なくともドイツ語訳に関しては——がドイツ人読者の間で驚くべき人気を博した本当の理由だろう。

ゴールドハーゲンの主張が正しければ、ヒトラーはどう位置づけられるか。反ユダヤ主義の産物としてヒトラーを捉えると、彼の果たした役割が矮小化され、結局ヒトラーの責任が軽減される。「ヒトラーが生まれなくとも当時のドイツのイデオロギー状況がヒトラーのような人間を必ず生んだだろう」とゴールドハーゲンは語る。その論理に従えばヒトラーはホロコーストの原因でなく、ドイツ文化が引き起こした結果の一つにすぎなくなる（*Ibid.*, p. 349.）。それだけでない。一九世紀に培われたドイツのイデオロギーがホロコーストの原因なら、ユダヤ人殺害の加害責任を問うどころか、ローゼンバウムが指摘するようにヒトラーが被害者になる。ブラウニングのテーゼ同様に、殺人に荷担したナチス・ドイツ人の責任を問えなくなる（*Ibid.*, p. 366.）。

ヒトラーの政権奪取を決定論的に説明すると、悲劇の責任が雲散霧消する。各人の力を超える抽象的要因によって不可避的にヒトラーが宰相に任命されたのなら、責任を問うことは当時の誰に対しても明らかに不当だろう。（H. A. Turner, *Hitler's Thirty Days to Power: January 1933*, Addison-Wesley, 1996, cited in Rosenbaum, *op. cit.*, p. 367.）

ナチス体制の構造を詳細に分析すればするほど、結局誰も悪くない、悪いのはナチス体制を生んだ反ユダヤ主義あるいは人間すべてに共通する社会・心理過程などの抽象的要因だという困った結論が導かれる。映画『ショア』（ホロコースト）の監督クロード・ランズマンは、ホロコーストを理解しようとする試み自体を非難する。

何故という問いを立てる時、望むと望まざるとにかかわらず、必然的に正当化に行き着く。このような問いはそれ自体が破廉恥なのだ。何故ユダヤ人は殺されたのか。何故という問いに答えは存在しない。言い換えるならば、どんな答えであってもそこから正当化が始まり、ホロコーストの仕組みを「理解可能」にしてしまうからだ。(Rosenbaum, *op. cit.*, p. 260.)

ここに直面する困難は原因追及が必然的に孕む矛盾であり、歴史学・社会学・心理学など、どのアプローチを採用してもつきまとう難題である。自由と責任を因果論で捉える限り、この論理矛盾は解消できない。

[註22] 主体性の本質は責任の帰属にある。主体はブラック・ボックスであり、責任を根拠付けるために動員される虚構、デウス・エクス・マキナである(詳しくは『責任という虚構』、特に第四章を参照)。カントの「自由による因果性」について中島義道『後悔と自責の哲学』(河出文庫、二〇〇九年、一〇六-一〇七頁。強調小坂井)が解説する。

[……]自由による因果性を導入する目的はただ一つ、行為の発生に至る自然因果性[最終回註6を参照]とは独立に、行為者に責任を帰する根拠(理由)がほしいからで

す。

　自然因果性から独立にまったく別の因果性を認めることは、まずもってわれわれが責任を追及する存在者であるところから導かれる。しかも、責任追及とは、ある限定された範囲に収束するものでなければならず――よく言われることですが「一億総懺悔」は責任追及の放棄でしかない――、しかもいつかどこかで終止するものでなければならない。これらのことをしっかり押さえていた点、カントは正しかった。

　しかし、残念ながら、カントはそこに至ることによって責任追及を終える点を、そこから自由が発する点へと読みかえてしまった。すなわち、本来責任追及の因果性である自由による因果性を、行為を純粋に開始する原因としての自由（超越論的自由）が引きおこす因果性という悪しき形而上学に陥ってしまった。

［……］

　自由による因果性とは、そのつどの禍を責任主体としての「人格（Person）」の「意志」へと至らせる責任追及の遡及的因果関係にすぎない。その範囲に限定して、しかも現実の行為を実現しようという経験的＝心理学的意志が発動されるまさに「そのとき」に「純粋な自発性」という性質を帰することは、そこで責任追及をストップさせ、それ以前にさかのぼることをやめることにほかならない。

中島義道『時間論』（ちくま学芸文庫、二〇〇二年、一八一－一八二頁。強調中島）からも引こう。

私の目前には、Ａ・Ｂ・Ｃ・Ｄ……Ｎという複数の選択肢があり、私はそのうちの一つであるＡを自由に選択するという構図は、その時の自由な行為を再現したものではなく、じつは行為がなされた後に、責任を追及する時（現在）はじめて意味付与するものなのである。

順序は逆なのだ。私はある自由な行為に関してその行為主体Ｘの責任を追及する。その場合、Ｘはそのとき現にＡもＢも自由に選択できたのだが、ＸがＡを自由に選択したのではなく（すでに述べたように、こうした状態は理解不能である）、ＸがＡを選択してしまった後に、私はその選択に関してＸの責任を追及すべきだという了解のもとに、その状況をあらためて「Ｂも自由に選択できた」はずの状況として意味づけるのだ。ＡとＢの選択肢のうちから彼（女）がＡを選んだという図式は、過去の行為状況の再現ではなく、あくまでも行為の後に責任を問う時点で、私がはじめて作りあげたものなのである。

次の二つの例を考えよう。恋人を奪われ、嫉妬に狂う一人の男がいる。復讐心から相手の男性を銃で撃つ。撃たれた相手は病院に運ばれるが、経験不足の若い医者しかおらず、治療にまごつくうちに出血多量で死ぬ。あるいは交通渋滞のために救急車が病院にすぐ着けず死亡する。もう一つの筋書きを考えよう。先ほどと同じように恋人を奪われて嫉妬に狂う男が相手の男性を銃で撃つ。しかし今度は、撃たれた相手を治療する医者が優秀で被害者は一命を取り留める。あるいは救急車がすぐに病院に着いたおかげで被害者は助かった。

さて犯人が捕まり裁判が行われる。第一のケースでは殺人罪であり、第二のケースでは殺人未遂にすぎない。では二つのケースは何が違うのか。犯人の行為自体はどちらの場合も変わらない。同じ動機（恋人を奪われ嫉妬に狂い、復讐したい）であり、同じ意図（殺す）の下に同じ行為（銃の照準を定めて引き金を引く）を行った。被害者にとっての結果は異なるが、その違いの原因は犯人に無関係な外的要因である。医者がたまたま優秀だったか経験の乏しい医者だったか、あるいは道が混んでいたか、いなかったかという、犯人に無関係な原因だけが二つの状況設定で違う。動機も意図も行為も同じなのに、どうして二つのケースで責任および罪が異なるのか。

この思考実験は特殊な例でない。酒を飲んで運転し、注意力が鈍ったために横断歩道の前で徐行しなかったとしよう。そこに子どもが飛び出し、轢き殺してしまう。運転手は実刑判決を受ける。そして自らの過失を後悔するにちがいない。しかし子どもが飛び出さず、事故が起きなければ、飲酒運転自体は平凡な出来事として記憶にも残らない。

犯罪の原因は何なのかという発想自体が躓きの元だ。殺人事件を前にする時、どのような過程を経て被害者が死に至ったのかと我々は問うのではない。いったい誰が悪いのか、この殺人の責任は誰が負うのかと怒りをぶちまけ、悲しみに沈むのである。

行為は人間がなすのであり、外部の原因により引き起こされる単なる出来事ではないと信じられている。行為者は行為の最終的原因と見なされ、行為者を超えて因果関係を遡らない。それは、どういう意味なのか。

〔行為〕T以前のこうしたさまざまな内的外的原因とTとのあいだには自然因果性が成立している。すなわち、普通「なぜXはTをなしたのか」と問うときの答えとして期待されるのは、すべてこうした自然因果性における原因である。XがYを殺したとして、「XはYに怨みをもっていたから」「Xは激情的な性格をもっているから」「Xは酒を飲むと凶暴になり、犯行当時酩酊状態にあったから」など、あるいは「XはYにかけた保険金を狙っていたから」「XはYに自分の秘密を握られその発覚を恐れていたから」など、Xの性格、T以前のXの状態、Yを殺すXの「理由」や「動機」と呼ばれているものはすべて、この意味での自然因果性における原因である。

だが、こうした諸原因を網羅的に挙げてもXに責任を課す理由を発見できないであろう。むしろ、XがYを殺した原因を詳細に探求すればするほど、通常XがTを犯した「気持ちがよくわかる」ようになるのである〔註21で挙げたホロコースト解釈を参照〕。だが、Xの責任を追及することは、Tへと至る経過を理解することとはまったく別である。Xに責任を課すとき、われわれは自然因果性とはまったく異なる（カントの用語を使えば）自由による因果性を適用しているのである。（中島義道『時間と自由――カント解釈の冒険』講談社学術文庫、一九九九年、一二一頁）

行為や責任の源泉として我々が援用する意志なるものは脳内に発生する心理状態でない。黒田亘は『行為と規範』（勁草書房、一九九二年）で意志の社会性を指摘した。「人間のすることの多くが行為ではなく、しないことがしばしば行為であるという、一見逆説的な事情」の理解不足のために行為や意志の意味が誤解されてきたと黒田は説く（九－一一頁。強調小坂井）。

> 行為と行為でないものの区別の基準を意志の作用という内面的な過程の有無に求める考えが広く行われてきた。〔……〕しかし明らかな事実として、行為者自身がいわゆる意志の働きを少しも意識しないで行う行為はいくらもある。それにこの考えでは、われわれが他人のすることについて、当人の証言をまたず、もちろんその人の心の中を覗きこむこともせずに、行為と行為ならぬものの区別を迷わずつけているのはなぜなのか、説明することができない。「行為」の定義的基準とされる意志過程なるものは、あらかじめ常識の了解によって行為ならぬ現象から区別されている人間の営みの背後に、ことさら仮定された内的過程であり、たいていは架空の存在なのである。
> 〔……〕要するに、われわれのすること、なすこと、行うことは、物理的、生理的、

心理的な現象としてもつ一定不変の特徴のゆえに「行為」と呼ばれるのではない。「行為」の概念は「規範」や「規則」、「責任」や「価値」といった、それぞれ人間理解の枠組みの一角をなす重要概念と密接な関係にある。ある人間的な現象を行為と見なすことは、同時にそれを右のような重要概念のネットワークに入れ、「規則」「価値」「責任」等々の概念の適用対象でもあるものと考えることなのである。

意志は心理状態でない。社会秩序を維持するために援用される虚構の物語、これが主体の正体である。黒田からさらに引用する（一七五頁。強調黒田）。

> 「原因としての意志」はあくまで擬制的存在であって、この事情を見抜くことこそ哲学的行為論の第一歩というべきである。だがそれと同時に、意志なるものが存在し、原因として作用するという観念ないし信念が、われわれの生活を動かしている重要な因果的要因である、という事実を直視しなければならない。すなわちわれわれは、意志が実在し、作動しているかのように感じ、考え、行動している。言いかえれば、ひとの意志を理解し、自分の意志を伝達する「意思表明の言語ゲーム」を不断に実行している。

精神活動はデカルトにとって意識、フロイトにとっては無意識、認知心理学にとっては脳の機構を意味する。いずれのアプローチも精神を個人の内部に位置づける。だが、意志は心理状態でもなければ、脳あるいは身体のどこかに位置づけられる実体・メカニズム・プロセスでもない。河野哲也『環境に拡がる心』（勁草書房、二〇〇五年）はデカルト的主体概念を斥け、ネットワーク機構として主体を把握する（二一頁。強調河野）。

　こうした個体主義的な心＝主体の概念に抗して、本書で提示したいのは、次のような心＝主体の概念である。まず、心の分散性の概念である。すなわち、心は脳の中にあるのではなく、あえてその所在を問うならば、脳以外の身体の諸器官、さらに身体の外部にあるさまざまな事物に宿っていると見ることも可能だということである。この意味で、心は環境のなかに拡散して存在していると言ってもよい。

主体をモノとして一ヶ所に同定する従来の説を否認する河野説はダイナミックなプロセスとして主体を捉え、主体の拡散化を図る。だが、各人の脳あるいは身体内部に主体を閉じ込めず、環境中に拡散しても、主体を実体的に捉える点はデカルト的個人主義や認知心理学の構図と変わらない。

　意志とは、ある身体運動を出来事でなく行為だとみなす社会判断そのものだ。人間存在のあり方を理解する形式が意志と呼ばれるのである。人間は自由な存在だという社会規範がそこに表明されている。意志・動機・自由は心理状態でない。近代のエピステーメーが導く社会制度であり、政治形態である。中島の著書から再び引用する（前掲『時間と自由』

一六一―一六二頁)。

「超越論的自由」とは［……］ある身体の運動が行為であるかぎり、かならずその行為記述と同一の意志記述を要求するということである。［……］もしXが「歩いている」という記述を行為として認めるなら（当人が意識しようとすまいと）そこに「歩こう」という意志記述を認めなければならないということである。Xが「殺した」ことを認めることは、Xのそのときの心理状態に一切かかわらずこの意味でXに「殺す」意志があったことを認めることにほかならない。川で溺れそうな子を見て無我夢中で飛び込み、ずぶ濡れになって子供を抱きかかえつつ「自分が何をしたかわからない」と語る男はその子を「助けた」がゆえにその子を「助ける」意志をもっていたのである。「助けたい！」と内心叫びながら岸辺で腕を拱いていた人々は「助けなかった」がゆえに「助ける」意志をもっていなかったのである。［強調中島］

［……］こうした行為と同一記述の意志をわれわれが要求するのは、過去の取り返しがつかない行為に対してある人に責任を課すからである。「実践的自由」における「自由による因果性」とは意志と行為とのあいだの因果性ではなくて、じつは意志と責任を負うべき結果とのあいだの因果性なのである。ある行為の行為者に責任を負わせることをもって、事後的にその行為の原因としての（過去の）意志を構成するのだ。［強調小坂井］

意志と願望一般は区別しなければならない。手を動かそうと欲しても、思うだけでは手は微動だにしない。因果律を基に責任を定立する近代的発想で意志が重要なのは、意志が行為の原因と認められる限りでのことである。そうでなければ、意志を議論する意味が失われる。ところで意志が原因ならば、対応する行為が必ず生じなければならない。定義からして原因と結果の間には必然的関係がある。銃の引き金を引く意志があっても実際には発砲する場合もあるし、そうでない場合もあるならば、その意志は行為の原因でない。明日から絶対にタバコをやめるという強い意志があっても実際に明日になると、「昨日はそう思ったけど、やはり急にやめるのは大変だから量を半分に減らすことから始めよう」と考えが変わるならば、前日の禁煙意志は願望にすぎない。

では、意志と単なる願望とを分ける基準は何か。それはまさしく行為が実際に起きた事実に他ならない。つまり黒田や中島が言うように、ある身体運動を単なる出来事ではなく行為と認める判断が、そこに意志の存在を後に要請する。責任が問われる時、時間軸上に置かれた意志なる心理状態と、その結果としての出来事の関係が問われるのでない。社会秩序という意味構造の中に行為を位置づけ、辻褄合わせをする。これが責任と呼ばれる社会慣習の内容である。因果律の観点からすれば、犯人の行為が同じなのに結果に応じて罪や罰が変わるのは明らかな論理誤謬だが、その理由がここにある。因果律と異なる論理にしたがう社会現象である点を理解しないと、責任の真相は明らかにならない。

[註23] この問題は第六回「近代の原罪」ですでに論じた。

［註24］　貧富差は社会の総生産を最大にするための便宜的手段にすぎず、各自の価値が判断されるのではないとロールズは説明する（Rawls, *op. cit.*, p. 470.）。

最も恵まれない状況に置かれる人間が他者より劣ると考える理由はない。一般に同意された公共原理によって、彼らの自尊心は保証される。自分と他者とを分ける絶対的また相対的な格差は、他のタイプの社会における格差に比べれば、甘受しやすいはずだ。

そうだろうか。ある日、正義を成就した国家から通知書が届く（E. S. Anderson, "What is the point of equality?", *Ethics, 109*, 1999, p. 287-337. を参考にした。該当部分は p. 305.）。

欠陥者の皆さんへ

あなたは劣った素質に生まれつきました。あなたの能力は他の人々に比べて劣ります。でも、それはあなたの責任ではありません。愚鈍な遺伝形質を授けられ、劣悪な家庭環境で育てられただけのことです。だから、自分の劣等性に対して恥ずかしがったり、罪の意識を抱く理由はありません。不幸な事態を補償し、あなた方の人生が少しでも向上するように我々優越者が文化・物質的資源を分け与えます。でも、優越者に感謝する必要はありません。あなたが受け取る生活保護は、欠陥者として生まれた人間の当然の権利です。劣等者の生活ができるだけ改善されるように、社会秩序は正義に則って定められています。ご安心下さい。

同期に入社した同僚に比べて自分の地位が低かったり、給料が少なかったりしても、意地悪い上司の不当な査定のせいならば、自尊心は保たれる。序列の基準が正当でないと信ずるからこそ、劣等感に苛まれないですむ。ロールズの楽観とは逆に、公正な社会ほど恐ろしいものはない。秩序原理が完全に明らかになったら、人間は生きられない。

■最終回■

真理という虚構

数学・物理学・生物学・心理学・社会学などの研究者が集った、ある学際的セミナーでの出来事。発表者は物理学者だ。エントロピー理論・結晶化モデル・パーコレーション理論などを駆使して米国大統領選挙のメカニズムや新作映画の評判が定着するプロセスを解析する。すると生物学者が声を挙げた。「変化を捉える上で、そんな静的なモデルが何の役に立つのか。thermodynamics（熱力学）と物理学者は言うが、実は *thermostatics*（熱静学）にすぎない。人間世界の複雑な動きが方程式でわかるものか」。理論に時間を残す生物学は科学でないと物理学が軽蔑し、時間を忘れた物理学など、世界の全体像を把握できないと生物学が罵倒する[註1]。

物理学や化学などの現代科学は、物質と法則という二つの同一性を追究してきたのだ、と言ってよい。この二つの同一性は不変で普遍であり、ここからは時間がすっぽり抜けている。別言すれば、現代科学は理論から時間を捨象する努力を傾けてきたのである[註2]。

物理学は因果関係さえ排除し、不変要素の関係として現象を記述する。アインシュタインの$E=mc^2$やニュートンの万有引力方程式のどこにも因果関係は見つからない。確かに、未知数としての時間が運動方程式には含まれる。だが、これは空間内の位置のような変数にすぎず、未来は誰にもわからないという意味での、我々が理解する時間とは異なる。

心理学はどうか。脳科学がどんなに進歩しても、観察できるのは脳の生理的状態だけだ。悲しみや喜びは表情や文脈・状況から判断するのであり、心そのものは覗けない。絶対に観察不可能な要素に依存する限り、心理学は科学として発達しえない。そこで心理過程をブラック・ボックスに閉じ込めて研究領域から除外し、行動主義は物理刺激と生理反応の関係だけに注目した。S(刺激)－R(反応)図式である。私は手を挙げるという行為の目的論的理解を諦め、私の手が挙がるという出来事の因果関係を記述して初めて心理学が科学になりうると考えた[註3]。ところが、そうすることで結局、心理現象の考察を放棄する、すなわち、まさに心理学たることをやめることで科学的心理学が成立するという逆説に陥った[註4]。

その後、行動主義を批判的に継承した認知心理学が、S(刺激)とR(反応)の間に置かれたブラック・ボックスの内部に入ろうとした。だが、表象などの心理概念を扱っても、表象が行動を導くと考える限り、因果律に則って把握する態度は行動主義と変わらない。このブラック・ボックスは自由意志を生む内部でなく、依然としてメカニズムとしての外部である。科学は法則の網に人間存在を絡め取る。遺伝子が決めるか環境が決めるか、どちらにせよ外因に還元するアプローチだ。内因は科学と無縁である。主観性が入る余地はどこにもない[註5]。

ある数学定理が証明される瞬間は歴史上の一時点だ。例えばピタゴラスの定理が発見されたのは紀元前五世紀であり、イギリスの数学者アンドリュー・ワイルズによってフェルマーの最終定理が証明されたのは一九九四年である。だが、論理的な意味で定理は最初から公理に含まれる。そうでなければ演繹できない。必然的に至る道筋の明示が演繹だからだ。

数学と同じ論理構造に歴史が従うならば、世界は原初から決定されている。そもそも歴史は可能なのか。法則を破る出来事、因果律に楔を打ち込んで方向を変える契機の積み重ねが歴史であり、真の意味での変化である。時間を捨象する科学に継時変化は捉えられない。

❖

歴史が初期条件の単なる自動展開でなく、断絶が生まれるのはどうしてなのか。ここで人間の自由が持ち出される。だが、この常識的解決は採れない。出来事にはそれを起こす原因となる他の出来事が必ずある。そして、その原因たる出来事も他の原因によって生じる。したがって因果関係の連鎖が無限に続く[註6]。

因果律に縛られない行為とは何か。それは偶然に発生し、理由なく起きる行為だ。勝手に手足が動き出す。不意に殺意を催し、隣人の首を絞める。このような状況は自由どころか逆に、身体や精神の自由が利かない状態を意味する。私の行為が偶然起きるならば、それは私の行為と呼ぶことさえできない。黒田亘が指摘する[註7]。

「自由な行為」とは、多年の経験を通じて形成された人格的主体の個性を明瞭に表現する行為、自我の表面に属するのではなくその深層から発する行為である。従来の自由論が説いてきたのとは逆に、その行為者の、その状況における行為であるかぎり反対の行為の可能性を考える余地のないような行為、それ以外ではありえないほどに人格的に決定された行為、それこそが「自由」のあかしとなる行為ではないか。

決定論と自由は矛盾するどころか、自由と感じられる判断や行為ほど決定論的な現象である。内在的変化、すなわち主体が法則を超えるという実存主義[註8]は、変化を法則に還元する科学と原理的に相容れない。

ダーウィン進化論は未来予測が不可能な開放系をなす。今日の世界から過去を振り返ると、種の変遷を司る法則があると錯覚しやすい。だが、そのような進化法則の存在をまさにダーウィンが否定した。突然変異だけでなく、自然淘汰も偶然に依拠する概念である。生物が棲む地域内で自然淘汰が決定論的に働いても、どの場所に生まれ落ちるかは偶然だ。こうして二重に偶然を導入して進化を説明する。世界の変遷には内在的理由がなく、未来の行方は誰にもわからない。歴史には目的もなければ、根拠も存在しない[註9]。

変化を科学するとは、こういうことだ。現象を因果関係に還元し、それが無理な場合はノイズとして処理する。時間を抜く形式で理解する科学に、本当の意味での変化は捉えられない。だから、偶然変わるのであり、そこに必然性はない、と逃げるのである。

❖

法則で世界を切り取る科学を離れて、次は人間の視点から運命と偶然の違いに注目しよう[註10]。出来事の客観的性質によって両者が区別されるのか。

宝くじ売り場の前を通り、何気なく一枚買ったら、それが当たり、一億円を手に入れる。思いがけない偶然に驚く。ところで、その当たりくじを引く確率と、ある特定のハズレくじ一本を引く確率は同じだ。はずれた時は偶然と思わず、当たった時だけ驚くのは、このハズレ、あのハズレ……、それら全てのハズレをまとめて「ハズレくじ」としてカテゴリー化するからである。当たりくじだけに個別性を感じ、多数のハズレくじは匿名のまま一緒にするからだ。

事業に失敗し、あとは夜逃げか自殺しかないと途方に暮れる人がいる。宝くじ売り場の前を通った時、ビルの電光掲示板をふと見上げたら、「人生は賭だ」という映画のセリフが目に飛び込んできた。今まで宝くじなどに興味なかったのに、藁をも摑む気持ちで一枚買ってみる。それが一億円の当たりくじだった。この場合、偶然よりも運命を読み取る人の方が多いだろう。

東京で新宿駅に行き、人の群れに押されながら山手線に乗る。それぞれの乗客と出会う確率はゼロに近い。しかしハズレくじと同様に、見知らぬ人は全部まとめて認識されるため、偶然も運命も感じない。ある日、学生時代に好きだった女性をホームで見かけ、声をかける。邂逅をきっかけに男女のつきあいが始まる。生涯の伴侶となった二人は赤い糸で結ばれていた、運命だったと感じるだろう。

出来事自体の所与が運命と偶然を分かつのではない。第一一回「主体と内部神話」に示したように、自由意志は実体や心理状態ではなく、神を失った世界で不平等や処罰を正当化するための政治装置だ。同様に運命も、社会を安定させるために生まれる虚構である。

先入観に沿う情報を受け入れる一方、相容れない情報は無視する。その結果、先入観がさらに補強され、思考が安定する。このような傾向は誰にでもある。この手の歪曲プロセスが心理学でたくさん発見され、一まとめに認知バイアスと呼ばれる。ところでバイアスと言う以上、バイアスのかかっていない判断があるはずだ。正しい科学的理解に対する、誤った常識・迷信・宗教・イデオロギーという図式である。だが、この発想はまちがっている[註11]。科学は真理の同義語ではない。ある規則に従って構築される暫定的な命題群、これが科学的真理だ[註12]。だが、社会に生み出される知は科学だけでない。宗教・イデオロギー・常識・迷信・神話・噂・呪術などもそれぞれ、科学と異なる方法論によって積み上げられ、異なる法則に従って機能する知識形態である[註13]。

❖

科学の論証ではデータを詳細に検討した後に結論が導き出される。しかし日常的思考は違う。戦争責任や慰安婦問題の討論を考えよう。相手の主張を最後まで虚心に聞く人はまれだ。論者は左翼なのか右翼なのか、味方なのか敵なのか、信用に値するのか政府の御用学者なのか。無意識に分類される。予め用意された思考枠を通して解釈され、共感あるいは怒りや抗弁が浮かぶ。つまり科学的考察の進行方向とは反対に、既存の価値観に沿った結論が最初に決定される。そして結論に応じて、検討すべき情報領域が絞られる。客観的な吟味の後に帰結が導き出されるのでなく逆に、先取りされた結論の正当化が後から起こる[註14]。

専門を離れれば、科学者もただの人だ。どれだけ科学が発達しても、常識や迷信が人間の世界を支える。これらを誤った知識と考えてはならない。集団の価値観を離れて合理性は判断できない。集団性こそが根拠の源泉であり、真理の定義である[註15]。

データなど正しさの証拠が十分あれば、信じる必要などない。推論や検証の結果に従うだけであり、信じるという論理飛躍は生じない。契約によって守られ、警察の実力行使を背景に義務が履行される保障があれば、信頼は要らない。もしかすると裏切られるかもしれない。その可能性を知りながら、それでも判断を停止して信じる。赦しも不思議な習慣である。被害者が持つ正当な権利の放棄であり、契約論理を破る行為だ。被害者が受けた損害が完全に回復されないのにもかかわらず、負債を帳消しにして新しい関係を結び直す[註16]。葬式や墓、宗教・お守り・占い、通過儀礼や食物禁忌、死刑の抑止力。どれも迷信だ。自由・平等・正義・人権・性道徳も虚構の産物である。だが、それら恣意的で無根拠な慣習や規範抜きに人間社会は成立しない[註17]。

❖

真理と恣意性は矛盾しない。世界が偶然に生成されても我々はそこに真理を見いだす。思考実験しよう[註18]。黒玉と白玉が一つずつ箱に入っている。中を見ないで玉を一つ取り出した後、同じ色の玉を一つ加えて箱に戻す。黒玉を引いたなら、箱の中身は黒玉二つと白玉一つになる。この作業を繰り返す。最初は玉が二つしかないから、黒玉を一つ加えるだけで割合が半分から三分の二へと大きく変化する。しかし千個入った箱に玉を一つ追加しても状況はほとんど変わらない。試行が進むにつれ、付け加えられる新情報の相対的重要性が次第に小さくなる。単純化されているが、人間や社会に蓄積される記憶のモデルだ。

さて実験を行うと、玉の割合が一定の値（アトラクタ）に収斂する。まるで世界秩序が最初から定まっており、真理に向かって箱の世界が進展を遂げるかに見える。だが、白玉と黒玉一個ずつの状態に戻して実験をやり直すと、今度は先ほどと違う値に落ち着く。定点に収斂してシステムが安定するのは今回も同じだ。しかし箱の世界が向かう真理は異なる[註19]。

歴史が実際に展開されるまで、どのような世界が現れるか誰にもわからない。それでも真理は発露する。我々の世界に現れる真理は一つでも、歴史を初期状態に戻して再び展開すれば、異なる真理が出現する。歴史はやり直しが利かない。そのおかげで我々は真理を手に入れる。真理・偶然・一回性・超越・意味、結局は同じことだ[註20]。ダーウィン進化論も同じ論理構造である。

ある定点に人々が引きつけられるように見える。しかし実際にはそのような定点が初めからあるのではない。人間が互いに影響しあいながら生み出すにもかかわらず、真理がもともと存在していたかのような錯覚が定点生成後に起きる。真理だから同意するのではない。善き行為だから賞賛し、美しいから愛でるのではない。人間の相互作用が真善美の出現を演出するのである[註21]。

人の一生など、泡《あぶく》のようなものだ。それでも、そこに意味を見いだし、人間は生きる。両親に可愛がられた幼少の風景、スポーツの試合に勝った喜び、負けた悔しさ、友との楽しい会話、大切な人と一緒に行った旅の想い出、そして、辛い別れ……。様々な記憶が積み重なって人間の生活を形作る。想い出を除いたら、後には何も残らない。

人生には悲しみや苦しみがつきまとう。しかし、それらを和らげれば済むという問題ではない。近親相姦タブーがあって初めて、オイディプスの悲劇が意味を持つ。韓流ドラマにも同じテーマが頻出し、登場人物が葛藤する。だが、そのような禁忌がなければ、物語がそもそも成立しない。一夫一婦制を知らない群婚社会では妻帯者や人妻への恋慕・嫉妬が文学のテーマにならない。苦悩のない世の中で人間は生きられるだろうか。

神は死んだ。近代の息吹を聞いた時、正しい世界の虚構性が露わになり、根拠が失われる。恣意的で無根拠の世界に人間は投げ出された。だが、宗教への依存を表向き禁じながら、近代も依然として虚構を手放さない。根拠が捏造された瞬間に、その虚構性が人間自身に隠蔽される。人間がいる限り、姿を変えながら神の亡霊は漂い続ける。

[註1] 生物学と物理学以外にも対立がある。世界の客観的姿を探ろうと記述的アプローチを採る社会学と、より良い世界を構築しようと規範的議論を提示する政治哲学。主体を否認し、人間行動の他律性を暴く社会心理学と、あくまでも主体性にこだわる発達心理学。機械論に依拠して一般法則を探る認知科学と、精神の病に苦しむ患者一人一人に接し、個性を重視する臨床心理学や精神分析。人間の根源的な集団性を説く社会学と、合理的な個人として人間を把握する経済学。訓練時に刷り込まれるバイアス、各分野に通底する認識論や実践状況、学会誌の論文受理基準などが絡み合ってパラダイムを形成する。

[註2] 池田清彦『生命の形式——同一性と時間』前掲書、九頁。

［註3］　自発的行為と単なる出来事の違いはどこにあるのか。

私が腕を上げる時、私の腕は上がる。ここに問題が生まれる。私は腕を上げるという事実から、私の腕が上がるという事実を差し引くと何が残るのだろうか。（Wittgenstein, *op. cit.*, §621.）

［註4］　第一一回「主体と内部神話」註3を参照。

［註5］　第一回「死の現象学」註5でG・H・ミードの分析を参照した。ミードのIは積極的な内容として取り出せる実体ではない。どんなに科学が進んで、人間行動の理解が精密になってもわからない。科学が整理しきれずに残った滓であり、ノイズである。科学は客観化・対象化・外化をその本質とする以上、定義からして主観と科学は相反する。

［註6］　カントは『純粋理性批判』で「自然による因果律」と「自由による因果律」という二種類の因果関係を区別した。前者は科学の基礎をなす因果論的説明である。出来事にはそれを引き起こす原因となる他の出来事が必ずある。そして、その原因たる出来事も他の原因によって引き起こされる。したがって、因果関係の連鎖が無限に続く。それは人間の行動についても同じである。人間も生き物つまり自然の生産物だから、無限に続く因果関係から逃れられない。カントは『実践理性批判』に書いた（I. Kant, *Critique de la raison pratique*, GF-Flammarion, 2003, p. 209. 強調カント）。

〔……〕私が行為する瞬間において私は決して自由でない。〔……〕私に自由にならないものによって、いかなる瞬間にも私の行為が必然的に規定されるからだ。すでに予定された秩序にしたがって次々と無限に続く出来事群の流れを私は追うだけであり、私自身がみずから出来事を開始することはできない。無限に続く出来事群の流れは自然界における連鎖だから、私の原因は絶対に自由でない。

他方の「自由による因果律」については、第一一回「主体と内部神話」註22を参照。

［註7］ 黒田前掲書、八七頁。強調は黒田。

［註8］ J.-P. Sartre, *L'existantialisme est un humanisme*, Nagel, 1946. サルトルは即自存在（être-en-soi）と対自存在（être-pour-soi）を区別し、前者を「それがあるところのものであり、あらぬところのものであらぬもの」、後者を「それがあるところのものであらず、それがあらぬところのものであるもの」と特徴づけた。自己同一性を保つ即自存在と違い、人間は対自存在であり、本質を持たない。人間は自分の本質を自ら作り出すと考えた。法則に反抗し、自ら思考する主体である。

［註9］ 突然変異と自然淘汰という二つの原理の組合せで変化のメカニズムが説明される。だが、偶然生ずる突然変異と、その個体がたまたま生まれ落ちた環境条件に応じて淘汰される以上、どの方向に世界が変遷するかはわからない。変化を司る法則は存在しない、つまり未来は決定されていない。

る。

[註10]　運命について中島義道『後悔と自責の哲学』（前掲書）がより詳しく検討している。

[註11]　社会心理学では社会認知主義（social cognition）と社会表象学派（social representation）という二つのパラダイムが対抗する。前者は個人心理学的アプローチであり、現在、社会心理学の主流をなす。後者は少数派ながら、社会学と心理学の分裂状態を止揚して真の人間学を目指す。

科学者や哲学者が論文を書く場合と違い、日常生活において人間はバイアスのかかった認識をしやすく、判断を誤ると前者は考える。正しい答え（哲学や科学の提示する答え、あるいはコンピュータが出すアウトプット）に対して、誤った答え（専門家でない素人や子どもの判断）という構図である。

異常な心理状態を研究する学問として社会心理学は発達した。一九〇六年に精神科医モートン・プリンスが Journal of Abnormal Psychology を発刊する。テーマは異常心理学である。一九二一年になると社会心理学者フロイド・オールポートを編集陣に加えて、Journal of Abnormal Psychology and Social Psychology と改名する（一九二五年に Journal of Abnormal and Social Psychology と短縮）。そして一九六五年に Journal of Abnormal Psychology と Journal of Personality and Social Psychology に分けられ、この状態が現在も続いている。このように、異常心理と社会心理は密接な関係にあると従来から了解されてきた。個人の合理的な判断を社会や集団が誤らせるという了解が透けて見える。

社会心理学は個人と社会の相互作用あるいは循環関係を研究すると主張する。しかし現在、社会心理学研究のほとんどは、社会環境に置かれた個人の心理を対象にする。社会心理学という学問は字義通り、社会と心理、つまり集団現象と個人現象の関係を考察する目的で提唱されたのであり、社会状況に置かれた個人の心理を研究する学問ではなかった。だが今や、心理学の一分野として社会心理学が位置づけられている。社会・文化・歴史と独立に人間の普遍的な心理過程がまずあり、社会状況におかれると人間の行動がどう変化するのかという問題設定になった。

だが、社会が歴史的に作り上げる認識枠を通さずに人間の思考はありえない。そこで社会表象学派は、普遍的かつ超歴史的に把握された個人心理プロセスを検討しても人間行動は理解できないと主張する。「科学的認識に支えられた正しい世界観」対「誤った宗教・常識・イデオロギー・呪術」という図式をモスコヴィッシは批判する（S. Moscovici, “The coming era of social representation”, *in* J. P. Codol & J.-P. Leyens（Eds.）, *Cognitive Approaches to Social Behaviour*, M. Nijhoff, 1982, p. 115-150.）。子どもの考え方や未開社会の習慣は大人や現代人の思考とずれている。だが、それは前者の認知・判断能力が後者のそれに比べて劣るからではない。異なる世界に生き、異なる経験を積み、異なる集合記憶が沈殿するから、異なる思考や行動を示すのである。モスコヴィッシは問う（S. Moscovici, *Le scandale de la pensée sociale. Textes inédits sur les représentations sociales réunis et préfacés par Nikos Kalampalikis*, Editions de l'Ecole des Hautes Etudes en Sciences Sociales, 2013, p. 71.）。

正しいか、間違っているか、どちらにせよ、このような信仰や想念をなぜ社会は生み出すのだろうか。そして受け入れられ、世代を超えて伝達されていくのだろうか。

しくじり行為を単なる失敗や不注意の結果と捉えないで、その背景に隠れた力動プロセスをフロイトが見いだした。しくじり行為自体はフロイトの登場を待つまでもなく、広く知られていた。だが、それを単なる誤りやバイアスと考えている限り、意識と違う論理に従う無意識の存在に気づかない（S. Freud, *Zur Psychopathologie des Alltagslebens* [tr. fr., *Psychopathologie de la vie quotidienne*, Payot, 1967.]）。

同様に、認知バイアスの意味も問い直す必要がある。認知バイアスは単なる誤謬という、情報の歪曲や欠如ではなく、そこには積極的な契機が隠れている。個人心理現象ではなく、社会秩序の安定に寄与する集合現象だ。第六回「近代の原罪」註11で言及した根本的帰属誤謬と、第七回「悟りの位相幾何学」註14で述べたピグマリオン効果を例に取ろう。社会心理学の教科書では認知バイアスとして記述されるだけだが、実はとても大きな射程を持つ概念である。

社会の逸脱行為をどう処理するか。神という最終根拠を失った近代社会が、自由意志なる虚構を生み出し、責任を帰属するために現れるプロセス、これが根本的帰属誤謬である。根本的（fundamental）という表現が示唆するような人類共通の認知バイアスではなく、近代に固有なイデオロギーの産物として把握すべきだ（Beauvois, *op. cit.*, 1994; Dubois, *op. cit.*, 1987.)。

ピグマリオン効果も心理バイアス、つまり非合理的な現象としてでなく、認識論的意味を問い直さなければならない。今日の世界は昨日の世界から派生した。そして昨日の世界は一昨日の世界から起きた。だが、それでは今日の世界が初期条件によってすでに決定されていた、人類の未来が最初からすべて決まっていたことになる。ところがピグマリオン効果のメカニズムに依拠すれば、原因から結果という論理枠組みを維持したままで、新しい構造の発生が説明できる。すべての出来事には必ず、それをもたらした原因がある事実と、それでも未来が決定されていない事実の間に矛盾はない。ピグマリオン効果が両者を結びつける。

資本主義の精神をプロテスタントの教義が用意したというヴェーバー説を思い出そう（第七回「悟りの位相幾何学」註14）。人間の性格や才能、そして努力する能力も遺伝形質・環境・偶然という外来要素の沈殿物にすぎない。だが、虚構が人間の行動を導くゆえに、偶然生じた事象が虚構に応じて解釈され、歴史を形作ってゆく。

主体を虚構と捉える本書は遺伝・環境・偶然の相互作用として人間および社会を把握する。偶然を作動因として導入するから、この立場は決定論と違う。しかし性格・才能だけでなく、努力も遺伝・環境・偶然に起因すると考える以上、我々の能力は自分で変えられないという結論に至る。実存主義が説くような、あるいは常識が信じるような積極的な人間観は出てこない。

だが、第八回「開かれた社会の条件」で述べたように、主体を否認しても学習能力は可能だ。イヌやネコと同様に人間も社会も外界に反応し、学習しながら適応する。その時、客観的条件に反応するのではなく、その表象つまり虚構に応じて人間は行動する。そこに主体性を読み取る必要はない。メカニズムとしての認知システムが、このような適応を可能にする。

偶然の効用は想像以上に大きい。偶然は外からやってくるだけでない。偶然に翻弄されるという静的なイメージとは異なり、ピグマリオン効果を通して変革プロセスにダイナミックに人間が参加する。偶然出会った人や本が人生を決定的に変える。才能を発掘する指導者に出会い、スポーツ選手・研究者・芸術家などのアプローチや技術が劇的に変化する。自分の隠れた才能に気づき、新しい挑戦を始める。今まで当然視していた思考枠を疑問視して、それ以降、違う人生を歩む。

偶然とは何か。この問いは難しい。人間が知らないだけで、実は過去の状況によりすべてが決定されている。こうして偶然の存在を否認する立場もある。だが、一九世紀フランスの哲学者アントワンヌ・オーギュスタン・クールノーが説いたように、独立する二つの決定系を考えれば、各系が内部の因果関係によって完全に決定されていても、二つの系が出会う場面では偶然が生ずる。瓦が屋根から落ちてきて通行人の頭を直撃する例をクールノーは挙げる。雨によって屋根が次第に傷み、瓦がいつか落下する。その時、その場所で瓦が落下した事実は因果律に完全に絡め取られる決定論的現象である。他方、天気の良い日に通行人が散歩に出る。その時、その場所を彼が通ったのも決定論的現象である。だが、屋根の傷み具合と通行人の散歩は無関係だ。瓦の落下と通行人の位置は独立した事象をなすから、瓦落下による怪我は偶然の事故である。宇宙のすべての素粒子が瞬時に相互作用を起こすわけでない。光速度の限界からも、それは無理である。独立系は無数に存在する。したがって偶然は客観的に実在する要因である。

欠如態としてだけ偶然を把握してはならない。ピグマリオン効果と相まって偶然は未来を開く積極的な契機をなす。それは人間の自由意志とは違う。だが神秘的な内因を認めなくとも、デュルケムが説いたように（第八回「開かれた社会の条件」註13）人間と社会環境の多様性が世界の変遷を可能にする。

私論は偶然を認めるから、自由意志や主体性を否定しても決定論ではない。また、無意識を実体視するフロイトや、遺伝子に主体の位置を与える社会生物学・行動生態学（リチャード・ドーキンス［Dawkins, *op. cit.*］など）のように内なる他者、つまり寄生虫やエイリアンが我々を操る不気味な認識論ではない。個人の内部にも外部にも主体を否認するハイエクのアプローチはそれらと決定的に異なる。

［註12］　第四回「普遍的価値と相対主義」註5に挙げたシュレディンガーの例を参照。

［註13］　S. Moscovici, « La nouvelle pensée magique », *Bulletin de Psychologie*, *405*, 1992, 301-324.

［註14］　Moscovici, *Psychanalyse, son image et son public*, *op. cit.*, p. 246-290.

［註15］　社会構成主義については、デュルケム諸著作の他に、P. L. Berger, & T. Luckmann, *The Social Construction of Reality*, Doubleday, 1967; K. J. Gergen, *Realities and Relationships. Soundings in Social Construction*, Harvard University Press, 1994などを参照。世界は恣意的であり、根拠が欠如すると説く立場をポストモダンだと断罪する誤解がある。実体論を斥け、関係の本源性を主張するアプローチをポストモダンだと形容するならば、近代の真っ只中で練り上げられたヒューム・マルクス・ソシュール・デュルケム・フロイト・ヴェーバー・ウィットゲンシュタインらの思想だけでなく、近代以前に生まれたナーガルジュナの仏教までポストモダンになってしまう。

［註16］　信じるという行為は原理的に不合理な営みである。信頼は宗教の一種だ。対岸にうまく到達できるかどうかわからない。それでも大丈夫だと信じて跳ぶ。どこかで思考を停止して信じるからこそ、虚構を受け入れるからこそ、人間の生が可能になる。

　すべての負債が清算されたならば、加害者を赦す必要はもうない。収支決算がすでにすんでいるからだ。被害者が受けた損害が完全に回復されないにもかかわらず、すべてを白紙に戻し、新しい関係を結び直す。これが赦しである。南アフリカにおけるアパルトヘイト清算、ユーゴスラヴィア・ルワンダ・東チモールでの民族和解。いまさら何をしても殺された家族は帰ってこない。賠償金をいくらもらっても傷ついた身体や不幸な日々は戻らない。だが、赦しという象徴的行為を通して人は負債を帳消しにし、加害者との関係を再び可能にする。

赦すは英語でforgive、フランス語ではpardonnerと言う。どちらの単語も贈与概念を内包する。本来ならば与える必要のないもの、あるいは与えられないものを敢えて与える(donner)ことを通して(par)、人は罪を赦す。同じ世界に生きるチャンスを罪人に再び与える(give)ために(for)、人は赦すのである。

[註17] なぜ責任概念は歴史変遷するのか。なぜ処罰の仕方が社会によって異なるのか。近代以前には人間だけでなく、死体・動植物、そして石などの無生物も裁かれ罰せられた(Fauconnet, *op. cit.*, p. 43-67.)。心神喪失者や精神疾患者など責任能力を持たない人間や年端のゆかぬ子供が、かなり最近まで重罪に処された。あるいは何もしない人々に連帯責任が科せられた。

死体が刑罰の対象になったのは自殺と重罪を犯した場合である。古代ギリシアなど多くの社会で自殺は罪だった。自殺者の死体が絞首刑や火炙りの刑にふされたり、拷問や斬首に処された。フランス革命を百年ほど遡る一六七〇年に公布された王国勅令は、宗教異端者や王殺しの犯人に対して、死骸の顔を地面で擦りながら市中を引き回した後に絞首刑を施すよう規定した。

動物裁判はよく知られている。ギリシア・ローマから近世キリスト教世界に至るまで、動物が人間に危害を与えた際、犯罪者として動物が裁判にかけられ、その結果、絞首刑になった。石打・斬首・焚刑もあった。被害者遺族は殺人犯の動物に訴訟を起こさねばならないとプラトン『法律』は記した(Platon, « Les lois ou De la législation », in *Œuvres com-*

plètes, Vol. 2, Gallimard, 1950, p. 987.)。

一二世紀から一八世紀まで、特にフランスで動物裁判が頻繁に行われた。人や家畜を殺傷したり、畑や果樹園を荒らした動物は逮捕されて監獄に放り込まれる。領主の代訴人、今で言う検察官の証拠調べがすむと、被告に対する起訴請求が行われる。受理されれば、被告たる動物の弁護士が任命されて裁判が始まる。裁判では証人の陳述を聞き、検察官が論告求刑し、弁護人が動物の言い分を代弁した後、裁判官が判決を言い渡す。審理のどの過程でも人間と同様に動物は扱われた。動物裁判は民衆によるリンチではない。裁判および処刑は公的制度として行われ、費用を国王か領主が負担した（池上俊一『動物裁判――西欧中世・正義のコスモス』講談社現代新書、一九九〇年、三〇、五二－五三頁）。

植物や無生物も処罰された。木から落ちて死亡すると、遺族が集会を開き、木を切り倒した後、小さく挽き割って風に飛ばした。戦闘で殺された被害者の親族が、使用された武器を罰する目的で焼却処分した。

何故、意志を持たない死体・動植物・無生物が裁判にかけられ、処罰されたのか。迷信、科学知識の欠如、あるいはアニミズム的世界観が原因だろうか。

誤った刑罰観念が時代を経るにつれて次第に正しいものになるという進歩史観は事実に合わない。アニミズムが原因で死体・動物・植物・無生物が罰せられるならば、アニミズムが支配的な時代ほど、この傾向が強いはずである。ところが、動物裁判が最も頻繁に行われたのは原始社会ではない。キリスト教の影響下に近代精神を培い始める一四世紀から一七世紀のヨーロッパだ。プラトンら合理精神に満ちたアテネの哲人が動物や植物の裁判を規定したのは、動物や植物に意志の存在を認めたからではない。死体に対する裁判・処罰を規定した一六七〇年発布のフランス勅令が出されたのは、懲罰の苦痛を死体が感じるとルイ一四世時代の法学者が信じたからではない（Fauconnet, *op. cit.*, p. 203-210.）。

多様な道徳観や犯罪処罰が散見される理由を社会・文化の特性に求めるのはよい。しかしそれなら、我々が普遍的と信じる価値観も近代固有の世界観にすぎないと、なぜ考えないのか。

[註18] F. Varela, *Principles of Biological Autonomy*, 1979 [tr. fr., *Autonomie et connaissance. Essai sur le vivant*, Seuil, 1989, p. 228-229].

[註19] ハンガリー出身の数学者ジョージ・ポリアが考えた「ポリアの壺」と呼ばれる数学の問題である。一定の値に収斂するまで試行を行い、初期状態に戻して試行を無限回繰り返せば、当然ながら黒玉と白玉の割合の平均値は二分の一になる。しかし各回の収斂値は〇から一の間で無作為に揺れる。

[註20] 言語・市場・宗教・道徳などの社会制度が成立した歴史は検証可能かも知れない。だが、そこに法則は見つからない。無根拠から出発しながらシステム（根拠）が成立する。初期条件の組み合わせのほんの少しのズレから異質な世界が生まれる。

時間が経ち、システムがある状態に至る。現在から過去に時間を遡れば、システムが変遷した道筋が同定される。したがって最初から現在の状態が決定されていたかのように見える。だが、その道筋を法則に還元できなければ、到着点に至る道筋の情報量を縮小できない。何の意味もない数字の羅列を考えよう。この数列を表現する最も簡単な方法は数列自体の表記であり、方程式などで表現できない。繰り返しがあれば、例えばkずつ加算する、加速度αをかけるなどの規則で表現され、情報量を縮小できる。ところがランダムな数列は定義からして繰り返しを含まない。したがって全体が明示される瞬間まで、その姿を予測できない。つまり未来に生じる事象を計算する一番速い方法は、実際にシステムがその時点に至るまで待つことに他ならない。歴史進行の完全な予測は原理的に不可能である。

自己組織化や複雑系理論については H. Atlan, *Entre le cristal et la fumée. Essai sur l'organisation du vivant, op. cit.*; P. Dumouchel & J.-P. Dupuy (Eds.), *L'auto-organisation. De la physique au politique*, Seuil, 1983; F. Fogelman Soulié (Ed.), *Les théories de la complexité. Autour de l'œuvre d'Henri Atlan*, Seuil, 1991 を参照。

［註21］　社会秩序が成立する時、真の理由が隠され、代わりに虚構が生まれる。何故か。デュルケム社会学やハイエク認識論が示すように、道徳や宗教など集団現象は人間の意図を離れて自律運動する。そうでなければ、人間の恣意性が感じられてしまい、普遍性が付与されない。道徳や宗教が機能する上で自律運動は必要条件である。これについては第三回「パンドラの箱を開けた近代」で議論した。社会現象は必ず恣意的に生成され、根拠は存在しない。したがって、他の世界秩序も可能だった。ヘーゲル・コント・マルクスらの

歴史主義と私論は立場が異なる。

ところで集団現象は恣意的に成立するゆえに、秩序を支える本当の理由が意識に上れば、秩序の正当化ができない。恣意的ならば、正統性は保たれず、根拠なしに当該の秩序が成立したのだから。それは第四回「普遍的価値と相対主義」で引用したパスカルの言葉にも良く示されている。したがって、秩序を正当化するための根拠が捏造されるのは当然である。世界秩序が成立した事情は必ず隠蔽され、代わりに虚構が生まれる。正当化しなければ、虚構が産出される必要はない。だが、人間は合理化＝正当化せずにいられない。したがって真の理由が恣意的であり、それでは正当化できないのだから、正当化するためには虚構を生み出すほかない。

あとがき

誰も気づかなかった問いや答えの発見は研究者にとって大きな目標だろう。だが、本当に大切な問いは時代を超えて常に繰り返されてきた。本質的で大きな問いだからこそ、誰もが考える。そして誰にも答えが見つからないから問い続けられる。オイディプスの苦悩、ロメオとジュリエットの対立構造を始めとして、同じテーマが限りなく反復されながら幾多の傑作が生まれてきた。

新しい問いや答えを尊ぶ精神がそもそも貧困でないか。人間の問題を考える上で斬新さなど、どうでもよい。他人と比べるから独創性が気になる。そこがすでに独創的でない。自らの問いだけを追えばよい。他の人には解決済みの問題かも知れない。だが、自分にとって未解決ならば、問いを発し続け、納得ゆくまで考えるしかない。

各時代・社会を覆うエピステーメーを明かすだけでは、人間の実存は摑めない。欲望は集団現象である。社会が押しつけるタブーや模倣作用を抜きに欲望は存在しない。こんな人に惹かれる、こんなことがしたい、あんなことをする奴は許せない……。そのような感情は社会固有の価値観内部でしか意味を持たない。

私は人間を外からだけ眺めてきたのだと思う。心理学部に籍を置きながらも、論理を突き詰めるだけで結局、心理を排除してきた。外から探る科学的アプローチで心理現象は摑めない。喜びも悲しみも苦しみも把握できない。原理的に無理なのである。肝心な部分はすべてノイズとして科学や合理性からすり抜けてしまう。それでは自分自身のこともわからない。だから、私たちが浸る価値体系の内部に現れる世界をこれからは描かねばならない。こんな自明の理に改めて気づいたのも、いつかテーマに選ぶとは想像だにしなかった神という異物にほんの少しでも対峙し、合理性の正体を垣間見た成果である。人間＝迷信＝宗教＝イデオロギー。この書を綴って私が得た最大の収穫は、この等式が腑に落ちたことだろう。

連載、そして本書をまとめて学んだことは他にもある。私自身の政治的立場と相対主義との齟齬に私は久しく悩んできた。認識論としては相対主義を標榜し、人間存在の歴史性・社会性を強調しながらも、私は同時に極端な個人主義者であり、平等主義のイデオロギーに与する。自由と平等を希求する私と、その虚構性と相対性を知る私との間の葛藤があった。だが、それも今回の執筆で氷解した。それは第四回「普遍的価値と相対主義」註15で触れた。たったそれだけのことかと読者は訝るかも知れない。だが、私にとっては自分の位置を納得するための大きな一歩だった。

二〇一六年春、札幌で開催された日本発達心理学会の大会に呼んでいただいた。心理学全体に共通する問題として主体と変化を私はテーマに選び、これらの科学的把握は原理的に不可能だと主張した。招聘の労を執って下さった北海道大学教育学部の川田学氏、そして指定討論者を務めていただいた当時、名古屋芸術大学人間発達学部におられた加藤義信氏と、講演の準備段階で意見を交わせたおかげで、第一一回「主体と内部神話」と最終回「真理という虚構」で提示した問題設定がより明確になった。両氏との対話がなければ、もっと浅い考察になったに違いない。お忙しいところを無理して、私の執拗な問いにお二人は真剣に答えて下さった。

北海道大学の尾崎一郎氏と法概念の虚構性について、パリ在住の翻訳家・渡辺一敏氏と意識の役割や無意識の存在論をめぐってメールを交換し、貴重な情報と示唆を受けた。対話から新たな疑問が湧いたり、アイデアをいただいた。

私にとって連載は初めての経験だった。一〇回分ほど下書きしてから掲載を始めたので時間の余裕が十分あると当初は高をくくっていた。隔月ではなく、毎月載せて欲しいと編集部にお願いしたほどである。ところが、いざ読者に届けようと原稿を推敲し始めると、論理の飛躍や誤りが次から次へと見つかり、当惑した。当てにしていたテーマのいくつかはボツにせざるを得なかったし、材料が足りなくて二回分をまとめて一回に構成し直す必要も出た。第九回「堕胎に反対する本当の理由」にいたっては出発点の問題設定からして間違っていた。少々の修正では埒があかず、〆切りに間に合わないと心配した。それでも何とか一度も穴を空けることなく、一二回の連載を終えられたのは、編集を担当して下さった後藤健介氏の協力のおかげである。

皆さんに心から感謝申し上げる。

二〇一八年春　パリにて

小坂井敏晶

著者略歴
1956年　愛知県生まれ.
1994年　フランス国立社会科学高等研究院修了.
2022年　パリ第八大学退官.

著　書
『異文化受容のパラドックス』(1996, 朝日選書)
『民族という虚構』(2002, 東京大学出版会／2011, 増補版, ちくま学芸文庫).
『責任という虚構』(2008, 東京大学出版会／2020, 増補版, ちくま学芸文庫).
『人が人を裁くということ』(2011, 岩波新書).
『社会心理学講義』(2013, 筑摩選書).
『答えのない世界を生きる』(2017, 祥伝社).
『格差という虚構』(2021, ちくま新書)
『矛盾と創造』(2023, 祥伝社)

神の亡霊
近代という物語

2018年7月31日　初　版
2023年7月25日　第3刷

[検印廃止]

著　者　小坂井《こざかい》　敏晶《としあき》

発行所　一般財団法人　東京大学出版会
代表者　吉見俊哉
153-0041 東京都目黒区駒場 4-5-29
電話 03-6407-1069・振替 00160-6-59964

印刷所　大日本法令印刷株式会社
製本所　大日本法令印刷株式会社

ISBN 978-4-13-013151-3　Printed in Japan

索　引

あ　行

か　行

さ　行

た 行

な 行

は 行

ま　行

や　行

ら　行

わ　行

引用文献

Ageron, P., « Dix-sept chameaux, huit galettes et quatre-vingt palmiers. Circulation et mouvance de trois problèmes arithmétiques de la tradition arabe », *Le Miroir des maths, 6*, 2010, 20-26.

Anderson, E. S., "What is the point of equality?", *Ethics, 109*, 1999, 287-337.

Anscombe, E., *Intention*, Blackwell, 1957.

Anspach, M. R., *A charge de revanche*, Seuil, 2002.

Arendt, H., *Between Past and Future*, 1961, The Viking Press [tr. fr., *La crise de la culture*, Gallimard, 1998].

Arendt, H., *Eichmann in Jerusalem. A Report on the Banality of Evil*, Penguin Books, 1994 [1st edition: 1963].

Arendt, H., *The Origins of Totalitarianism*, Vol. 3, Harcourt, Brace & World, Inc., 1951 [tr. fr., *Le système totalitaire*, Seuil, 1972].

Aristote, *Métaphysique*, Vrin, 1991.

Association Française pour l'Histoire de la Justice (Ed.), *La cour d'assises. Bilan d'un héritage démocratique*, La Documentation Française, 2001.

Atlan, H., *Entre le cristal et la fumée. Essai sur l'organisation du vivant*, Seuil, 1979.

Atlan, H., *La fin du « tout génétique » ?*, INRA, 1999.

Atlan, H., *Les étincelles de hasard. t. 1. Connaissance spermatique*, Seuil, 1999.

Atlan, H., Koppel, M. & Dupuy, J.-P., "Von Foerster's conjecture. Trivial machines and alienation in systems", *International Journal of General Systems, 13*, 1987, 257-264.

Bacqué, R., « 'Charlie Hebdo': le casse-tête de la reconstruction», *Magazine du Monde*, 19/02/2015.

Baldwin, J. & McConville, M., *Jury Trials*, Clarendon Press, 1979.

Barnavi, E., *Une histoire moderne d'Israël*, Flammarion, 1982/1988.

Barth (Ed.), F., *Ethnic Groups and Boundaries. The Social Organization of Cul-*

ture Difference, Universitersforlaget, 1969.
Baud, J. P., *L'affaire de la main volée. Une histoire juridique du corps*, Seuil, 1993.
Beauvois, J.-L., *La psychologie quotidienne*, PUF, 1984.
Beauvois, J.-L., *Traité de la servitude libérale. Analyse de la soumission*, Dunod, 1994.
Beauvois, J.-L. & Joule, R.-V., *Soumission et idéologies. Psychosociologie de la rationalisation*, PUF, 1981.
Bedouelle, G., Bruguès, J.-F. & Becquart, P., *L'Eglise et la sexualité. Repères historiques et regards actuels*, Cerf, 2006.
Bem, D. J., "Self-perception theory", *in* L. Berkowitz (Ed.), *Advances in Experimental Social Psychology*, Vol. 6, Academic Press, 1972, p. 1-62.
Benedetti, F., *Placebo Effects. Understanding the Mechanisms in Health and Disease*, Oxford University Press, 2011.
Benvéniste, J., *Ma vérité sur la « mémoire de l'eau »*, Albin Michel, 2005.
Bereil, H., « Des chameaux sans conflits ni confits. (des bosses des chameaux à celles des maths?) », *Bulletin de l'APMEP, 472*, 2007, 648-656.
Berger, P. L. & Luckmann, T., *The Social Construction of Reality*, Doubleday, 1967.
Bergson, H., *La pensée et le mouvement*, PUF, 1993 [1ère édition: 1938].
Berlin, I., "Two concepts of liberty", in *Liberty,* Oxford University Press, 2008, p. 166-217.
Bert, C., « Réflexions éthiques sur la prolongation de la vie pour fin de don d'organes », *Frontières, 7,* 1994, 19-24.
Boileau, C., *Dans le dédale du don d'organes. Le cheminement de l'ethnologue,* Editions des archives contemporaines, 2002.
Bourdieu, P. & Passeron, J.-C., *Les héritiers,* Editions de Minuit, 1964.
Bourdieu, P. & Passeron, J.-C., *La reproduction*, Editions de Minuit, 1970.
Boussois, S., « 1 Shalit pour 1000 Palestiniens: pourquoi ce déséquilibre? » (http://leplus.nouvelobs.com/contribution/205618-1-shalit-pour-1000-palestiniens-pourquoi-ce-desequilibre.html).
Boy D. & Michelat, G., « Croyances aux parasciences: dimensions sociales et

culturelles », *Revue Française de Sociologie, 27*, 1986, 175-204.

Boy, D., « Les Français et les para-sciences: vingt ans de mesure », *Revue Française de Sociologie, 43*, 2002, 35-45.

Brehm, J. W. & Cohen, A. R., *Explorations in Cognitive Dissonance*, Wiley, 1962.

Browning, C. R., *Ordinary Men. Reserve Police Battalion 101 and the Final Solution in Poland*, HarperCollins Publishers Inc., 1992.

Bruchon-Schweitzer, M., « La graphologie, un mal français », *Pour la science, 268*, 2000, 60-64.

Campbell, R. & Dodd, B., "Hearing by eye", *Quarterly Journal of Experimental Psychology, 32*, 1980, 85-99.

Cobb, L., Thomas, G., Dillard, D., Merendino, K. & Bruce, R., "An evaluation of internal-mammary-artery ligation by a double-blind technic", *The New England Journal of Medicine, 260*, 1959, 1115-1118.

Codol, J.-P., "On the so-called 'superior conformity of the self' behavior: Twenty experimental investigations", *European Journal of Social Psychology, 5*, 1975, 457-501.

Courbage, Y., « Qui sont les peuples d'Israël? », in *Israël. De Moïse aux accords d'Oslo*, Seuil, 1988, p. 487-495.

Dagognet, F., *La maîtrise du vivant*, Hachette, 1988.

Davenas, E., Beauvais, F., Amara, J., Oberbaum, M., Robinzon, B., Miadonna, A., Tedeschi, A., Pomeranz, A., Fortner, P., Belon, P., Sainte-Laudy, J., Pointevin, B. & Benvéniste, J., "Human basophil degranulation triggered by very dilute antiserum against IgE", *Nature, 333*, 1988, 816-818.

Dawkins, R., *The Selfish Gene*, Oxford University Press, 2006 [1st edition: 1976].

De Jouvenel, B., *Les débuts de l'État moderne. Une histoire des idées politiques au XIXe siècle*, Fayard, 1976.

Delorme, A., *Psychologie de la perception*, Etudes Vivantes, 1982.

Descartes, R., *Discours de la méthode*, Editions sociales, 1983.

Dickie-Clark, H. F., *The Marginal Situation. A Sociological Study of Colored Group*, Routledge & Kegan Paul, Ltd., 1966.

Dodd, B., "The role of vision in the perception of speech", *Perception, 6*, 1977,

31–40.

Doise, W., Deschamps, J.-C. & Meyer, G., « Accentuation des ressemblances intra-catégorielles », *in* W. Doise (Ed.), *Expériences entre groupes*, Mouton, 1979, p. 281–292.

Dorney, M. S., "Moore v. the Regents of the University of California: Balancing the need for biotechnology innovation against the right of informed consent", *Berkeley Technology Law Journal, 5,* 1990, 333–369.

Douglas, M., *Purity and Danger. An Analysis of Concepts of Pollution and Taboo,* Routledge & Kegan Paul, Ltd., 1966.

Douglas, M., *How Institutions Think*, Syracuse University Press, 1986 [tr. fr., *Comment pensent les institutions*, La Decouverte/M. A. U. S. S., 1999].

Dozon, J.-P., « Les Bété: une création coloniale », *in* J.-L. Amselle & E. M'Bokolo (Eds.), *Au cœur de l'ethnie. Ethnie, tribalisme et Etat en Afrique*, La Découverte, 1999, p. 49–85.

Dubois, N., *La psychologie du contrôle. Les croyances internes et externes*, Presse Universitaires de Grenoble, 1987.

Dumont, L., *Homo æqualis. Genèse et épanouissement de l'idéologie économique*, Gallimard, 1977.

Dumont, L., *Essais sur l'individualisme*, Seuil, 1983.

Dumouchel, P. & Dupuy, J.-P. (Eds.), *L'auto-organisation. De la physique au politique*, Seuil, 1983.

Dupuy, J.-P., « Mimésis et morphogénèse », *in* M. Deguy & J.-P. Dupuy (Eds.), *René Girard et le problème du Mal*, Grasset, 1982, p. 266–272.

Dupuy, J.-P., *Le sacrifice et l'envie. Le libéralisme aux prises avec la justice sociale*, Calmann-Lévi, 1992.

Dupuy, J.-P., *Introduction aux sciences sociales. Logique des phénomènes collectifs*, Edition Marketing, 1992.

Dupuy, J.-P. « Rationalité », *in* M. Canto-Sperber (Ed.), *Dictionnaire d'éthique et de philosophie morale*, PUF, 2001, p. 1332–1338.

Dupuy, J.-P., *Avions-nous oublié le mal?*, Bayard, 2002.

Dupuy, J.-P., *Pour un catastrophisme éclairé. Quand l'impossible est certain*, Seuil, 2002.

Dupuy, J.-P., « Le pacte du chameau », *Le Monde*, 19/05/2014.
Durkheim, E., *Les formes élémentaires de la vie religieuse*, PUF, 1912.
Durkheim, E., *Les règles de la méthode sociologique*, PUF, 1981 [1ère édition: 1937].
Durkheim, E., « Préface à la seconde édition », in *Les règles de la méthode sociologique*, PUF, 1981 [1ère édition: 1937].
Durkheim, E., *Le suicide*, PUF, 1993 [1ère édition: 1930].
Durkheim, E., *Sociologie et philosophie*, PUF, 1996 [1ère édition: 1924].
Duru-Bellat, M., *L'inflation scolaire*, Seuil, 2006.
Duru-Bellat, M., *Le mérite contre la justice*, Presses de la Fondation nationale des Sciences politiques, 2009.
Dworkin, R., *Sovereign Virtue. The Theory and Practice of Equality*, Harvard University Press, 2002.
Dworkin, R., *Justice for Hedgehogs*, Harvard University Press, 2011.
Einstein, A., « La mécanique de Newton et son influence sur la formation de la physique théorique », in *Œuvres choisies, Vol. 5, Sciences, Éthiques, Philosophie*, Seuil/CNRS, 1991, p. 235-241.
El-Azem, S. J., « Sionisme. B. Une entreprise de colonisation », *Encyclopædia Universalis*, 1989, Vol. 21, p. 63-65.
Fanon, F., *Peau noire, masques blancs*, Seuil, 1952. [海老坂武／加藤晴久訳,『黒い皮膚，白い仮面』みすず書房，1968 年]
Fanon, F., *Pour la révolution africaine*, Maspéro, 1969.
Farr, R. M., *The Roots of Modern Social Psychology*, Blackwell, 1996.
Fauconnet, P., *La responsabilité. Étude de sociologie*, Alcan, 1928 [1ère édition: 1920].
Ferret, S. *Le bateau de Thésée. Le problème de l'identité à travers le temps*, Minuit, 1996.
Ferro, M., *Les tabous de l'Histoire*, NiL éditions, 2002.
Festinger, L., *Theory of Cognitive Dissonance*, Stanford University Press, 1957/1962.
Finkielkraut, A., *Le Juif imaginaire*, Seuil, 1980.
Fischer, C. S., Hout, M., Sanchez Jankowski, M., Lucas, S. R., Swidler A. & Voss,

K., *Inequality by Design. Cracking the Bell Curve Myth*, Princeton University Press, 1996.

Fishkin, J. S., "Liberty *versus* equal opportunity", *in* E. F. Paul, F. D. Miller Jr., J. Paul & J. Ahrens (Eds.), *Equal Opportunity*, Basil Blackwell, 1987, p. 32–48.

Flandrin, J.-L., *L'Eglise et la contraception*, Imago, 2006.

Fogelman Soulié, F. (Ed.), *Les théories de la complexité. Autour de l'œuvre d'Henri Atlan*, Seuil, 1991.

Foot, P., "Killing and letting die", *in* J. Garfiled (Ed.), *Abortion: Moral and Legal Perspectives*, University of Massachusetts Press, 1985, p. 177–185.

Frazer, J., *The Golden Bough. A Study in Magic and Religion*, Wordsworth Reference, 1993.

Freud, S., *Zur Psychopathologie des Alltagslebens* [tr. fr., *Psychopathologie de la vie quotidienne*, Payot, 1967].

Fuller, L., "The case of the speluncean explorers", *Harvard Law Review*, *62*, 1949, 616–645.

Gardair, E. & Roussiau, N., *La superstition aujourd'hui*, De Boeck, 2014.

Gardner, M., *Science, Good, Bad and Bogus*, Prometheus Books, 1981/1989.

Gazzaniga, M. S., *Le cerveau dédoublé*, Dessart et Mordaga, 1970.

Gazzaniga, M. S., *The Social Brain: Discovering the Networks of the Mind*, Basic Books, 1985.

Gazzaniga, M. S., *The Mind's Past*, University of California Press, 2000.

Geen, R. & Berkowitz, L. "Name-mediated aggressive cue properties", *Journal of Personality*, *34*, 1966, 456–465.

Gergen, K. J., *Realities and Relationships. Soundings in Social Construction*, Harvard University Press, 1994.

Godbout, J. T., *Le don, la dette et l'identité. Homo donator vs homo œconomicus*, La Découverte/M.A.U.S.S., 2000.

Godefroy, A., *Les religions, le sexe et nous*, Calmann-Lévy, 2012.

Goldacre, B., *Bad Science: Quacks, Hacks, and Big Pharma Flacks*, Faber and Faber, Inc., 2010.

Goldhagen, D. J., *Hitler's Willing Executioners. Ordinary Germans and the Holocaust*, Knopf, 1996.

Gould, S. J., *The Mismeasure of Man, W. W. Norton,* 1981.

Grmek, M. D., *Histoire du sida,* Payot & Rivages, 1989/1995.

Harris, S., *Chalk Up Another One. The Best of Sidney Harris,* Rutgers University Press, 1992.

Haskins, R. & Kemple, J., "A new goal for America's high schools: College preparation for all", *The Future of Children,* 2009.

Hayek, F. A., *Law, Legislation and Liberty,* Routledge & Kegan Paul, 1979.

Herrnstein, R. J. & Murray, C., *The Bell Curve. Intelligence and Class Structure in American Life,* The Free Press, 1994.

Hilberg, R., *The Destruction of the European Jews,* Holms & Meier, 1985 [tr. fr., *La destruction des Juifs d'Europe,* Fayard, 2006, Vol. 3].

Hobbes, T., "De Corpore", *in* S. W. Molesworth (Ed.), *The English Works of Thomas Hobbes,* Vol. 1, 1839.

Hobbes, T., *Leviathan,* edited by Richard Tuck, Cambridge University Press, 1991 [tr. fr., *Léviathan,* Gallimard, 2000].

Hollander, E. P., "Conformity, status, and idiosyncrasy credit", *Psychological Review, 65,* 1958, 117-127.

Hood, B. M., *The Science of Superstition. How the Developing Brain Creates Supernatural Beliefs,* HarperOne, 2010.

Hood, R., *The Death Penalty:. A World-Wide Perspective,* Clarendon Press, 1996.

Hume, D., *A Treatise of Human Nature,* Penguin Classics, 1969 [1st edition: 1739-40].

Iacub, M., *Le crime était presque sexuel, et autres essais de casuistique juridique,* Flammarion, 2002.

Jacoby, R. & Glauberman, N. (Eds.), *The Bell Curve Debate. History, Documents, Opinions,* Times Books, 1995.

Jacquard, A., *Eloge de la différence. La génétique et les hommes,* Seuil, 1978.

Jacquard, A., *Au péril de la Science?,* Seuil, 1982.

James, W., *The Varieties of Religious Experiences,* The Library of America, [1st edition: 1901-1902], 1990.

Jankélévitch, V., *La mort,* Flammarion, 1977 [1ère édition: 1966].

Johnson, D. T., *The Japanese Way of Justice. Prosecuting Crime in Japan*, Oxford University Press, 2002.

Jones, C. & Aronson, E., "Attribution of fault to a rape victim as a function of respectability of the victim", *Journal of Personality and Social Psychology, 26*, 1973, 415-419.

Kalven, H. & Zeisel, H., *The American Jury*, Little Brown and Company, 1966.

Kant, I., *Kritik der reinen Vernunft*, 1781, [tr. fr., *Critique de la raison pure*, Gallimard, 1980].

Kant, I., *Critique de la raison pratique*, GF-Flammarion, 2003.

Kaplan, M. F. & Martin, A. M. (Eds.), *Understanding World Jury Systems through Social Psychological Research*, Psychology Press, 2006.

Keinan, G., "Effects of stress and tolerance of ambiguity on magical thinking", *Journal of Personality and Social Psychology, 67*, 1994, 48-55.

Kershaw, I., *The Nazi Dictatorship. Problems and Perspectives of Interpretation*. Edward Arnold, 1985.

Koestler, A., *The Sleepwalkers*, Macmillan, 1959 [tr. fr., *Les somnambules*, Calmann-Lévy, 1960].

Koestler, A., *The Act of Creation*, Penguin Books, 1964 [tr. fr., *Le cri d'Archimède*, Calmann-Lévy, 1965].

Kozakaï, T., *Les Japonais sont-ils des Occidentaux? Sociologie d'une acculturation volontaire*, L'Harmattan, 1991.

Langer, E. J., "The illusion of control", *Journal of Personality and Social Psychology, 32*, 1975, 311-328.

Laplanche, J. & Pontalis, J.-B., *Vocabulaire de la psychanalyse*, PUF, 1967.

Le Breton, D., *La chair à vif. Usages médicaux et mondains du corps humain*, Métailié, 1993.

Leach, E., *Political Systems of Highland Burma*, Bell, 1954.

Leib, E. L., "A comparison of criminal jury decision rules in democratic countries", *Ohiho State Journal of Criminal Law, 5*, 2008, 629-644.

Lemoine, P., *Le mystère du placebo*, Odile Jacob, 1996.

Leonard, G. B., "A southerner appeals to the north: Don't make our mistake", *Look, 28*, 1964.

Lerner, M. J. & Miller, D. T., "Just world research and the attribution process: Looking back and ahead", *Psychological Bulletin, 85*, 1978, 1030-1051.

Lerner, M. J. & Simmons, C. H., "Observer's reaction to the 'innocent victim' : Compassion or rejection?", *Journal of Personality and Social Psychology, 4*, 1966, 203-210.

Lévi-Strauss, C., « Introduction à l'œuvre de Marcel Mauss», in *Sociologie et anthropologie*, PUF, 1983 [1ère édition: 1950], p. IX-LII.

Lévi-Strauss, C., *Les structures élémentaires de la parenté* [2ème édition], Mouton, 1967.

Lévy-Bruhl, L., *Les fonctions mentales dans les sociétés inférieures*, PUF, 1910.

Lewin, K., "The conflict between Aristoterian and Galileian models of thought in contemporary psychology", *Journal of General Psychology, 5*, 1931, 141-177.

Lewin, K., "Group decision and social change.", *in* E. Swanson, T. M. Newcomb, & E. L. Hartley (Eds.), *Readings in Social Psychology*, Holt, Rinehart and Winston, 1947, p. 197-211.

Lewin, K., "Psycho-sociological problems of a minority group", in *Resolving social conflicts*, Harper & Brothers Publishers, 1946 [1st edition: 1935], p. 145-158.

Lewin, K., *A Dynamic Theory of Personality*, McGraw-Hill, 1935.

Lewontin, R., "The dream of the human genome", *New York Review of Books*, 28/05/1992, 31-40.

Libet, B., "The experimental evidence for a subjective referral of a sensory experience backwards in time", *Philosophy of Science, 48*, 1981, 182-197.

Libet, B., "Unconscious cerebral initiative and the role of conscious will in voluntary action", *Behavioral and Brain Sciences, 8*, 1985, 529-566.

Libet, B., *Mind Time. The Temporal Factor in Consciousness*, Harvard University Press, 2004.

Lifton, R. J. & Mitchell, G., *Who Owns Death? Capital Punishment, the American Conscience, and the End of Executions*, HarperCollins Publishers, 2002.

Linde, C., Gadler, F., Kappenberger, L. & Rydén, L., "Placebo effect of pacemaker implantation in obstructive hypertrophic cardiomyopathy", *The American*

Journal of Cardiology, 83, 1999, 903-907.

Liris, E., « De la République officieuse aux Républiques officielles », *in* M. Vovelle (Ed.), *Révolution et République. L'exception française. Actes du colloque de Paris I-Sorbonne, 21-26 septembre 1992, pour le bicentenaire de la naissance de la Première République*, Ed. Kimé, 1994.

Lottman, H. R., *L'épuration: 1943-1953*, Fayard, 1986.

Maddox, J., Randi, J. & Stewart, W. W., "'High-dillution' experiments a delusion", *Nature, 334*, 1988, 287-289.

Mairet, G., *Le principe de souveraineté. Histoire et fondements du pouvoir moderne*, Gallimard, 1997.

Malinowski, B., *Magic, Science and Religion, and Other Essays*, The Free Press, 1948.

Manent, P., *Histoire intellectuelle du libéralisme*, Calmann-Lévy, 1987.

Markus, H. & Kitayama, S., "Culture and the self: Implications for cognition, emotion, and motivation", *Psychological Review, 98*, 1991, 224-253.

Matalon, B., *Décrire, expliquer, prévoir. Démarches expérimentales et terrain*, Armand Colin, 1988.

Maurin, L. & Savidan, P., *L'état des inégalités en France*, Belin, 2006.

Mauss, M., « Essai sur le don. Forme et raison de l'échange dans les sociétés archaïques », in *Sociologie et anthropologie*, PUF, 1983 [1ère édition: 1950], p. 142-279.

McGuire, W. J., "Attitudes and attitude change", *in* G. Lindzey & E. Aronson (Eds.), *Handbook of Social Psychology* (3rd Edition), Random House, 1985, p. 233-346.

McGuire, W. J., "The vicissitudes of attitudes and similar representational constructs in twentieth century psychology", *European Journal of Social Psychology, 16*, 1986, 89-130.

Mead, G. H., *Mind, Self, and Society: From the Standpoint of a Social Behaviorist, edited by C. W. Morris*, The University of Chicago Press, 1934.

Meintel, D., « Tansnationalité et transethnicité chez les jeunes issus de milieux immigrés à Montréal », *Revue Internationale des Migrations Européennes, 9*, 1993, 63-79.

Mellema, G. F., *Collective Responsibility*, Rodopi B. V., 1997.

Memmi, A., *La libération du Juif*, Gallimard, 1966.

Merton, R. K., *Social Theory and Social Structure*, The Free Press, 1957［森東吾他訳『社会理論と社会構造』みすず書房，1961 年］.

Mignot, J. F. & Goffette, C., « Non, 'Charlie Hebdo' n'est pas obsédé par l'islam », *Le monde*, 25/02/2015.

Milgram, S., *Obedience*, New York University Film Library, 1965.

Milgram, S., *Obedience to Authority. An Experimental View,* Pinter and Martin Ltd., 2005［1st edition: 1974］.

Milza, P., « Les Mécanismes de l'intégration. Entretien avec Pierre Milza», *in* J.-C. Ruano-Borbalan (Ed.), *L'identité. L'individu, le groupe, la société*, Edition des Sciences Humaines, 1998.

Minsky, M., *The Society of Mind*, Simon & Schuster, 1985.

Moscovici, S., "Society and theory in social psychology", *in* J. Israel & H. Tajfel (Eds.), *The Context of Social Psychology. A Critical Assessment*, Academic Press, 1972, p. 63-64.

Moscovici, S., "The coming era of social representation", *in* J. P. Codol & J.-P. Leyens (Eds.), *Cognitive Approaches to Social Behaviour*, M. Nijhoff, 1982, p. 115-150.

Moscovici, S., « La nouvelle pensée magique », *Bulletin de Psychologie, 405*, 1992, 301-324.

Moscovici, S., « Le ressentiment *suivi d'extraits d'interviews* », *Le Genre humain*, 11, La société face au racisme, 1984-1985, 179-186.

Moscovici, S., *Psychanalyse, son image et son public*, PUF, 1976［1ère édition: 1961］.

Moscovici, S., *Social Influence and Social Change*, Academic Press, 1976.

Moscovici, S., *Le scandale de la pensée sociale. Textes inédits sur les représentations sociales réunis et préfacés par Nikos Kalampalikis,* Editions de l'Ecole des Hautes Etudes en Sciences Sociales, 2013.

Mossuz-Lavau, J., *Les lois de l'amour. Les politiques de la sexualité en France (1950-2002)*, Payot & Rivages, 2002.

Nagel, J., "Creating and recreating ethnic identity and culture", *Social Prob-*

lems, 41, 1994, 152–176.
Nisbet, R. A., *The Sociological Tradition*, Basic Books, Inc. Publishers, 1966.
Nisbett, R. E. & Wilson, T. D., "Telling more than we can know: Verbal reports on mental processes", *Psychological Review, 84*, 1977, 231–259.
Norgen, T., *Abortion before Birth Control. The Politics of Reproduction in Postwar Japan*, Princeton University Press, 2001.
Nørretranders, T., *The User Ilusion. Cutting Consciousness Down to Size*, Penguin Books, 1991/1998.
Nozick, R., *Anarchy, State and Utopia*, Basic Books, 1974.
Ogien, R., *Le corps et l'argent*, La Musardine, 2010.
Oremus, W., « Israël échange 1.000 prisonniers palestiniens contre un seul soldat. Est-ce le nouveau tarif en vigueur? » (http://www.slate.fr/story/45123/shalit-1000-palestiniens-inflation-cours-prisonniers).
Parlak, D. "Social-psychological implications of the mixed jury in poland", *in* M. F. Kaplan & A. M. Martin (Eds.), *op. cit.*, p. 165–178.
Pascal, B., *Pensées*, Gallimard, 1977.
Perrignon, J., « Mazarine: une Mitterand, de l'ombre à la lumière à petits pas », *Liberation*, 12/01/1996.
Perry, E. & Francis, B., *The Social Class Gap for Educational Achievement. A Review of the Literature*, 2010.
Pichot, A., *La société pure. De Darwin à Hitler*, Flammarion, 2000.
Platon, « Les lois ou de la législation », in *Œuvres complètes*, Vol. 2, Gallimard, 1950.
Popper, K. R., *The Open Society and Its Enemies*, Routledge, 1945.
Popper, K. R., *La logique de la découverte scientifique*, Payot, 1973.
Poutignat, P. & Streiff-fenart, J., *Théories de l'ethnicité*, PUF, 1995.
Rachels, J., "Killing and starving to death", *Philosophy, 54,* 1979, 159–171.
Randi, J., *The Truth about Uri Geller*, Prometheus Books, 1982.
Rawls, J., *A Theory of Justice*, Revised Edition [1st edition: 1971], The Belknap Press of Harvard University Press, 1999.
Rawls, J., *The Law of Peoples: With "The Idea of Public Reason Revised"*, Harvard University Press, 1999.

Revault d'Allones, M., *Le pouvoir des commencements. Essai sur l'autorité,* Seuil, 2006.

Richard, B., *Les emblèmes de la République*, CNRS Editions, 2012.

Ricœur, P., « Aliénation »,, in *Encylopædia Universalis*, 1990, Vol. 1, p. 819-823.

Rogers, E. M., *Communication of Innovations: A Cross-cultural Approach*, 5th ed. [1st edition: 1962], The Free Press, 2003.

Rosenbaum, R., *Explaining Hitler: The Search for the Origins of his Evil*, Random House, 1999.

Rosenthal, R. L. & Jacobson, L., *Pygmalion in the Classroom*, Holt, Rinehart & Winston, 1968.

Ross, L., "The intuitive psychologist and his shortcomings", *in* L. Berkowitz (Ed.), *Advances in Experimental Social Psychology*, Academic Press, Vol. 10, 1977, p. 173-220.

Rousseau, J.-J., « Considérations sur le gouvernement de Pologne et sur sa réformation projetée en avril 1772 », in *Œuvre complète III. Du contrat social. Écrits politiques*, Gallimard, 1964, p. 951-1041.

Rousseau, J.-J., « Du contrat social », in *Œuvre complète III. Du contrat social. Ecrits politiques*, Gallimard, 1964, p. 347-471.

Ruffié, J., *De la biologie à la culture*, Flammarion, Vol. 2, 1983.

Sacks, O., *The Man Who Mistook His Wife for a Hat*, Gerald Duckworth & Co., 1985.

Sand, S., *Comment le peuple juif fut inventé. De la Bible au sionisme*, Flammarion, 2008/2010.

Sandel, M. J., *Liberalism and Limits of Justice*, Cambridge University Press, 1982.

Sandel, M. J., *Justice. What's the Right Thing to Do?*, Penguin Books, 2009.

Sartre, J.-P., *L'être et le néant. Essai d'onotologie phénoménologique*, Gallimard, 1943.

Sartre, J.-P., *L'existantialisme est un humanisme*, Nagel, 1946.

Saussure, F. de, *Cours de linguistique générale. Edition préparée par Tullio de Mauro,* Payot, 1972.

Schlick, M., *Fragen der Ethik,* Springer, 1930 [tr. fr., « Questions d'etique », *in*

M. Schlick, *Questions d'etique et* Friedrich Waismann, *Volonté et motif*, PUF, 2000].

Schur, E. M., *Crimes without Victims. Deviant Behavior and Public Policy. Abortion, Homosexuality, Drug Addiction*, Prentice-Hall, Inc. 1965.

Scubla, L., « Est-il possible de mettre la loi au-dessus de l'Homme ? Sur la philosophie politique de Jean-Jacques Rousseau. », *in* J.-P. Dupuy, *Introduction aux sciences sociales. Logique des phénomènes collectifs*, Édition Marketing, 1992, p. 105-143.

Shang, A., Huwiler-Müntener, K., Nartey, L., Jüni, P., Dörig, S. Sterne, J., Pewsner, D. & Egger, M., "Are the clinical effects of homoeopathy placebo effects? Comparative study of placebo-controlled trials of homoeopathy and allopathy", *The Lancet, 366*, 2005, 726-732.

Simmel, G., *Philosophie des Geldes*, Duncker & Humbolt, 1977 [tr. fr., *Philosophie de l'agent*, PUF, 1987].

Simmel, G., „Untersuchungen über die Formen der Vergesellschaftung" (tr. fr., « Digression sur l'étranger », 1908, *in* Y. Grafmeyer & I. Joseph (Eds.), *L'école de Chicago*, Aubier, 1984, p. 53-59.

Simmel, G., « La mode », in *La Tragédie de la culture*, Rivages, 1988 [1ère édition: 1895], p. 89-127.

Singh, S. & Ernst, E., *Trick or Treatment? Alternative Medicine on Trial*, Corgi Books, 2008/2009.

Smiley, M., *Moral Responsibility and the Boundaries of Community. Power and Accountability from a Pragmatic Point of View*, The University of Chicago Press, 1992.

Sombart, W., *Warum gibt es in den Vereinigten Staaten keinen Sozialismus?*, Mohr, 1906 [tr. fr., *Pourquoi le socialisme n'existe-t-il pas aux Etats-Unis?*, PUF, 1992].

Spencer, J. R., *La procédure pénale anglaise*, PUF, 1998.

Styron, W., *Sophie's choice*, Vintage, 2000 [1st edition: 1979].

Suber, P., *The Case of the Speluncean Explorers. Nine New Opinions*, Routledge, 1998.

Supa, M., Cotzin, M. & Dallenbach, K., "Facial vision: The perception of obsta-

cles by the blind", *American Journal of Psychology, 57*, 1944, 133-183.

Tajfel, H. & Wilkes, A. L., "Classification and quantitative judgment", *British Journal of Psychology, 54*, 1963, 101-114.

Talmon, J. L., *The Origins of Totalitarian Democracy. Political Theory and Practice during the French Revolution and beyond*, Penguin Books, 1952.

Teubner, G. (Ed.), *Die Rückgabe des zwölften Kamels. Niklas Luhmann in der Diskussion über Gerechtigkeit*, Lucius & Lucius Verlagsgesellschaft, 2000. [土方透監訳『ルーマン　法と正義のパラドクス――12頭目のラクダの返還をめぐって』ミネルヴァ書房，2006年]

Thomson, J. J., "The trolley problem", *Yale Law Journal, 94*, 1985, 1395-1415.

Tocqueville, A. de, *De la démocratie en Amérique*, Gallimard, 1961 [1ère édition: 1835].

Todd, E., *Le destin des immigrés*, Seuil, 1994.

Tribalat, M., *De l'immigration à l'assimilation. Enquête sur les populations d'origine étrangère en France*, La Découverte/INED, 1996.

Turner, H. A., *Hitler's Thirty Days to Power: January 1933*, Addison-Wesley, 1996.

Vacherot, E., *La démocratie: Essai sur les sciences politiques*, Van Meenen et Cie, 1860.

Vandenberghe, F., *Une histoire critique de la sociologie allemande. Aliénation et réification. T. 1, Marx, Simmel, Weber, Lukács*, La Découverte, 1997.

Varela, F., *Principles of Biological Autonomy*, 1979 [tr. fr. *Autonomie et connaissance. Essai sur le Vivant*, Seuil, 1989].

Vyse, S. A., *Believing in Magic. The Psychology of Superstition*, Oxford University Press, 1997.

Wade, P., " 'Race', nature and culture", *Man, 28*, 1993, 17-34.

Wasserstein, B., *Vanishing Diaspora. The Jews in Europe since 1945*, Penguin Books, 1997.

Waterlot, G., « La religion civile de Jean-Jacques Rousseau », Conférence de Ghislain Waterlot (Université de Genève) donnée aux Charmettes, le 20 juin 2009.

Watzlawick, P., *How Real is Real? Communication. Disinformation. Confusion*,

Random House, 1976.
Watzlawick, P. (Ed.), *Die Erfundene Wirklichkeit. Wie wissen wir was wir zu wissen glauben? Beiträge zum Konstructikivismus,* R. Piper co. Verlag, 1981 [tr. fr., *L'invention de la réalité. Contributions au constructivisme*, Seuil, 1988].
Watzlawick, P., Weakland, J. & Fisch, R., *Change: Principles of Problem Formation and Problem Resolution*, W. W. Norton, 1974.
Weber, M., *Wirtschaft und Gesellschaft*, 1921 [tr. fr., *Economie et société*, Plon, 1955].
Weber, M., *L'éthique protestante et l'esprit du capitalisme*, Plon, 1964.
Weingrod, A., "Recent trends in Israeli ethnicity", *Ethnic and Racial Studies, 2*, 1979, 55-65.
White, B. W., Saunders, F. A., Scadden, L., Bach-y-Rita, P. & Collins, C., "Seeing with the Skin", *Perception & Psychophysics, 7*, 1970, 23-27.
Wicker, A. W., "Attitudes *vs* actions. The relationship of verbal and overt behavior responses to attitude objects", *Journal of Social Issues, 25*, 1969, 41-78.
Wittgenstein, L., *Tractatus logico-philosophicus, suivi de Investigations philosophiques*, Gallimard, 1961.
Wood, J. M., Nezworski, M. T., Lilienfeld, S. O., & Garb, H. N., *What's Wrong with the Rorschach?*, Jossey-Bass, 2003.

アリストテレス『ニコマコス倫理学』高田三郎訳，岩波文庫，1971 年
安藤寿康『遺伝子の不都合な真実――すべての能力は遺伝である』ちくま新書，2012 年
池上俊一『動物裁判――西欧中世・正義のコスモス』講談社現代新書，1990 年
池田清彦『分類という思想』新潮選書，1992 年
池田清彦『生命の形式――同一性と時間』哲学書房，2002 年
池田清彦『遺伝子「不平等」社会』岩波書店，2006 年
一ノ瀬正樹『原因と結果の迷宮』勁草書房，2001 年
岩井克人『貨幣論』筑摩書房，1993 年
大澤真幸『生きるための自由論』河出書房選書，2010 年
大塚久雄・高橋幸八郎・松田智雄編著『西洋経済学史講座』Ⅰ，岩波書店，1960

年
大庭健『「責任」ってなに？』講談社現代新書，2005 年
小沢牧子『「心の専門家」はいらない』洋泉社，2002 年
小浜逸郎『「責任」はだれにあるのか』PHP 新書，2005 年
『科学朝日』編『モンゴロイドの道』朝日選書，1995 年
香川達夫『刑法講義［総論］』成文堂，1995 年，第三版
苅谷剛彦『大衆教育社会のゆくえ――学歴社会と平等神話の戦後史』中公新書，1995 年
苅谷剛彦『階層化日本と教育危機』有信堂，2001 年
河合隼雄他『河合隼雄　その多様な世界』岩波書店，1992 年
姜在彦「在日同胞の将来像」『統一日報』1995 年 8 月 15 日
金一勉『朝鮮人がなぜ「日本名」を名のるのか』三一書房，1978 年
金敬得「今，国籍を保持して生きる意味」『統一日報』1999 年 2 月 17 日
金石範『「在日」の思想』筑摩書房，1981 年
木村敏『時間と自己』中公新書，1982 年
黒田亘『行為と規範』勁草書房，1992 年
河野哲也『環境に拡がる心』勁草書房，2005 年
河野哲也『意識は実在しない』講談社選書メチエ，2011 年
小坂井敏晶『異文化受容のパラドックス』朝日選書，1996 年
小坂井敏晶『民族という虚構』東京大学出版会，2002 年（『増補　民族という虚構』ちくま学芸文庫，2011 年）
小坂井敏晶「開かれた国家理念が秘める閉鎖機構――フランス同化主義をめぐって」，石井洋二郎／工藤庸子編『フランスとその〈外部〉』東京大学出版会，2004 年，105-126 頁
小坂井敏晶『責任という虚構』東京大学出版会，2008 年
小坂井敏晶『人が人を裁くということ』岩波新書，2011 年
小坂井敏晶『社会心理学講義』筑摩選書，2013 年
小坂井敏晶『答えのない世界を生きる』祥伝社，2017 年
佐藤勝巳『在日韓国・朝鮮人に問う』亜紀書房，1991 年
鈴木道彦「解説――橋をわがものにする思想」，フランツ・ファノン『黒い皮膚，白い仮面』海老坂武／加藤晴久訳，みすず書房，1968 年所収
盛山和夫『リベラリズムとは何か――ロールズと正義の論理』勁草書房，2006

年
互盛央『エスの系譜』講談社，2012 年
瀧川裕英『責任の意味と制度――負担から応答へ』勁草書房，2003 年
橘玲『言ってはいけない残酷すぎる真実』新潮選書，2016 年
鄭大均『在日韓国人の終焉』文春新書，2001 年
中尾良一『尿療法でなぜ病気がどんどん治るのか』KK ロングセラーズ，1992 年
長尾雅人「仏教の思想と歴史」『世界の名著　大乗仏典』中央公論社，1967 年所収，5-66 頁
中島義道『時間と自由――カント解釈の冒険』講談社学術文庫，1999 年
中島義道『哲学の教科書』講談社学術文庫，2001 年
中島義道『時間論』ちくま学芸文庫，2002 年
中島義道『後悔と自責の哲学』河出文庫，2009 年
中村雄二郎・池田清彦『生命』哲学書房，1998 年
ハイエク，F. A.「抽象の第一義性」（吉岡佳子訳），アーサー・ケストラー編著『還元主義を超えて』工作舎所収，1984 年，421-448 頁
朴一『〈在日〉という生き方――差異と平等のジレンマ』講談社選書メチエ，1999 年
朴正浩「在日韓国人の国籍問題再考」『現代コリア』1997 年 10 月号
橋川文三『黄禍物語』筑摩書房，1978 年
深尾憲二郎「自己・意図・意識――ベンジャミン・リベットの実験と理論をめぐって」，中村雄二郎・木村敏編『講座生命 vol. 7』河合文化教育研究所，2004 年所収，238-268 頁
福田平・大塚仁編『刑法総論』青林書院，1997 年
藤田省三『〈新編〉天皇制国家の支配原理』，飯田泰三・宮村治雄編，影書房，1996 年［初版は未來社，1966 年］
村野薫『死刑はこうして執行される』講談社文庫，2006 年
モール，ハンス「人間の自由と生物学的本性」，P. コスロフスキ／Ph. クロイツァー／R. レーヴ編『進化と自由』山脇直司／朝広謙次郎訳，産業図書，1991 年所収 45-72 頁
柳田邦男『犠牲　わが息子・脳死の 11 日』文藝春秋，1995 年
吉田悟郎「自国史と世界史」，比較史・比較歴史教育研究会編『自国史と世界史』未來社，1985 年所収，17-32 頁

李珍珪『統一日報』1994年5月12日
我妻洋／米山俊直『偏見の構造――日本人の人種観』NHKブックス，1967年
渡辺慧『知るということ――認識学序説』東京大学出版会，1986年
渡辺幹雄『ハイエクと現代自由主義』春秋社，1996年
渡辺幹雄『ロールズ正義論の行方　増補版』春秋社，2012年
渡辺幹雄「ハイエクとロールズ――自生的秩序と社会正義」，桂木隆夫編『ハイエクを読む』ナカニシヤ出版，2014年所収，280-303頁